简阴
史谋

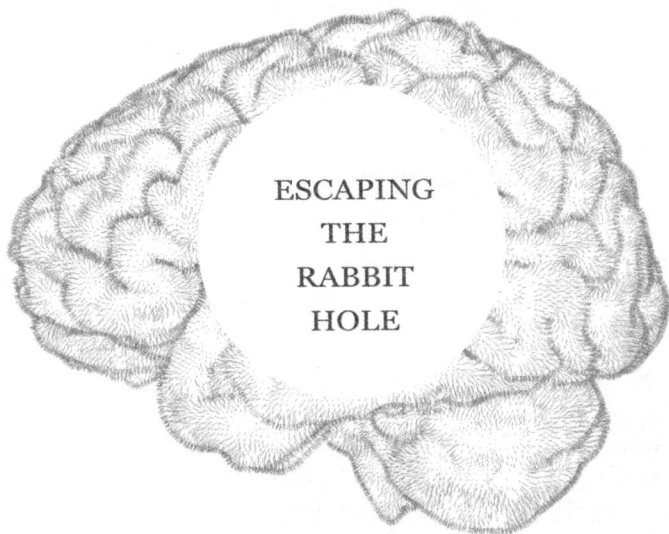

ESCAPING
THE
RABBIT
HOLE

［美］**米克·韦斯特** 著

胡敏 译

北京联合出版公司
Beijing United Publishing Co.,Ltd.

图书在版编目（CIP）数据

阴谋简史 /（美）米克·韦斯特著；胡敏译. 一 北
京：北京联合出版公司，2020.3
ISBN 978-7-5596-3592-1

Ⅰ.①阴… Ⅱ.①米… ②胡… Ⅲ.①社会科学－科
学方法论－通俗读物 Ⅳ.①C03-49

中国版本图书馆CIP数据核字（2019）第263164号

阴谋简史

作　　者：（美）米克·韦斯特　　　　译　者：胡　敏
责任编辑：喻　静　　　　　　　　　　特约编辑：王周林
产品经理：于海娣　　　　　　　　　　版权支持：张　婧
封面设计：柒拾叁号®13810257834　　内文排版：任尚洁

- -

北京联合出版公司出版
（北京市西城区德外大街83号楼9层　100088）
北京联合天畅文化传播公司发行
唐山富达印务有限公司印刷　新华书店经销
字数 244千字　710毫米×1000毫米　1/16　20印张
2020年3月第1版　2020年3月第1次印刷
ISBN 978-7-5596-3592-1
定价：68.00元

- -

一部献给朋友、家人和亲人的指南

•••

目录

第一部分

第二部分

第三部分

* 致谢

本书的主要内容来自从"兔子洞"逃脱的当事人的亲口陈述。我非常感谢他们中的每个人花时间与我分享他们的故事，感谢他们的坚忍。我要感谢威利、马丁·比尔德、史蒂夫、斯蒂芬妮·威特舍尔、卡尔、理查德和鲍勃，还要感谢在网上接受我的采访或与我聊天的许多人。虽然我没有把每个人的故事都写进书里，但他们的参与给这本书带来了深刻的影响。他们中有许多人，我只知道他们的网名，也有些人不愿透露姓名，所以我在此只列出他们的名字（first name），感谢内森、艾略特、斯库特、迈克尔、亚当、朱莉、大卫、埃德、马蒂、弗兰克、约翰尼、DJ和约书亚。

感谢Metabunk网站的全体成员，这是我讨论这些话题的主要论坛。特别感谢迪尔德丽，她不仅对我的沟通方式提出了有益的反馈，而且在我忙于写作的时候，她在管理Metabunk网站方面为我提供了很大帮助。还要感谢特雷尔布莱泽、皮特·塔尔、兰德鲁、特雷尔斯波特、TEEJ、JFDee、Efftup、杰伊·雷诺兹、TWCobra、MikeC、NoParty、罗斯·马斯登、斯考姆比德、斯卡普胡、怀特比尔德、MikeG，以及其他很多很多人。

还要感谢高产作家本杰明·拉德福德，谢谢他抽时间帮我审读本书的初稿，并提出了许多宝贵的建议。我要是早点儿向他请教就好了！

感谢兔子洞逃脱者乔·罗根，他邀请我在他的节目中解释"化学凝结尾""地平说"等多个阴谋论，为本书的创作搭建了很好的平台。

感谢我的经纪人吉尔·马尔和编辑安德鲁·盖勒，谢谢他们在整个过程中对我的支持和指导。尤其要感谢安德鲁，谢谢他纠正我在写作中出现的不规范拼写及错误的标点符号。

最后，我要深情地感谢我的妻子霍莉。这么多年来，她一直支持我有朝一日要写书的模糊想法。事实上，我最终有所成就，很大程度上归功于她的鼓励、她的建设性意见以及她的激励性话语。作为一名成绩斐然的作家，她帮助我应付写作与出版方面的障碍和陷阱。谢谢你，霍莉，你是我工作和生活中的伴侣。

威利——兔子洞逃脱者

威利第一次发现阴谋论的"兔子洞"的时候，还是个住在美国西北地区的年轻人。用他的话说，他的家乡是"一个非常自由、充满活力的地方"。他通过短波电台收听了阿特·贝尔的节目，此人是个末日论者，他"每天早上醒来，都以为世界末日就要到了"。

威利从各种渠道了解外界情况的消息，其中最重要的渠道要属What Really Happened（到底发生了什么）。这是一个网站，其宣传口号是："政府不希望你了解历史！"以下是威利的原话：

> 我每天早上以在What Really Happened上阅读"新闻"开始。网站上到处都是那种阴谋论，每隔一段时间还会链接到其他网站，比如"亚历克斯·琼斯的信息战"（Alex Jones' Infowars）……和许多人一样，我当时心想："天哪！瞧瞧这些别人从来没见过的新闻，我现在正看着呢！"

威利是这类特殊新闻的忠实读者，见识过各种阴谋论。他看到过一种说法，认为环球航空公司800号班机是被导弹击落的，还读到过关于韦科惨案及俄克拉何马城爆炸案的阴谋论。他还从中了解了政府是如何计划将人们送入集中营的，又是如何在水中投放氟化物使我们的身体变得虚弱的。此外，他还"拜读"过这样的新闻：肯尼迪遇刺是美国中央情报局的阴谋，"9·11"恐怖袭击是"内鬼"所为。在兔子洞里待的那几年，他看到过许多这类阴谋论，并对此深信不疑。

他很久以前就听说过"化学凝结尾"阴谋论，但他没有太在意。一般来说，该理论认为，飞机在天空中留下的轨迹并不像科学告诉我们的那样只是冷凝云，而是某种蓄意释放的有毒喷雾。这些理论可以追溯至1997年，当时人们关注的焦点是所谓的化学物质对健康造成的影响。这些担忧并没有引起威利的共鸣，因为他是一个健康的年轻人，所以他并没有深入研究。

最终吸引他深入兔子洞里"化学凝结尾"角落的是一张飞机上的"化学凝结尾桶"的照片。"化学凝结尾"阴谋论的推广者使用的一个广为人知的例子就是飞机上外观可疑的金属桶的照片，桶里都有管子。这些实际上只是测试飞机内部的照片。桶里装着水，当作飞行测试时模拟乘客重量的压舱物。如果你不知道这个情况，那么这些照片很容易看起来像是某种喷洒活动的证据。

"化学凝结尾"阴谋论在很长的一段时间里都相当隐蔽，不引人注目：我相信"他们"、政府或某个人有能力做到这一点。但我从来没有说过"我感觉'化学凝结尾'对健康有影响"之类的话。对我来说，支持"化学凝结尾"的确凿证据就是那几只桶。我看到它们的时候脱口而出的是"好吧，证据确凿，我的天哪"。我有些震惊，因为这个传言竟然被证实是真的。

威利在兔子洞里待了好几年，把他能找到的关于阴谋论的所有信息都翻了个遍，偶尔还会在当地报纸的评论区分享这些信息。我们通常认为阴谋论者都是一些为自己认定的真理摇旗呐喊的狂热分子——就像福音派的传道士一样慷慨激昂，把他们的另类想法灌输给众人。其实他们中的许多人基本上对自己的理论缄口不言。

我并没有四处"传教"，我确实在当地报纸的网站上发表过评论，透露了"9·11"事件的所谓内幕，但我并没有手持麦克风大肆宣扬。我只是随大流，从来没有在公开场合说过这样的话。

我问威利，他是如何对待身边那些试图劝他放弃阴谋信念的人的，结果我发现这种情况并不多见。他生活在某种文化泡沫中。

不，没有人有异议！我住的地方有很多人都相信这些东西，我想这很能说明我的朋友圈是多么狭窄。但我真的从来没有遇到过任何阻力。而我在网上变得激进了。

好像有一次，有人对我提出质疑，我挖苦地说："那当然了，政府总是实话实说的。"他回敬我："嗯，不，那不是真的。是的，政府在撒谎，但在这种情况下，你所说的并没有真正令人信服的证据。"当地报纸网站评论区的人总是对我说三道四的，我觉得是他们太过理性了，缺乏足够的"感觉"，你知道吗？他们太注重数据了，大多数时候秉持的是阿波罗（日神）原则，而不是狄俄尼索斯

（酒神）原则[1]，你懂我的意思吗？

在希腊神话里，阿波罗是太阳神，狄俄尼索斯是酒神。阿波罗代表理性思考、审慎和纯洁，而狄俄尼索斯则代表他的对立面——非理性、混乱、爱冒险，受情感和本能的驱使。酒神是个有趣的家伙。对美国西北地区的嬉皮士来说，无所顾忌的酒神世界观显然更有吸引力。

威利不仅极少受到周围人的批评，而且他甚至不知道可以去哪里获取与他从自己的"新闻"来源处听到的阴谋论相抵触的信息。

不，我一开始并不知道有揭穿阴谋论的网站。起初我看的是当地的新闻，渴望和大家探讨世界观，但我对Snopes网站[2]并不了解，而且也不清楚……是不是还有其他类似的网站。

但是，多年以后，把他从骗局拉回现实的正是同样的证据：压舱物桶。

有一天，我在Above Top Secret（一个阴谋论坛）上看到有人揭穿了压舱物桶的阴谋。他们还提供了图片来源的链接，是个航空网站。我看着图片，心想："天哪，原来那个想法是错的。"我立刻意识到，在ATS论坛上揭穿阴谋的人比我聪明得多，比我睿智得多，比我更有可能成为这方面的专家。这就像科学家有了重大发现

---

1 译者注：尼采在《悲剧的诞生》里首次提出日神精神（Apollonian）与酒神精神（Dionysian）这两个术语，解释人性的二元矛盾。日神原则讲求实事求是、理性和秩序，而酒神原则赞美生活，拥抱生命的不确定性。
2 译者注：一个专门揭穿谎言和骗局的网站。

时，会情不自禁地大喊"啊哈，我找到啦！"[1]的瞬间；就像人们恍然大悟"等一下，这是什么？"的时刻。有人一直在撒与"压舱物桶"有关的弥天大谎，让整个"化学凝结尾"的阴谋看起来像是真实存在的。

这个"啊哈"时刻是由一张充满善意的在线海报触发的，它吸引威利登录了我用来揭穿阴谋的论坛 Metabunk。在那里，我发布了很长的帖子，讨论并解释了所有冒充"化学凝结尾桶"的压舱物桶的照片。这次经历之后，威利逐渐摆脱了他对"新闻"的另类叙述的坚定信念，开始走上一条更具怀疑精神、阿波罗式的质疑之路，对听到的同一事件的不同观点都提出质疑。在认识到"化学凝结尾"阴谋是个骗局后，他开始质疑自己信以为真的其他阴谋论，比如世贸中心是被炸药摧毁的说法。他在兔子洞的深处来了个180度的大转弯，终于重见光明。这耗费了他九年的时间。

大约在2003年，我开始相信那些稀奇古怪的事情，一直持续到2012年左右。很长一段时间我都对这些东西很感兴趣。现在我时不时地登录 Metabunk 论坛，看看有没有什么新的资料。我一直在脸书（脸书）上给朋友转发这些资料。我在看任何东西时都抱着这种怀疑的心态。我真的……这确实改变了我的生活。

我真的认为任何阴谋论都不可信。即使是"谁杀了肯尼迪？"这样的"新闻"——那些新文档是刚刚发表的，还没有确凿的证据，所以我没有在上面花太多的时间和精力。我对官方报道相当满

---

1 译者注：公元前两百多年，古希腊学者阿基米德在浴盆里发现了浮力定律，他赤身跳出浴盆，高喊着"Eureka！"（希腊语，意为"我找到啦！"）。此后，科学家们有重大发现或突破时，就会情不自禁地大喊"Aha, Eureka！"（啊哈，我找到啦！）。

意。这些报道会有一些奇怪的地方，但我还是很满意。即使是全球变暖的骗局理论也做不到这一点。我这么说吧，我曾经被阴谋论玩弄于股掌之中，而现在我等着看好戏，坐等阴谋论被一一揭穿。

在我的圈子里，大伙儿现在都被我搞糊涂了。他们会问我："你现在是加入共和党了吗？"因为我不相信"9·11"事件是内鬼所为，所以现在大家都搞不懂我了。

当他不再认为"9·11"事件是一场内幕交易时，他的朋友就问他："你现在是加入共和党了吗？"阴谋论往往带有明显的党派色彩，这一点我们将在本书的后面再做讨论。

而且，我真的很欣赏Metabunk论坛彬彬有礼的一面。有太多揭露阴谋论的网站总是瞧不起人，骂人们是笨蛋。

阴谋论是一种世界观。我在检验这种世界观。挺有趣的。感觉也不错，因为你觉得自己了解了真相，而其他人却一无所知……对我来说就是这样。然后有一天，登录Above Top Secret论坛，看到了压舱物桶的真相，这彻底改变了我的生活。谢谢。

如果是我登录了Above Top Secret论坛，我可能就是发布正确信息的几个人之一。当时ATS论坛上有许多持怀疑态度的人，他们揭穿了"化学凝结尾"阴谋论，却不知道自己只是向某些网友展示了一些他们无从了解的信息，就改变了他们的生活。

威利的故事表明，人们陷入兔子洞深处时仍然可以逃脱。但它也向我们展示了洞里的世界多么不同。威利并不是拒绝接受对事物的常规解释。除了他本能地避开的那些抽象、非理性的谎言，在许多情况下，他只是不知道存在某个常规解释。对威利来说，第一步不是要让他明白自己的立场是错误的，而是要让他知道还存在其他的立场，而那些善良、聪明的人都认真严肃地秉持这些立场。

威利在阴谋论的兔子洞里待了很长时间，因为他周围都是一些"志趣"相投的人。对缺失信息的接触逐渐改变了他对世界的看法，并帮助他逃离了兔子洞。他通过在线互动发现了这些缺失的信息，虽然这些信息都很零碎，但如果有朋友帮忙，就能更快速地逃离，因为朋友可以用网上的陌生人永远无法做到的方式向他们介绍新的观点。

当然，阴谋是非常真实的。有权有势的人以牺牲公众利益为代价制定秘密计划的事实，对任何人来说都不足为奇。尼克松密谋掩盖水门事件。1953年，中情局策划了"假旗"行动，目的是推翻伊朗政府。里根政府的权贵们密谋与伊朗非法交易武器，以资助尼加拉瓜的反政府武装。安然公司阴谋关闭发电站以抬高电价。美国阿彻丹尼尔斯米德兰公司的高管们密谋操纵动物饲料的价格。小布什第二届政府的内部人员合谋提供粗略的证据作为存在大规模杀伤性武器的确凿证据，以证明入侵伊拉克是正当的。政客们暗地里（有时甚至公然地）与富人和企业串通一气，帮助通过有利的立法，以换取竞选捐款，有时只是贿赂。监狱行业密谋让那些政客监禁更多的人，只是为了最大化他们的利润。

明智的人都不会否认阴谋的发生。这些都是有据可查的事实，无可争辩。阴谋显然已经发生了，并且还将继续发生。没人要求你相信当权者总是把你的最大利益放在心上，因为他们显然不会这么做。没有人要求你盲目信任政府、大型制药公司或任何拥有巨大的权力、财富和影响力的大型实体。运转良好的民主制度有一个关键点，那就是政府应该接受严格审查。

阴谋是真实存在的，但每个非常真实的阴谋和看似可信的潜在阴谋之间都有大量的虚假阴谋论。

这些理论试图通过援引阴谋来解释某些事件或情况。这些理论要么很可能是错误的，因为它们缺乏改进常规解释所需的重要证据，要么明显就是错误的。

有一些阴谋论比较极端，比如，有人认为世贸中心大楼是用事先埋好的炸药炸毁的，有人认为20世纪60年代的登月是伪造的，还有人认为飞机在喷洒有毒化学物质，故意改变气候。也有一些不那么极端但仍然虚假的阴谋论，比如制药行业掩盖顺势疗法的功效（根本没有），或者汽车行业掩藏可以在水上运转的发动机（不可能）。最离谱的是，有人竟然声称地球是平的（其实不是），而政府不知何故掩盖了这一点（这怎么可能行得通？）。有一些古老的阴谋论，比如犹太人银行家统治世界的观点；也有一些新的阴谋论，比如政府为了推动枪支管制，在学校里枪杀儿童的观点。

本书的前提非常简单。这些虚假的阴谋论是一个问题。它们通过影响个人的生活选择，如金钱、健康和社交等，来伤害个人。它们分散了人们对腐败问题的注意力，削弱了公民对民主的真正参与度，从而对社会造成了一定的危害。虚假阴谋论是真正的问题所在，我们能够也应该对此采取行动。本书探讨了这个问题的本质：他们为什么会卷入其中，又是如何摆脱的，以及有哪些实际的做法可以帮助人们逃离阴谋论的兔子洞。

本书的主题包括：

1. 了解阴谋论的兔子洞。

2. 意识到阴谋论者只是普通人。

3.清晰地了解他们的想法及想法形成的原因。

4.建立信任与相互尊重。

5.寻求共识，并发现他们真正关心的问题。

6.识别出他们信奉的观点中的错误或者他们缺乏信息的领域。

7.让他们接触新信息，帮助他们获得更基于事实的视角。

8.以诚实和开放的心态去实施。

9.保持耐心，切忌操之过急。

在本书中，我将利用三个信息来源。首先，我会总结我的个人经验。我运行的 Metabunk 网站是一个讨论、调查与揭穿各种虚假阴谋论和邪教的场所。揭穿虚假阴谋论是我的业余爱好，我从事这个行业已有十五个年头了，创建过不少"打假"网站，比如之前专注于揭穿"化学凝结尾"阴谋论的网站、凝结尾科学（Contrail Science）网站和其他网站。在那段时间里，我认识了几百个曾在兔子洞进进出出的人，倾听了他们的故事，目睹了这些年来他们的改变。我帮助过他们中的许多人，通常这种帮助都是间接的，比如我用"化学凝结尾桶"的真相帮助过威利，但有时这种帮助是直接的。我将在后面的章节中讲述更多这些人的故事。

其次，我将借鉴其他志同道合者的著作成果。从全球变暖阴谋论到"9·11"阴谋论，在这个"打假"领域里有一些我的同行，他们既研究了人们为什么会相信阴谋论，也研究了如何帮助他们逃离"兔子洞"。许多人分享了他们的经验和想法，我从中得知了哪些揭穿方式和沟通策略是有效的，哪些是无效的。

第三，我将借鉴阴谋论领域的学术文献。从 20 世纪 50 年代激进右翼的阴谋论开始，到 60 年代肯尼迪、肯尼迪的弟弟和马丁·路德·金遇刺，特别是2001年的"9·11"事件以后，对于人们为什么会相信毫无根据的观点，以及究竟什么样的策略能科学有效地使他们树立更为现实的世界观，大家的好奇心日益高涨。

这里概述的基本技巧是保持有效的沟通，向你的朋友（阴谋论者）提供他们缺乏的信息。这期间，你的态度非常重要。你得鼓励他们去看你呈现的信息，而不是让他们把你当成白痴或者政府的托儿，然后拒之门外。假以时日，这些全新的信息将帮助他们获取足够真实的视角，并开始质疑他们深以为然的东西，从而开启逃离兔子洞的旅程。

什么是"兔子洞"

"兔子洞"（表隐喻）的一般定义如下：

> 一个奇异的世界，一段偏离正轨或者兜兜转转被浪费的时光，通常很难从中解脱出来。

在现代阴谋文化中，"兔子洞"是对一个由书籍、网站和YouTube视频组成的奇异世界的痴迷，这些媒介声称揭示了这个世界被隐藏起来的真相。这是对正常生活轨道的偏离，无疑是在浪费时间，也绝对是难以自拔的经历。

"兔子洞"这个词来自刘易斯·卡罗尔的《爱丽丝漫游奇境记》。爱丽丝跟着一只白兔进了一个洞，来到了奇异的仙境。

> 爱丽丝跟着"那只白兔"下去了，她从来没有想过该怎么出

来。兔子洞笔直地向前延伸了一段路后，突然下沉了，爱丽丝还没来得及停下来，就发现自己好像掉进了一口很陡的井里。

近年来出现了一种更为具体的用法，源自1999年的电影《黑客帝国》。在影片的关键时刻，莫菲斯（劳伦斯·菲什伯恩饰）让尼奥（基努·里维斯饰）做出选择：要么服用蓝色药丸恢复正常生活，要么服用红色药丸"看看兔子洞有多深"。

尼奥当然选择了"服用红色药丸"，而"兔子洞"引导他发现了世界的本质。他从舒适、乏味的程序化幻觉中"醒来"，投身于一场残酷但真实的生存之战，一场对抗邪恶、操纵统治者的弥赛亚之战。

这个术语已经被各种阴谋集团直接采用了。兔子洞被阴谋论者视为一个好地方，一个揭示世界真实本质的地方。"红色药丸时刻"可能是他们观看的第一个YouTube视频、与朋友的一次谈话，或者是一本书。他们"醒来"后，服下红色药丸，然后故意从兔子洞往下走，进入他们眼中不可思议的真实仙境。

我也希望人们能清醒地认识到世界的真实本质，但阴谋论的兔子洞并不是解决之道。它充斥着诱人的荒谬理论，是一个浪费时间受谎言危害的奇异仙境，使人们离现实世界越来越远，而不是越来越近。这不是蓝色药丸，也不是红色药丸，这是一种毒药。

本书的目的是帮助人们摆脱虚假阴谋论的兔子洞，更具体地说，就是为了帮助你的朋友。

你的朋友

本书的写作前提是假设你（也就是读者）正在试图更好地了解或帮助陷入困境的人。这个人或许是你的亲戚，是你的配偶、孩子、父母、兄弟姐妹，或许是你的普通朋友、亲密朋友或偶然相识的人，也许是坐在你旁边的同事，甚至只是你在网上认识的人。考虑到这一点，我将在全书中把这个人——你关心、关注的对象——称为"你的朋友"。

当然，现在他可能不是你的朋友了。尤其是在家庭环境里，坚信其他人认为荒谬的事情可能会导致沮丧、愤怒的情绪，甚至可能带来难以消除的敌意或厌恶。你相信人类登上过月球，你的朋友可能会觉得你的想法很可笑。他可能还会觉得你简直是疯了，因为你竟然认为李·哈维·奥斯瓦尔德[1]的刺杀行动是他一人所为。如果你拒绝观看长达四个小时的《9·11：新珍珠港》，他可能还会大为光火。如果你拒绝关注天空中纵横交错的白色线条，他可能会转过身不理你。

如果你想要一本对付敌人的书，一些可以在辩论中用来彻底击败某个人的招数，好让他看起来就像个白痴，那么我建议你去别处看看。我想做的是帮助别人，而不是嘲笑或轻视他们。如果你认为你对他们的帮助只能通过在每次争论中击败他们，让他们显得愚蠢无知来实现的话，那么我对此保留意见。向朋友指出他们的缺点只是帮助他们脱离兔子洞的其中一个举动，如果你对你认为是敌人的人使用这样一种钝器，那么你很可能会得到与目标相反的效果，只会逼得他们在兔子洞里越陷越深，因为他们会对你硬起心肠，从心底抵触你提供的事实。

因此，即使他们在某种意义上成了你的敌人，我还是会把他们称为

1　译者注：此人涉嫌刺杀美国前总统肯尼迪。

"你的朋友"。试着把他想成一个心存善意的好人，一个仅仅是在某些事情上误入歧途并且固执己见的人。我们很快就会看到，帮助别人走出困境的第一步是理解他们，然后获得他们的信任。对他们进行言语攻击是达不到这种效果的。

全书从头到尾，我都在反复强调一个非常严重的隐患。这个隐患就是，类似"像对待朋友一样对待他们"和"赢得他们的信任"这样的建议可能会被视为洗脑手册上的建议。阴谋论者显然对像我这种花时间调查和驳斥他们的理论的人持怀疑态度。他们指控我是一个领薪水的政府特工，接受过"虚假信息"的训练，擅长在人们的头脑中植入错误的想法。他们可能会看这本书，还会看我发布在 Metabunk 论坛上的大量帖子，然后认定我在撒谎，试图诱使人们远离真相。

最好的防御措施是尽可能地公开和坦诚。确实，我认为把别人当朋友一样对待会更容易使他们相信自己犯了错，而他们对我充满敌意的唯一原因是他们搞错了自己应该相信什么。如果我和某些人有来往，那是因为我认为他们是好人，只是被困在了兔子洞里。如果他们认为我是敌人，对我充满敌意，那只是因为他们迷失了方向。

最后，"你的朋友"可能就是你自己。也许你看这本书是因为你意识到自己有些迷失在兔子洞里了，你需要一些帮助来摆脱困境，或者至少是探出头看看洞外的世界。也许你并不认为自己陷入了困境，或者你认为你的信念表明你对真相非常清醒。也许你看这本书是因为你认为我是政府的托儿，而你想搞清楚这本为政府代言的新书有什么内幕，这样你就可以帮助你的朋友避免上当受骗了。或者有人请你帮忙看这本书，你勉强同意了，因为他们是你的朋友。

如果你真的是一个阴谋论者，那么有两种方式可供选择，你可以选择任何一种来看待"你的朋友"。首先，你应该做你自己的朋友。可能你一开始翻阅这本书是想弄明白我的思维方式，但我希望你看完后能从更好的角度来理解我的观点，以及你自己对世界如何运转的看法。也许你会发现你在什么地方出了问题。也许你至少会发现这些观点能帮助你更好地表达自己的想法。也许这本书会证实你已经知道的。无论结果如何，我都希望你觉得它是有用的。

阴谋论者可能会觉得这本书有用的第二种方式是，阴谋论存在于一个范围内。虽然你是阴谋论者（在某种程度上我们都是），但你认为自己是一个理性的人，你只相信你认为有充分证据和常识支持的阴谋论。

虽然你可能不认同我试图揭穿你的理论的举动——无论你在阴谋论的哪个层面——但你可能会找到共同点，试图帮助那些陷得更深的人。有好几个"9·11"真相寻求者感谢我帮忙揭穿了"化学凝结尾"阴谋论，还有一些"化学凝结尾"的信徒感谢我向他们的朋友解释了为什么地球不是平的。翻看这本书，你会知道该如何帮助被困在更深邃、更幽暗的兔子洞里的朋友。如果它看起来是合理的，那么也许在某个时候，你可以探寻书里是否有一些内容契合你的个人信仰。

如果你喜欢的话，那就继续看下去吧，权当它是为政府代言的洗脑手册。想办法弄明白我的把戏。我不是想给你洗脑，如果把它当成洗脑书能刺激你看完这本书，那就继续假装一段时间吧，不过我恳请你之后再看一遍。

有什么危害

"你这是何苦呢？"这是我经常被问到的一个问题。为什么我们要关心那些相信阴谋论的人？为什么我们要试着帮助他们？这些问题直接体现了我写这本书的原因。我想帮助人们走出阴谋论的兔子洞，因为虚假的阴谋论会造成伤害。它们通过多种方式给人们带来伤害。

也许最重要的是，它们会直接对个人造成伤害，也就是对你的朋友。如果他们相信自然疗法（顺势疗法）的功效正被大型制药公司掩盖，那么他们可能会受到诱惑，放弃传统疗法，转而选择未经证实有效的草药疗法。在某些情况下，这样做可能会导致死亡。如果他们认为飞机在空中喷洒毒药，那么他们可能会把钱浪费在针对"化学凝结尾"的排毒药物上。

虚假阴谋论还会对人际关系的双方造成伤害，无论是亲密关系还是其他关系。相信虚假阴谋论的一个共同结果是边缘化和社交孤立。"兔子洞"成了一种上瘾之物，如果伴侣没有同样的痴迷，那么他们的亲密关系会出现严重的问题，包括离婚。这些问题还会延伸至家人和朋友，甚至进入工作场合。

相信虚假阴谋论除了会给个人及身边的人带来伤害之外，还会对其他人造成伤害。研究气候的科学家一直受到骚扰和威胁，甚至是死亡威胁，那些人认为科学家在掩盖一个阴谋。政客们一直受到"9·11"内幕阴谋论者的诘问。被害儿童的父母被人跟踪，跟踪者认为枪击案就是一场骗局。一名男子在一家比萨店里开枪，他认为儿童被关押在那里，沦为了与克林顿夫妇有牵连的恋童癖团伙的部分成员。

更重要的是，阴谋论可能导致国内外发生严重的恐怖主义行为。俄克拉何马城爆炸案制造者蒂莫西·麦克维就是一名阴谋论者，他认为一个由国际犹太人银行家组成的阴谋集团正在接管美国。波士顿马拉松赛爆炸案制造者塔梅尔兰·察尔纳耶夫是年轻穆斯林激进化浪潮的成员，这在很大程度上是由通过网络视频传播的阴谋论推动的。

实际造成的伤害非常真实，也非常明显。但阴谋论留下的危害还有一些不太明显的方面。真相在社会中举足轻重。公众言论越是基于谎言，就越难以取得建设性进展。如果几百万人认为科学家是腐败企业雇用的骗子，科学就会受到伤害。如果人们在相信阴谋论的前提下进行投票，民主进程就会受到损害。如果制定的政策在一定程度上以错误的主张为依据，国家就会遭殃。如果阴谋论越来越被普通民众接受，我们国家的国际地位就会因此受损。

因此，我自寻麻烦，费尽心思揭穿虚假阴谋论，为的就是让其他人远离伤害。我鼓励大家加入揭穿虚假阴谋论的队伍，帮助自己的朋友，虽然这可能只是沧海一粟，但也能让世界变得更加美好。

人们会改变吗

这可能吗？当我告诉人们我揭穿了虚假阴谋论时，有时他们的反应是，"但他们从不改变想法"。的确，阴谋论者似乎总是牢牢地固守着自己的信念，能够承受无休无止的合理反驳，却不为所动，丝毫不肯退让。

这甚至是阴谋论者对自己的一种评价。我加入了一个名为"'9·11'真相运动"的脸书群组，并宣布我正在寻找"前'9·11'真相寻求者"。我收到了一些真实的"前真相寻求者"的回复，但也收到了很多这样的回复：

> 我现在就告诉你，我保证你找不到一个"前真相寻求者"，就算找到了，那个人也是在撒谎。就是这样。没有人会忘记这样的罪恶行径是要被掩盖起来的。要是你连他们的话都信，那只能说明你

的智商堪忧，也就是说，你可能从未怀疑过官方的说法。

首先，他们说我永远都不可能找到。接着他们又说即使我找到了，也是那人在撒谎。然后他们还说，你得是一个蠢蛋，才会从一开始就不相信阴谋论，因为愚蠢的人才会不相信阴谋论，真是油盐不进。令人惊讶的是，这个群组中有很多人都是这种看法，非常普遍。一个真正的信徒是不会改变他的信仰的，几乎没有可能。如果你指出哪些人改变想法并公开表态了，他们就会谴责那些人是托儿或者"卧底"，或者干脆说他们根本就不相信。

但人们是能够改变想法的，我找到了他们（或者说是他们找到了我）。在几年的时间里，我接触了许多现在的信徒和以前的信徒，跟他们有过交谈和会面。其中有些人在我的帮助下走出了兔子洞。也许阴谋论者并不认为自己是可以改变想法的，但这其实是可以做到的，即使对那些最深信不疑的人来说也是如此。要阐明深陷兔子洞的人能够逃脱，最好的办法就是讲述那些刚从洞里逃出来的人的经历，那些人几乎陷在兔子洞的尽头，但还是逃了出来。在本书的开篇，我讲述了威利的故事，随即证明了改变的可能性。我们将在后面的章节中认识其他几位逃脱者。

为什么采用"揭穿"（debunk）一词

本书通篇使用"揭穿"一词来帮助人们理解为什么他们的阴谋论没有得到确凿证据的支持。但是"揭穿"一词有时会被解释为这个揭穿者已经预先对问题做了判断，并且他只对不择手段地说服别人感兴趣。那么，为什么还要用这个可能会给人留下负面印象的词呢？

我和职业怀疑论者詹姆斯·兰迪、超自然现象的资深研究者乔·尼克尔探讨过这个问题。兰迪告诉我，他认为"揭穿者"一词承载了太多的假设，即假定某个论点是错误的。因此，他更喜欢把自己描述成一名科学研究者。同样，尼克尔提出了一个非常有说服力的论点，即每次新出现一个阴谋论，他要做的都不是去证明这个阴谋论是子虚乌有的，而是去调查情况，看看到底发生了什么，然后再对此做出解释。

我使用"揭穿"这个词是出于两个原因。首先，我认为"揭穿"是一个包含调查和解释两个阶段的过程。揭穿的定义是"揭露"一个想法或信仰的"虚假"。要揭穿一个谎言，你首先得找到它，然后解释它为什么是虚假的。面对诸如"'9·11'事件中没有飞机撞上五角大楼"之类的说法时，你首先要查看这些说法背后的依据，并调查事实的准确性。如果找到了不准确的地方，你可以向人们解释。

其次，包括阴谋论者在内的大多数人都对"debunk"一词过去时态的用法没有异议，比如"Claim X has been debunked"（某某说法已经被揭穿）。众所周知，这句话的意思就是"某某说法已被调查，并最终证明是错误的"。

但本书的重点不是调查，而是解释。你接触到的大多数阴谋论的主张都不是新出现的，不需要展开调查。这些都是已经被调查过的老掉牙的观点，只会萦绕在你朋友这样的人的脑海里，因为他们要么对最合理的解释毫不知情，要么就是消息太过于闭塞，无法完全听懂那些最合情合理的解释。把那些解释连同缺失的信息一并告诉你的朋友，就是我所说的"揭穿"。

✳ 概述

《阴谋简史》分为三部分。在第一部分中，我们将详细地介绍阴谋论的"兔子洞"。阴谋论为什么会存在？人们为什么会陷入其中，你又该如何帮助他们逃离？

第一章，"'阴谋论'的阴谋论"通过回顾阴谋论的历史，讲述"阴谋论"一词有争议的用法。这个用法早在1963年肯尼迪遇刺前就有了，虽然它确实有一些负面含义，但我之所以使用这个词，是因为它是一个很好理解（对大多数人来说）的术语。

第二章，"阴谋论光谱"着眼于阴谋论的范围，从似是而非的到荒诞不经的，不一而足。我在本章将引入一个阴谋"分界线"的概念，在每个人的阴谋论光谱上标注出这条分界线。分界线的一侧是"合理的"阴谋论，另一侧是"愚蠢的"阴谋论和"虚假信息"。我将讨论如何理解并识别这条分界线是帮助你的朋友的关键因素。

第三章，"雇佣骗子卡"论述了一个常见的指控，即试图揭穿虚假阴谋论的人都是被雇用的骗子。对付这种指责，最好的办法是尽可能坦诚地公开你正在做的事情。为此，本章将详细解释我是如何在互联网上揭穿阴谋论的，我为什么要这么做，以及我如何能够负担得起。

第四章，"兔子洞：怎么陷进去的？为什么会陷进去？"探讨人们是如何被吸进兔子洞的。心理因素起到了什么作用？人们通常是如何陷入阴谋的旋涡的？我将回顾目前关于这个问题的研究，以及在线视频的重要作用。

第五章，"核心揭穿术"为实际揭穿提供一整套工具和指导方针，重点是有效地沟通缺失的信息。

第六章，"史蒂夫——逃离兔子洞之旅"讲述史蒂夫的经历。从20世纪70年代开始，他就是个阴谋论者，他的逃脱经历生动地说明了前几章提到的许多概念。

第二部分是本书实用价值的核心所在。我们将深入探讨四种不同的阴谋论，描述这些理论常见的错误证据和主张，我还将介绍如何以最好的方式向你的朋友传达对这些错误说法的解释。每一章都有一个人的故事，他掉进了那个特别的兔子洞，并最终逃了出来，这期间的经历将对你娓娓道来。

第七章，"化学凝结尾"讲述一个令人惊讶的普遍观点，即飞机在空中留下的白色线条不仅是凝结物，而且是改变气候的秘密阴谋的组成部分。本章会对凝结尾进行科学解释（这些白线实际上是什么），还会涉及一些最常见的说法，比如"凝结尾不会持久"、"雨水中含有铝"以及"地球工程专利"等。这是我个人最喜欢的阴谋论，本章的篇幅自然也是全书最长的。

第八章，"斯蒂芬妮——曾经的'化学凝结尾'阴谋论者"讲述斯蒂芬妮的故事。她是一名来自德国的"化学凝结尾"阴谋论信徒，在朋友的帮助下逃出了兔子洞。

第九章，"'9·11'控制爆破拆除"着眼于"9·11"阴谋论中最热门的观点——飞机撞击和熊熊大火不足以摧毁世贸中心，肯定预先埋置了炸药。这个话题容量太大，无法在一章中毫无偏颇地陈述，所以我将重点放在你的朋友可能会遗漏信息的一些关键领域，其中包括"AE911

真相"（Architects and Engineers for 9/11 Truth）网站、纳米铝热剂、撞击五角大楼的飞机以及（没有）失踪的2.3万亿美元。

第十章，"卡尔——短暂的真相寻求者"讲述了某个人差点儿掉进"9·11"兔子洞的深处，结果被他的朋友及时抓住的故事。

第十一章，"假旗行动"介绍那些通常会引起情绪波动的问题，比如桑迪·胡克这样的事件就是一场骗局。我详细地研究了长期以来时常被引用的假旗行动的证据，尤其是诺斯伍兹行动和北部湾事件。我找到了一些方法，可以给那些掉进这个兔子洞的人带来全新的视角。

第十二章，"理查德——与桑迪·胡克阴谋论划清界限"讲述了一个年轻人的故事，桑迪·胡克的骗局理论最终帮助他摆脱了阴谋论的思维。

第十三章，"地球是平的"介绍了在许多人看来明显荒谬的阴谋论，即地球是平的，而政府正在掩盖这一点。很多声称持有这个观点的人只是在胡扯，但如果你遇到了真正相信这个观点的人，你该怎么做呢？我研究了这个理论的历史、最常见的主张，以及一些能向人们直观展示地球不是平的的方法。

第十四章，"鲍勃——逃离'地平说'"讲述的故事里，不仅主人公相信地球是平的，而且他的家人也相信。

第三部分将介绍你在帮助朋友的过程中可能会遇到的其他的复杂情况，最后展望揭穿虚假阴谋论的未来。

第十五章，"揭穿虚假阴谋论的复杂性"首先探讨一个常见的问题，即向一个无法快速理解复杂情况的人（这个人本身并无过错）解释复杂情况。当这个人是家庭成员时，与朋友有所不同的是，这可能会造成潜在的更为严重且长期存在的后果。我研究过莫吉隆斯症阴谋论提出的问题，并就如何处理精神疾病提供了一些简单的建议。最后，我就如何处理跨越到阴谋领域的政治分歧进行了思考，并提供了指导意见。

第十六章，"制造阴谋和揭穿谎言的未来"部分内容是推测性的，但也是基于2016年大选中虚假信息的影响以及该事件引发的持续至今的影响。我研究了"巨魔"和机器人是如何帮助传播阴谋论的，以及情况在好转之前是如何变得更糟的。

最后，我满怀希望地看着正在开发的打击网络虚假信息的工具，盘算着它将如何帮忙遏制阴谋论流行的趋势。

第一部分

第一章

"阴谋论"的阴谋论

"阴谋论"这个词我已经用了很长一段时间了，但在一开始，对于这个词我是很抗拒的，并不断地尝试寻找其他替代词。

问题在于，"阴谋论"（以及"阴谋论者"）在许多人看来有故意贬损的意思。阴谋论这三个字出现在这本书的封面上，可能会让有些人认为这本书是在嘲笑或贬低那些相信这种事情的人。如果你查阅词典，你会发现词典里对阴谋论的定义是这样的：

> 一种解释某一情况或事件是由某个强大集团的秘密阴谋引起的理论。

阴谋论者被简单地定义为相信阴谋论的人。这是一个完全合理的定义，符合"9·11"真相寻求者的信念，符合肯尼迪遇刺阴谋论者的信念，也符合"化学凝结尾"阴谋论者、登月骗局阴谋论者、桑迪·胡克假旗行动阴谋论者以及外星人基地隐瞒阴谋论者的信念。他们认为某个事件背后隐藏着一个秘密阴谋，并且（或者）有人秘密地掩盖了某个事件。

但是，按照字面意思正确使用，并不能使一个词免受冒犯。这是对更深奥的理论的适用性，是对更主流的阴谋论者的冒犯。一般认为是中情局暗杀了肯尼迪的人都觉得自己通情达理，不愿意和那些认为女王是一只变形蜥蜴的怪人有什么瓜葛。同样，"9·11"真相寻求者也不想被认为是一个"戴锡箔帽的人"[1]——这个人担心美国国家安全局（NSA）正在用无线电波向他的大脑发送信息。

除了这种简单的关联，还有一个更深层次的原因，让阴谋论者回避这个标签。这个原因本身就是一个阴谋论——该理论认为，"阴谋论"一词是1967年中情局为了诋毁阴谋论者而发明的。

这个"阴谋论"的阴谋论指的是1967年中情局的一份文件，该文件是应《纽约时报》的《信息自由法》要求而浮出水面的。这份题为《关于对沃伦报告的批评》的文件是对那个时代的精彩写照。出于各种原因，中情局担心越来越多毫无根据的阴谋论正在损害中情局和政府的声誉。于是，他们提出了反击的方法，但他们并不建议使用阴谋论这个词。

但那些可能会被贴上这个标签的人（比如那些认为世贸中心是被炸药炸毁的人）认为，这份文件很大程度上是在给他们贴上阴谋论者的标签，试图嘲笑和排挤他们。这个理论的主要推动者之一是兰斯·德哈文·史密斯博士，他将此作为他的书《美国阴谋论》的中心论点。书中写道：

　　因此，阴谋论的标签已经成了一种强有力的诽谤，以理性、文明和民主的名义，抢占公众的话语权，强化而不是解决分歧，并削弱公众对滥用权力的警惕。该词于1967年由中情局设立，至今在美

1　译者注：在国外，阴谋论者大多被称为带锡箔帽的人（tinfoil hatter）。

国政治中仍是一股破坏性的力量。

德哈文·史密斯承认，这份文件本身并没有明确鼓励使用这个词。为了回避这个问题，他进行了一系列解释性思维训练，试图确定中情局文件中隐藏的含义。他逐句进行分析，有时还逐字进行分析，对隐藏的含义进行解读。

> 中情局第1035-960号公文看起来是一份直白的备忘录，措辞清晰，动机合理，实际上是一份微妙的文件，通过间接和含蓄的方式传达了许多信息。要抓住文本中的细微差别，需要仔细阅读。对普通读者来说，这篇公文的某些部分显然具有表面意义。而对那些正在收听第二种频率的读者来说，这篇公文具有更深层次、不那么明显的意义，也就是一种隐含的意义。多个层面的意义出现在不同形式的说辞中……
>
> 中情局第1035-960号公文不是柏拉图式的对话……而是一份由间谍为其他间谍编写的文件。间谍知道，作为一份书面文件，它可能会落入"坏人"之手。事实上，正是因为《信息自由法》的要求，它才落入了"坏人"之手。因此，我们应该假设该公文可能包含一些隐含的意思。

虽然德哈文·史密斯声称阴谋论的标签是"1967年由中情局设立"，但事实上，这个词在那之前已经使用了几十年。第一次使用可以追溯到1870年，当时有一种理论认为，精神病院里的精神病罪犯遭到了身体上的虐待。这个词在美国作为对南方脱离联邦的一种特殊理论的描述而出现，在1895年前后出现在几本书里，比中情局的文件早了将近70年。它在20世纪初继续被使用，例如出现在1930年的论文《第十四条修正案的阴谋论》中。

在中情局备忘录公布的十年前，也就是肯尼迪遇刺的几年前，这个词在美国的实际使用方式与现在几乎一样——它被用来描述那些试图用邪恶的阴谋来解释事件的毫无根据的理论。当时，这些理论的主要来源之一是"激进右翼"——极端右翼的宗教和民族主义组织，如三K党和约翰·伯奇协会。1960年，威廉·鲍姆在《美国激进右翼政治阴谋论》中写道：

> ……接受一个无所不能的邪恶阴谋的现实，是当代美国极端或激进右翼最显著和最鲜明的意识形态特征。

鲍姆的作品很有影响力，在一些报纸和书籍中都有引用。1962年，也就是肯尼迪总统遇刺的前一年，沃尔特·威尔科克斯撰写了《激进右翼的新闻媒体》一书，书中试图量化各种阴谋论。他举了几个例子：

· 美国全国有色人种协进会（NAACP）是由一名纽约犹太人通过黑人阵线运作的。
· （饮用水）加氟作为一种麻醉剂使人处于可控状态，而不是对牙齿有益。
· 美国的失业率正在上升，因为贸易被掌控在一个国际邪教手中。
· 有组织的犹太人企图破坏电影《宾虚》中的福音信息。
· 加州的智力测试给出了两种罪恶的选择，其中一种似乎是正确的。

这些理论似乎与今天的理论没有太大的不同。饮用水加氟阴谋论仍然存在，并且通常被那些坚信更加深奥难懂的阴谋论（比如"化学凝结尾"）的人视为基本信念。威尔科克斯接着提出了阴谋论者的范围，这可能是首次有人这么做。他将对阴谋的投入程度分为0—7的等级，这是一种衡量激进右翼在媒体上发表的文章对阴谋的投入程度的方式：

对阴谋的投入程度

7　专注于阴谋

5　被阴谋吸引

3　认为阴谋是存在的

1　暗示阴谋是存在的

0　没有明显证据证明相信阴谋

威尔科克斯还提到了一个非理性尺度，里面的内容可能仍然适用于今天互联网上的许多文章：

非理性尺度

7　偏执狂的暗示、困惑，几乎没有可信的事实

5　有争议、尖锐，可信的事实很少，而且有失偏颇

3　呈现的是严重偏向一方的可信的事实

1　有些片面，可信的事实并不多

0　没有明显的非理性证据

威尔科克斯将阴谋论中的非理性尺度与人们对该阴谋论的投入程度联系起来。

例如，假设非理性在一定程度上与阴谋论相关这个观点是合乎逻辑的……

很明显，这个词不是中情局发明的。他们甚至没有建议用这个词来贬低别人。阴谋论和阴谋论者这两个词在整份文件里都只出现过一次：

这种严重的影射不仅影响了有关个体，也影响了美国政府的整体声誉。我们的组织直接参与的事宜：除其他事实外，我们向调查提供了资料。阴谋论经常使我们的组织受到怀疑，例如，谎称李·哈维·奥斯瓦尔德为我们工作。这份公文的目的是对阴谋论者的指控提供反驳和质疑的材料，以便阻止这种指控在其他国家传播。

这个词仅仅被用作描述。中情局显然熟悉反政府激进右翼，就像他们熟悉任何反政府组织一样。他们也熟悉激进右翼的学术著作以及阴谋论一词的使用。

要把这一点传达给你的朋友，第一步是告诉他们这个词在中情局文件和肯尼迪遇刺之前就已经存在了。接着，如果他们想知道更多的细节，就向他们出示威尔科克斯和其他人在肯尼迪去世前一年撰写的使用了这个词的真实文章，就像今天使用的文章一样。他们可能仍然不相信，更彻底的揭穿可能需要查阅中情局文件的全文。

下一步是看看在肯尼迪遇刺后发生了什么，以及中情局在经常被引用的文件中使用了阴谋论这个词后又发生了什么。为了调查此事，我动用了在线报纸档案数据库，提取了1960年到2011年（2011年是报纸档案有大量扫描文件的最后一年）期间，报纸中"阴谋论"一词的总使用次数。我对各年份报纸上使用"阴谋论"一词的总次数进行了校准，并绘制了一张图表。

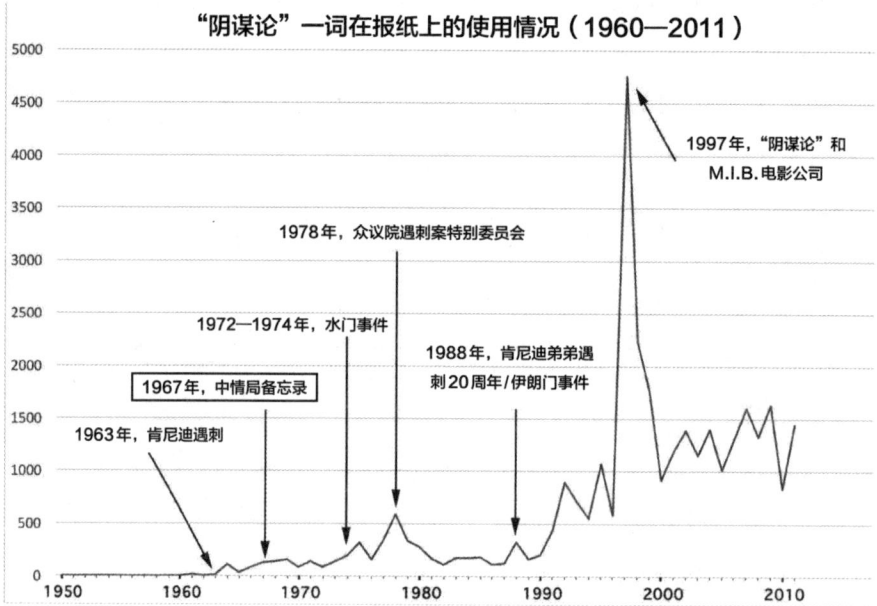

图1：报纸档案中"阴谋论"一词的使用频率

显然，如果中情局打算在1967年后推广这个词，那么他们失败了。如前所述，在1963年之前，这个词很少出现，第一次出现高峰实际上是在1964年，也就是肯尼迪遇刺（1963年11月22日）后。该词的使用在第二年（1965年）呈现下滑趋势，随后几年又稳步上升。在中情局的公文被认为是在推广使用这个词的那一年（1967年），这个词已经被广泛使用，并且越来越受欢迎。1968年，罗伯特·肯尼迪和马丁·路德·金遇刺身亡后，你可能已经预料到了，该词的使用量激增。然而，1969年后，该词的使用量稳定下来。

从1972年水门事件到1974年尼克松总统辞职，这期间该词的使用量增速缓慢，在这之后达到了峰值。1978年，众议院遇刺案特别委员会公布了调查结果，其中一句话是："约翰·肯尼迪总统很可能是由于一场阴谋而遭到暗杀的。"该词的使用量在20世纪80年代回落到以前的水平，只有一年除外，那就是1988年，也就是肯尼迪弟弟遇刺20周年和伊朗门事件发生的那一年，当年该词的使用量略有上升。

事实上，20世纪90年代是阴谋论一词真正广泛使用的时候。从1990年到1995年，随着冷战的结束、海湾战争的开始、洛杉矶暴动、韦科惨案、《X档案》的开播以及俄克拉何马城爆炸案的发生，该词的使用量暴涨了近500%。

1997年，随着电影《连锁阴谋》和《黑衣人》的上映，该词的使用量又迎来了激增。在这两部电影中——就像大多数与阴谋论相关的电影一样——很多阴谋论都被证明是正确的。显然，好莱坞并没有借这个词来贬低人们；确切地说，还赋予了它非常积极的用法。尤其是在电影《连锁阴谋》中，男主角杰里·弗莱彻（梅尔·吉布森饰）一开始被视为一个疯狂的怪人，人们可以拿他开涮，却忽视了他的存在。随着影片情节的发展，很显然，杰里说得没错，他被中情局特工盯上了，他说的那些阴谋论都是真实存在的，最终他成了英雄。

这部电影上映后，阴谋论一词在美国文化中扎下了根，在说英语的国家更是如此。随后的发展都只是建立在这个牢固的基础之上。1998年出现了"化学凝结尾"阴谋论，2001年世贸中心和五角大楼遭到袭击，随即出现了铺天盖地的阴谋论。

也许比在流行文化中的用法更重要的是——甚至比"9·11"事件更重要——20世纪90年代末到21世纪初，我们目睹了互联网的迅速崛起。2011年的报纸档案不再使用阴谋论一词，我们可以继续用其他指标来衡量该词的流行程度，比如谷歌趋势。

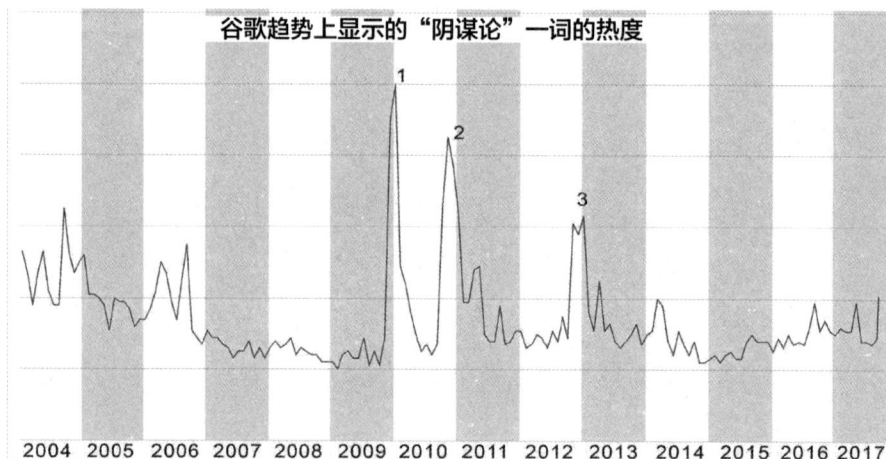

图2："阴谋论"在谷歌趋势上的搜索结果

　　这让我们想要了解更多有关"阴谋论"的具体细节。它并不是对报纸提及次数的一种衡量（这只是对公众利益的一种间接衡量），而是对公众直接和积极搜索信息的一种实际衡量。直到2009年12月纪录片《阴谋论》（第一季）上映，这个词才开始流行起来。在2010年10月（第二季）和2012年11月（第三季），该词的使用率出现了类似的高峰（但呈下降趋势）。该剧由杰西·温图拉（演员，明尼苏达州前州长）主演，对阴谋论的描述显得非常积极正面，强调剧中出现的大多数被质疑的阴谋论要么是真实的，要么至少是合理的。该剧播完后，人们对该词的兴趣又回到了2009年之前的水平，只是在2016年总统大选前后略有回升。2017年10月的最后一个峰值是对拉斯维加斯大屠杀的回应。

　　我们可以看到，这个词的使用历史被大众媒体的积极联想所主导。《X档案》和梅尔·吉布森主演的《连锁阴谋》等影片中的人物坦承，在公众眼里，阴谋论者都是怪人。但随着故事情节的推进，他们掌握的阴谋论几乎都被证明是真实存在的。阴谋论者给人留下的是英雄的形象，他们准确地推断出了世界内部运作的某些内幕，并试图揭露这些秘密。媒体并没有刻意诋毁阴谋论者，相反，这个词在过去20年里得到了广泛使用，被认为是媒体在试图恢复和推广它。

虽然"阴谋论"确实有一些负面含义，但它也赋予了阴谋文化某种程度的合法性，否则这种合法性可能会缺失。想想看，在这个词被广泛采用之前，对这个话题最有影响力的其中一篇文章就是霍夫施塔特写于1964年的《美国政治中的偏执风格》，文中使用了更为直接的侮辱性词语"偏执狂"来指代那些倾向于将所有事件解释为某些阴谋的结果的人。

> 我认为，有一种思维方式由来已久，也不一定是右翼的。我之所以称它为偏执型风格，仅仅是因为没有别的词能充分唤起我脑海里强烈的夸张、怀疑和阴谋幻想的感觉。

如果没有阴谋论者这个词，我们现在所说的阴谋论者很可能会被称为"偏执狂"或其他直接带有贬义的词。相比之下，阴谋论者一词还是中性的。

这里我们看到的是一种感知上的不对称。阴谋论者拒绝给自己贴上准确的标签，因为他们认为这种做法是有意在贬低他们。他们并不认为自己持续不断的怀疑有什么不寻常之处（除了与普通大众的盲从和默许形成对比之外）。因为他们的怀疑通常是没有根据的，而且不属于主流，所以他们被贴上的任何标签最终都将被视为带有贬义色彩。

德哈文·史密斯就是这样一种不对称的例子：他拒绝接受认为"阴谋论"的负面含义可能与大多数阴谋论通常缺乏事实根据的主张有关的

观点，并认为人们应该使用"阴谋现实主义者"一词，而不是"阴谋论者"；应该使用"国家颠覆民主罪"（SCAD）一词，而不是"阴谋论"。

他没有抓住要点。如果一个群体被成功地贴上了标签，那么公众对他们的看法就不会改变。阴谋论者会被判定为边缘人物，因为他们属于一个被称为阴谋论者的群体。他们之所以处于边缘，是因为他们提出了毫无根据、不切实际或过度投机的主张。标签不能定义一个群体的认知，但标签能呈现出某种观点。1994年，英国慈善机构"Spastics Society"（麻痹症协会）更名为"Scope"。之后，在公园游乐场里辱骂举止笨拙的孩子时使用的"spastic"（笨拙的，无能的）一词就被"scoper"所取代。如果德哈文·史密斯能奇迹般地让许多人都接受"SCAD"这个词，那么阴谋论者被叫作"Scadders"也不是不可能。

我还是继续使用阴谋论者一词（英文表述为conspiracy theorist，或简称conspiracist），因为词典上对它的定义和常用用法非常准确地描述了我在网上遇到的、我采访过的以及我见过的许多人。确切地说，他们倾向于相信阴谋论，认为阴谋论可以解释世界上所有的重大事件。我并不是有意贬损，我确实想指出流行文化中许多积极的关联。我使用这个词，是因为人们都明白它的意思。

第二章

阴谋论光谱

如果你想了解人们是如何迷上阴谋论的，如果你想帮助他们，那么你必须了解阴谋论的世界。更具体地说，你需要知道他们最喜欢的阴谋论在更大范围的阴谋论中所处的位置。

什么样的人会相信阴谋论？什么样的人会认为世贸中心是控制爆破拆除的，或者飞机在秘密地喷洒化学物质以改变气候，或者桑迪·胡克事件中根本没有人丧生，又或者地球是平的？这些人疯了吗？他们只是很容易上当受骗吗？他们是因为年轻没经验，容易受人蛊惑吗？不是的，实际上，相信阴谋论的人只是普通人群中随机抽取的一小部分。

许多人认为阴谋论者是一群疯子，是一群笨蛋，或者是一群疯狂的笨蛋。然而，在许多方面，对阴谋论的信仰就像苹果派一样是美国式的，就像苹果派一样，它是多样化的，各种类型的普通人都喜欢为它买单。

我的邻居是个阴谋论者。他是一名工程师，退休之前也是个成功人士。我在他家吃过饭，他是"化学凝结尾"阴谋论的信徒，而我是"化学凝结尾"阴谋论的揭穿者。这挺奇怪的，他甚至在喝了几杯酒后告诉我，他认为我是被人花钱雇来揭穿"化学凝结尾"阴谋论的。他之所以这么想，是因为他在谷歌上搜索了我的名字，发现一些网页上说我是拿钱替人传话的托儿。因为他是个阴谋论者，倾向于相信阴谋信息的来源，而不是主流信息的来源，所以他对我是"托儿"的说法信以为真。

我见过各种各样的阴谋论者。在一次"化学凝结尾"会议上，我见到了几乎所有类型的阴谋论者。有几位明智而聪慧的前辈加入了阴谋论者的行列，从几个月到几十年前不等。各个年龄层都有高度古怪的人，包括一位自行车上挂着一个金字塔挂件的老先生。有些人（声称）能接收外星人的信息，有些人对这些能与外星人通灵的人被获准参加会议一事感到愤怒。有些年轻人渴望革命。有些学识渊博的知识分子则认为晚间新闻中存在一种微妙的说服系统，也有些人真的认为他们生活在计算机模拟的世界中。

有很多人相信阴谋论，因为阴谋论的范围非常广。每个人都会碰到一个容易陷入其中的阴谋论，因此，很少有人能幸免。

主流与边缘

阴谋论一词有个问题，那就是它的表述过于宽泛。人们很容易把人简单地分成阴谋论者和普通人——一边是戴着锡箔帽子的偏执狂，另一边则是理智的人。现实是，不管怎样，我们都是阴谋论者。我们都知道阴谋的存在，我们都怀疑当权者参与了各种各样的阴谋，即使只是接受竞选捐款、以某种方式对某些类型的立法进行投票这样的平庸之举。

人们也很容易将阴谋论简单地贴上"主流"或"边缘"的标签。记者保罗·马斯格雷夫在《华盛顿邮报》上曾撰文提到这种二元现象：

在执政不到两个月的时间里，危险不再是特朗普会让阴谋思维成为主流。这已经成了现实。

显然，马斯格雷夫并不是说变形蜥蜴统治地球的阴谋论已经成为主流。他也不是说"地球是平的""化学凝结尾"，甚至"9·11"阴谋论是主流。他真正想说的是阴谋论光谱的分界线上的一个相当小的转变。大多数边缘阴谋论仍然是边缘的，大多数主流阴谋论仍然是主流的。但是，马斯格雷夫认为，已经出现了一种转变，允许处于边缘的底层阴谋论进入主流。许多人认为，"奥巴马是肯尼亚人"是一个愚蠢的阴谋论，而且是一个处于边缘的阴谋论。如果美国总统（特朗普）不断提起这件事，那么它就会更趋向于主流。

阴谋论和阴谋论者都存在于一个范围中。如果我们想要与一个阴谋论者朋友进行有效的沟通，那么我们需要对这个范围的所有方面都有所了解，还要知道这个朋友的想法与之融合的地方。

我们可以用几种方法对阴谋论进行分类：它有多科学？有多少人相信它？可信度多高？但我要用一种主观的方法来衡量阴谋论的极端程度。我将从1到10进行排序，1是完全主流的，10是你能理解的最晦涩的极端边缘的阴谋论。

这种极端范围不仅仅是具有合理性或科学可信度的范围。极端就是处于边缘，边缘仅仅表示这是一种不寻常的解释，而且仅限于一小部分人。对宗教超自然事件（如奇迹）的信仰在科学上是难以置信的，但它并不被认为是特别边缘的。我们先来了解一个简单的阴谋论列表。下面这些主题是按其最典型的表现形式的极端程度来排序的，在现实中，这些主题可以跨越尺度上的几个点，甚至整个尺度。

1. 大型制药公司：指制药公司通过向人们兜售实际上并不需要的药物来牟取最大化利润的阴谋论。

2. 全球变暖骗局：该阴谋论认为气候变化不是人为碳排放造成的，并声称这种说法还有其他动机。

3. 肯尼迪遇刺：该阴谋论认为除了李·哈维·奥斯瓦尔德之外还有其他人参与了暗杀。

4. "9·11"内幕交易：该阴谋论认为"9·11"事件是由美国政府内部人士安排的。

5. 化学凝结尾：该阴谋论认为飞机在空中留下的轨迹是秘密喷洒计划的一部分。

6. 假旗枪击案：该阴谋论认为桑迪·胡克事件和拉斯维加斯大屠杀等枪击案要么从未发生过，要么是当权者安排的。

7. 登月骗局：认为登月的场景是在摄影棚里拍摄的阴谋论。

8. 掩盖不明飞行物：该阴谋论认为美国政府与外星人或坠毁的外星飞船有过接触，并对此讳莫如深。

9. 地平说：该阴谋论认为地球是平的，但政府、企业和科学家都假装它是个球体。

10. 爬行动物统治者：认为统治阶级是变形的跨维度爬行动物种族的阴谋论。

如果你的朋友支持其中某个阴谋论，你不应该假设他们相信的是最极端的阴谋论，他们可能相信某个范围内的任何一种阴谋论。这些分类既粗略又复杂，有些类别非常狭窄而具体，另一些则囊括了该阴谋论的各种变体，从1到10几乎都有。相反，阴谋论光谱边缘的位置为我们提供了阴谋论信仰光谱中心的粗略参考点。

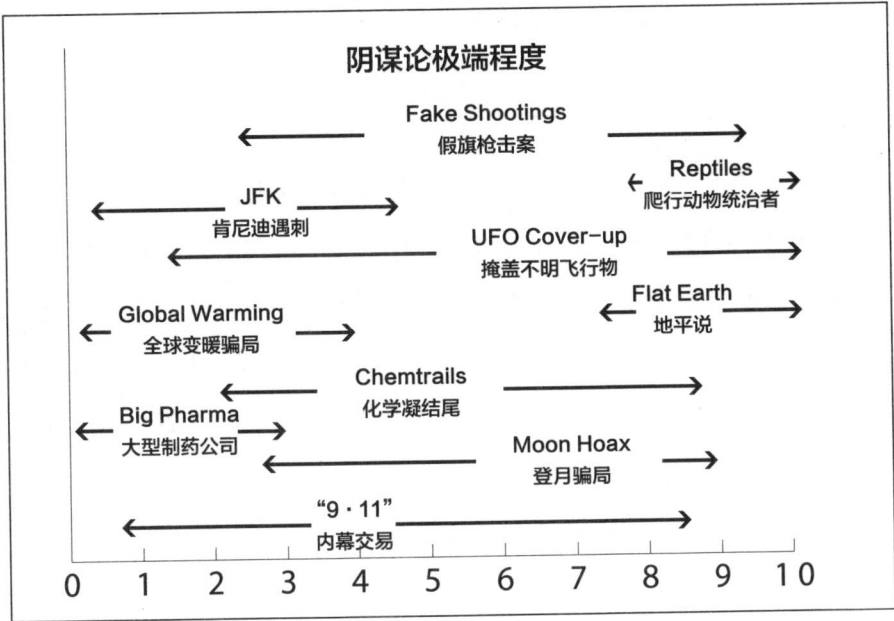

阴谋论极端程度

图3：阴谋论光谱概览

图3是所列阴谋论极端程度的说明（同样有些主观）。对其中一些阴谋论来说，范围非常狭窄。"地平说"和"爬行动物统治者"是只存在于最远端的阴谋论。地球实际上是圆的，所以根本就不可能合理地解释"地球是平的"。

同样，在低端也存在一些阴谋论，它们的范围也相当狭窄。制药公司想让利润最大化的阴谋论很难（但并非不可能）在极端程度上升级。

其他阴谋论的范围更广，"9·11"内幕交易阴谋论就是个典型的例子。关于具体内幕众说纷纭，有的说"他们放松了警戒，被人钻空子发动了攻击"，有的说"飞机是全息图像，双子塔是被核弹摧毁的"。"化学凝结尾"阴谋论的适用范围也很广，有的说"燃料中的添加剂使尾迹持续时间更长"，有的说"喷洒纳米机器以消灭大量人口"。

这些阴谋论之间也存在重叠关系。化学凝结尾可能正在喷洒毒药，

17

以帮助大型制药公司销售更多药物。肯尼迪被暗杀的原因可能是他要揭露不明飞行物是真实存在的。假旗枪击案可能是为了分散人们对其他阴谋论的注意力。阴谋论的范围是连续、多维的。

如果你的朋友对更广泛的阴谋论的某些方面表示怀疑，那么不要马上把他们进行归类。例如，对登月视频中的几个片段有所怀疑，并不一定意味着他们认为我们从未登上过月球，可能他们只是认为一些片段是为了宣传而捏造出来的。同样，如果他们说我们应该质疑"9·11"事件，这并不一定是说他们认为双子塔是被炸药炸毁的，可能他们只是认为中情局内部人士在某种程度上帮助了劫机者。

了解你的朋友在阴谋论光谱中的位置，不是要了解他对什么话题感兴趣，而是要了解他的分界线在哪里。

分界线

虽然阴谋论者可能会各自专注于某个特定的阴谋论，比如"9·11"内幕交易或化学凝结尾，但很少有人只相信一个阴谋论。他们通常对所有没有他们最喜欢的阴谋论那么极端的阴谋论都深信不疑。

实际上，这就是说，如果有人相信"化学凝结尾"阴谋论，那么他们也会相信"9·11"事件有内幕，世贸中心是控制爆破拆除的，李·哈维·奥斯瓦尔德只是其中一名持枪歹徒，而全球变暖就是一个大骗局。

总的阴谋论光谱很复杂，各个阴谋论的范围则以多种方式展开。但是你的朋友作为个体，有这个尺度的内部版本，这个版本要简单得多。对个人来说，阴谋论可以分为两种——合理的和荒谬的。阴谋论者，尤其是那些已经浸淫其中一段时间的人，所划的分界线会日趋精确。

这种分界线的划定被称为"分界"。哲学中有一个经典的问题叫作"划界问题"，基本上就是在科学和非科学之间划清界限的问题。阴谋论者在他们自己的阴谋论光谱内有一条分界线。分界线的一边是他们认为可能正确的科学和合理的阴谋论；另一边则是非科学的阴谋论，是胡言乱语，是宣传，是谎言和虚假信息。

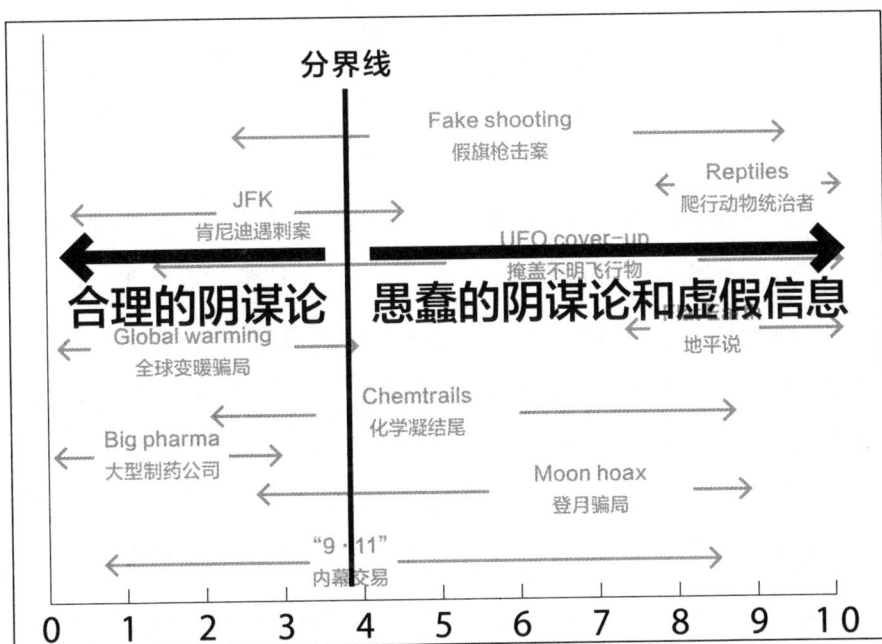

图4：分界线。分界线的左边是合理的阴谋论，右边是愚蠢的阴谋论。你的分界线划在哪里呢？

我有一条分界线（大概在1.5附近），你有一条分界线，你的朋友也有一条分界线。我们都在不同的地方划定了分界线。但我们对极端情况的评估都非常相似。让我经常感到惊讶的是，那些相信低级阴谋论（比如简单的"9·11"阴谋论）的人告诉我，他们喜欢看我的网站，因为我的网站可以帮他们揭穿"化学凝结尾"或"地平说"阴谋论。如果我揭穿的阴谋论在他们的分界线的右边——属于他们的一般阴谋论（比如"9·11"阴谋论），他们甚至会很开心。连那些似乎认定我是某种政府特工的人也说过类似的话，比如肯·多克，他是规模很大的"9·11"阴谋论脸书群组之一的组织者：

> 米克·韦斯特是政府的托儿，他认为根本不存在"阴谋论"或"政府腐败"之类的东西。他很擅长揭穿真相运动中那些虚假、另类的阴谋论，可是，涉及"9·11"事件的科学和物理学时，他就会遭受认知失调的困扰。

这段话说明了两个划界问题。首先，肯的头脑中有一条非常清晰的分界线，分界线的一边是"科学和物理学"，他认为这可以证明双子塔是控制爆破拆除的；另一边是"虚假、另类的阴谋论"，他认为这种阴谋论有些过分。例如，肯对飞机是否撞上了五角大楼提出了怀疑，这个举动表示他与"9·11"阴谋论者群体产生了分歧。

其次，接近分界线的话题是有争议的，即使是那些刚好在分界线另一边的话题。"9·11"论坛的许多人认为五角大楼被导弹击中只是一个简单而明显的科学和物理学问题。他们会指出这个洞的大小，或者碎片中缺少飞机零件。这些人显然都认为世贸中心大楼是被炸药炸毁的，就像肯一样。此话题刚好在肯的分界线的右边。他认为"五角大楼导弹"阴谋论是"虚假的"，它显然是错误的，需要与"地下室里的核弹""来自太空的能量束"或者"所有的镜头都是CGI（计算机生成图像）拍摄的"等更为极端的"9·11"阴谋论一起揭穿。他很高兴我能关注他个人分界线右边的话题。

肯有一个大规模的网站，在这个网站上，他为他那个版本的

"9·11"内幕——控制爆破拆除阴谋论——做了一个非常详细的案例。但在网站上，他在"'9·11'虚假信息"一节中明确规定：

> 虚假信息是用来驳斥合法论点的失实信息。这个帖子里有许多虚假信息和推测性阴谋论的例子，它们是有人故意传播的，目的是分裂、误导或诋毁"9·11"真相运动。

我们每个人都有自己的分界线，我们对分界线右边更极端的阴谋论的看法是，这些都是虚假的信息。我们可能对这些虚假信息存在的原因不能达成一致，但我们都认为这些极端的东西是错误的。帮助人们走出兔子洞等同于简单地将这条分界线逐渐移向极端光谱。但是，要移动他们的分界线，你必须准确地了解分界线的位置。

分界线在阴谋论光谱内左右摆动，阴谋论者对此都有相同的看法：分界线的左侧是合理的阴谋论，右侧是愚蠢的阴谋论。这给沟通带来了一个严重的问题——没有人愿意和愚蠢的阴谋论有关联。他们往往认为，任何提出"愚蠢的"阴谋论的人都是在故意败坏他们的名声。肯·多克是个"9·11"真相寻求者，他讨厌与"化学凝结尾"阴谋论有任何牵扯。肯尼迪暗杀事件阴谋论者厌恶与"9·11"阴谋论者相提并论，而"化学凝结尾"阴谋论者又讨厌拿自己和"地平说"的信徒做比较。

"9·11"阴谋论者群体的一个鲜为人知的分支是"无策划者"，他们认为所有的电视画面都是伪造的，没有任何东西击中双子塔。这个阴谋论经不起丝毫推敲，因为曼哈顿及其周边地区有成千上万的目击者。但是仍然有一个活跃的论坛（线索论坛），在那里，他们交换想法和从研究中收集到的一些"证据"。

如此极端意味着他们还信奉其他高级阴谋论，比如"化学凝结尾"和"登月骗局"。很明显，他们中有许多人与"地平说"阴谋论划清了界限。他们认为这个阴谋论是"通过关联来抹黑"（DBA），是美国国家航空航天局（NASA）故意散布的谣言。线索论坛上的"simonshack"对此进行了解释。

> NASA推出的是一项精心策划和协调的"病毒式"DBA指派活动，以"地平说"为中心，而且——我赶紧补充一句——（对那些可能真诚地接受了自己的另类宇宙模型的人来说）这个事实对任何人来说都应该是显而易见的，不管你认为我们生活的地方是个球体、立方体、煎饼还是腊肠。关键是，到目前为止，很明显，NASA这次活动的目的是（在公众心理上）将任何质疑NASA的人与精神有问题的疯子联系并等同起来。

我们有一群人认为整个太空计划都是假的。他们认为我们从未登上过月球，国际空间站的镜头是在某个摄影棚里拍摄的。然而，他们认为"地平说"阴谋论又太过分了，所以一定是为了诋毁他们才编造出来的。

甚至不只这些。听听simonshack是怎么说的："不管你认为我们生活的地方是个球体、立方体、煎饼还是腊肠……"他并没有良莠不分、好坏一起丢——他认为虚假信息并不是"地平说"阴谋论，而是NASA编造的"地平说"阴谋论的疯狂版本。他划定了自己的分界线，包括对地球不是球体的可能性进行合理的探究。

你的朋友会有一条分界线，这是你需要注意的，也是你可以用作演示工具的。首先，要非常清楚"通过关联来抹黑"的问题。要清楚的是，你并不是想把他们和分界线另一边的人混为一谈。（诚实地）告诉他们，他们没有陷得更深是一件好事。不要把他们和分界线另一边的人做太多的比较，因为他们可能会觉得自己被取笑了——"还好你不相信'地球是平的'！"相反，要把注意力集中在他们信奉的阴谋论中与分界线非常接近的话题。如果他们是"9·11"阴谋论者，这个话题可能就是五角大楼发生的事情。如果他们是"化学凝结尾"的信徒，那么话题可能就是凝结尾能否自然地持续存在。

你知道他们的分界线在哪里，这可以用来平息来自权威的争论。许多人的信念很大程度上建立在他们认为来源可靠的信息之上。就"9·11"事件而言，通常是喜欢"AE911真相"网站的这类人会支持"9·11"阴谋论。如果你能让他们知道，他们信任的消息来源竟然相信他们的分界线另一边的事情，那么这可能会让他们意识到，也许那个消息来源告诉他们的事情不像他们认为的那么可靠。我的朋友史蒂夫向我解释了这一幕是怎么发生在他身上的。

"9·11"阴谋论群组"我们是改造者"（The We Are Change people）非常喜欢"化学凝结尾"阴谋论。对我来说，这其实很简单，搜索"化学凝结尾"这个词……网上说，有一些是短暂的，还有一些是持续并扩散的，也说了原因是什么。所以，我试着向"我们是改造者"的组员解释，结果他们暂时把我拉出了群组。这就破坏了"9·11"事件的真相。

只要找到消息来源，就可能会发现他们信任的消息来源实际上在他们的分界线的另一边（例如，你可能会发现你最喜欢的"9·11"阴谋论者也认为桑迪·胡克小学的孩子们并没有被杀害）。稍微移动一下分界线，通过揭穿某个消息来源发出的某个声明，也会有所发现。例如，如果你朋友的消息来源说凝结尾无法持续，而你向他们展示了确凿的证据，证明凝结尾可以持续（通过向他们展示几十年来与这个主题有关的书籍），那么你就改变了分界线，并对他们的信息来源提出了怀疑。

值得再次提醒的是，要保持诚实和开放的心态。如果你的朋友是阴谋论者，他们就会产生怀疑。他们会怀疑你，怀疑你使用的策略。如果他们认为你只是为了让他们的消息来源看上去漏洞百出而试图编造一个论点，那么这可能会产生适得其反的严重后果。他们可能会指控你在诽谤，在攻击那个人而不是握有证据。所以，你一定要从一开始就坦诚相待，并且只摆出可以证实的事实。

阴谋的分类方法

除了"极端程度"这个简单的衡量标准，我们还可以用其他有用的方法对阴谋论进行分类。迈克尔·巴坤在《阴谋文化》一书中写道，可以将阴谋分为三种类型：事件阴谋、系统阴谋和超级阴谋。事件阴谋指的是围绕某一事件（如约翰·肯尼迪遇刺事件、"9·11"恐怖袭击事件）展开的阴谋。系统阴谋是指那些会持续很长时间的较为复杂的阴谋，如"饮用水加氟"阴谋论、"化学凝结尾"阴谋论等。超级阴谋包括跨越整个主题光谱的多个独立的阴谋。所有这些阴谋都联系在一起，形成一个总体计划。

其中最常见的是事件阴谋。现在，几乎所有晚间新闻报道过某些事件后，即使是看似平常的事件，事件阴谋也会随即冒出来。2013年超级碗¹比赛时，体育馆的灯光熄灭了。几乎立即就有迹象表明，这是故意的，也许是某个神秘的黑客组织所为，比如"匿名者"，目的是给落后的旧金山49人队一个重新部署的机会。后来，49人队在下半场重整旗鼓，差一点儿击败了巴尔的摩乌鸦队，怀疑者心中的疑虑很可能越发明显了。

更令人不安的是，在康涅狄格州纽顿市桑迪·胡克小学，20名儿童和6名成年人被枪杀。这一事件以及其他枪击和爆炸事件发生后，事件阴谋论即刻喷涌而出。事件阴谋论的数量异常庞大，我们可以将它们分成四种子类型，按其可能性从大到小排序如下：

被利用的事件——"来得真是时候"阴谋论。这类事件都是真实的，"阴谋论者"和其他人一样对事件的发生感到惊讶。不同的是，阴谋论者随即开始利用这一事件，编造谎言，歪曲事实，以进一步达到他们的目的。例如，"9·11"事件据说就是以这种方式被重新定义的，以至于许多人都认为萨达姆·侯赛因应对此次袭击负责，这次事件被利用的目的是为发动伊拉克战争辩护。据称，桑迪·胡克枪击案被错误报道和利用的目的是促进枪支管制。这些阴谋论通常听上去非常合理。

被允许的事件——"纵容事件发生"阴谋论。这类事件就像它们的字面意思一样。"9·11"袭击事件是恐怖分子劫持飞机实施的。肯尼迪是被李·哈维·奥斯瓦尔德射杀的。但在这种情况下，有一群秘密的阴谋者（通常是当权者，比如政府的行政部门，或者政府机构的某些成员）。他们被认为提前得知了计划中的事件，本可以通过警告人们来阻止事件的发生，但是他们保持沉默，放任事件发生，因为这个事件在某种程度上对他们有利。据称，乔治·W.布什之所以允许"9·11"恐怖

---

1 译者注：美国职业橄榄球大联盟（NFL）的年度冠军赛，一般在每年1月最后一个星期天或2月第一个星期天举行。

袭击发生，是因为袭击事件将为入侵伊拉克提供借口。再比如，关于珍珠港袭击事件，阴谋论者认为美国和英国政府其实在几天前就得到了情报，但他们任由事件发生，为美国加入"二战"提供民众支持。

蓄意谋划的事件——"促使事件发生"阴谋论。这类事件也是真实的，但它们是由躲在阴谋背后的人执行或下令实施的。在阴谋论者的设想中，世贸中心是被远程控制的飞机击中的，五角大楼是被控制爆破拆除的。据称，肯尼迪是被中情局的狙击手击毙的。据推测，桑迪·胡克小学的孩子们是被装扮成修女的枪手杀害的。枪手在杀害无辜学生后，给亚当·兰萨下了迷魂药，并在学校开枪打死了他。

被捏造的事件——"事件没有发生"阴谋论。这类阴谋论宣称，整个事件是政府和媒体联手捏造的。按照这种世界观，我们生活在一个被精心策划的现实中。这并不是说我们生活在电脑模拟中，而是说媒体描绘的几乎所有东西都是伪造的。据说，根本没有人登上过月球，飞机从未撞击过世贸中心，桑迪·胡克小学也没有儿童遇难。这些事件都是以某种方式精心筹划的，目的是为某些行动寻找借口。"9·11"事件中飞机的镜头是电脑动画，视频也是伪造的，在街上奔跑的人都是演员。

虽然你通常可以将任何特定的事件阴谋论归类为上述四种子类型中的一种，但将其完全归入单一类别的情况还是非常少见的。特别是，不管是被允许的事件、蓄意谋划的事件还是（特别是）被捏造的事件，都认定该事件正在被利用。有些事件被认为介于"被允许"和"蓄意谋划"之间——有些人认为亚当·兰萨（桑迪·胡克枪击案凶手）是一个拥有枪支的精神病患者，或者是被人灌下了会变得狂暴的药物，或者他可能在晚上被传入大脑的声音洗脑了。这是一种"促成事件发生"的阴谋论。

在和你的朋友交谈时，要弄清楚你正在对付的是哪种特定类型的阴谋，这一点很重要。大多数人都会同意，小布什政府内部有人利用了"9·11"事件。虽然人数有所减少，但仍有相当一部分人认为小布什在某些袭击发生前就收到了风声，至少没有完全按照警报行事。一部分人认为小布什对袭击的具体情况是心知肚明的。一小部分人认为小布什和其他当权者故意利用恐怖分子策划了袭击。少数人认为袭击是发生了，但不是恐怖分子所为，世贸中心是有人远程控制飞机蓄意爆破的。极少数人则认为根本就没有发生袭击事件，完全是捏造的。

然而，那些宣扬更奇异的阴谋论的人（比如世贸中心控制爆破拆除阴谋论者）往往会利用那些对更普通的阴谋论（比如小布什利用事件入侵伊拉克）产生怀疑的人来支持自己的观点。他们会接受这样的事实，即很多人很自然地对政府与"9·11"事件有牵连的行动产生了怀疑。然后他们会试图操纵这些人，以显示他们自己编造的控制爆破拆除的奇异阴谋论得到了民众的支持。然而，虽然许多人会签署请愿书，要求对"9·11"事件展开新的公开调查，但并非所有这些人，甚至可能也不是很大一部分人，都坚信世贸中心是被小布什政府的特工用炸药故意炸毁的。

"9·11"阴谋论者有自己的内部分类法，通常称为IHOP。IHOP是It Happened On Purpose的首字母缩写，意思是"有意策划的事件"。这种分类的变化与事件背后的目的性等级有关，即前面讨论过的事件阴谋论等级的更细化的版本。首字母缩略词LIHOP和MIHOP最初是用来描述"9·11"阴谋论光谱中不太极端的一个分支的。小布什政府是故意纵容事件发生的吗（LIHOP，L是Let的首字母缩写），还是他们实际上是主动促成事件发生的（MIHOP，M是Make的首字母缩写）？

尼古拉斯·李维斯在为现已关闭的"9·11"阴谋论网站Summer of Truth（真理之夏）撰稿时，设计了一个十分制的"HOP"量表。前五个刻度表示"纵容事件发生"的等级，从非故意、未做准备到第五级的

"LIHOP Plus"（LIHOP升级版），每一级的程度不同。小布什政府帮助本·拉登的阴谋论（至少达到了目的）排在了第五级。李维斯本人也认同这个排列。

李维斯的MIHOP等级始于我们通常认为最常见的"9·11"阴谋论——这一切都是由美国政府策划的，世贸中心被远程控制的预埋炸药摧毁了，飞机可能是通过远程控制飞行的。此后的等级与其说是MIHOP的不断增加，还不如说是谁该对此负责的各种不同的情况——国际新秩序、流氓新保守主义者，或者像以色列或俄罗斯这样的"流氓"国家。

LIHOP的人群并不是特别活跃。大多数"9·11"阴谋论者似乎属于MIHOP Plus（MIHOP升级版）类别。在这个类别中，他们还有其他不同的分支，比如"有策划/无策划"或"铝热剂/定向能武器/核武器"（用于各种提议的破坏方法）。

要帮助你的朋友，关键是要找出他们在这些复杂类别中的位置，这样你就能有效地和他们交谈了。他们最喜欢的阴谋是什么？在这个阴谋中，他们的分界线在哪里？他们对其他阴谋有什么看法？对他们来说，什么是合理的阴谋论，什么是没有科学依据的胡言乱语和虚假信息？

除了要了解你的朋友，你还要确保他们也了解你。在某种程度上，这只是分享你对这个话题了解的情况以及围绕这个话题的背景知识。有时，这也表明你对自己的兴趣是真诚的，你不是一个"有用的白痴"，也不是一个托儿。

第三章

雇佣骗子卡

"雇佣骗子卡"是散布虚假信息的人使用的一种策略，目的是让那些指出错误的人失去信誉。他们没有正面回应人们提出的反对意见，只是声称消息来源是"政府的托儿"。这是一种古老的策略，通常被描述为"井里下毒"（Poisoning the Well）。它被应用于 Snopes 或 FactCheck. org 等事实核查网站，被政客应用于媒体，也被阴谋论者应用于揭穿者。

标签一旦贴上去，就会粘住。如果你在维基百科上发布一个类似凝结尾的解释，可能会得到类似"维基百科，哈哈哈哈"甚至"维基百科已经被揭穿了"的回应。一个非常有用、基本上中立的信息来源突然就被认为完全不可靠。不仅如此，维基百科（或者 Snopes、Metabunk）上的一些信息常常被（阴谋论者和政治边缘人士）用来当作解释相反事实的依据。

如果你在引用维基百科等网站后受到了这样的指责，那么最好的办法就是绕过那个"被污染"的网站，改为直接引用（特别是维基百科上的参考文章）。如果"雇佣骗子卡"跟你对着干，你会怎么做呢？

我多次发现自己处于这样的境地，当别人引用我写的文章时，我也看到过这种情况。就像"维基百科，哈哈哈哈"死灰复燃了一样，我也得到了类似的回应。比如，下面这位"地平说"阴谋论的信徒是这样回应我的：

所有相信Metabunk论坛上瞎扯的那些鬼话的人都不配知道真相。米克·韦斯特，哈哈哈哈，简直就是个笑话。他对基础物理相关的所有事情几乎都一无所知。

有个相信"化学凝结尾"阴谋论的人这样说：

当一个说谎者的谎言被揭穿时，掩盖前一个谎言的唯一办法就是编造另一个谎言。这就是世界上最臭名昭著的网络巨魔米克·韦斯特永远不会说真话的原因。

还有个"9·11"控制爆破拆除阴谋论者也发表了对我的看法：

米克·韦斯特是政府的托儿，他认为"阴谋"或"政府腐败"之类的东西是不存在的。一说到"9·11"事件涉及的科学、物理学，他就认知失调了。

我甚至以一种颇为奇特的方式从侧面了解到了这些人对我的评价。当有人在社交媒体上提出与我的言论类似的观点（比如"凝结尾会持续"）时，就会横遭指责，就会被认定是米克·韦斯特假扮的，他们的证据也会被丢掷一旁。

我试图以开放、诚实和尊重的态度来应对这种情况。我告诉人们我是谁。我向他们解释我的想法。我解释说，我认为确实存在许多真正的阴谋，也存在许多政府腐败的现象，任何人都不应该盲目相信当权者。我详细地阐述为什么我要揭穿虚假阴谋论，为什么我认为这样做很重要。我倾诉我的过去，解释我是如何走到这一步的，我的凭证是什么（更多的时候，我解释的是为什么我没有凭证），我是如何对凝结尾有深入了解的，以及我如何能够负担起独自运行 Metabunk 的费用。

我提供的简短版本如下：我是一名退休的电子游戏程序员，没有人付钱给我。我揭穿虚假阴谋论只是个人爱好，这是我一直感兴趣的事情。Metabunk 是一个现成的论坛，运行成本非常低，只是需要投入时间，而我有的是时间。

稍长的版本如下：我讲述自己的经历。因为人们对你了解得越多，与你联系得越频繁，你们的交流就会越有效果。这并不一定是说，他们更可能相信你所说的话，但这至少有助于他们打消认为你是政府的托儿的成见。如果我能让人们明白，我不需要任何人付给我钱，并且我真的认为揭穿虚假阴谋论是一件有意义的事情，那么他们就会（但愿如此）不再认为我是在拿钱替政府撒谎，而是相信他们错怪我了，我只是诚实地说出与他们的分歧罢了。从这个立场出发，我们可以展开更有成效的探讨。

20世纪60年代，我出生在英格兰北部的小镇——宾利。我有两个姐妹和一个兄弟，再加上父母，一家六口蜗居在一间古老的石砌排屋里，那间房子最初是为附近一家羊毛加工厂的工人建造的。我小时候家境贫寒，家里很多年都没有电话和电视。我靠父亲收藏的漫威漫画集学会了阅读，后来又看了他收藏的许多科幻小说集。我成绩平平，看过很多书，不过我数学学得很不错。我真的很喜欢解决数学问题，尤其是那些与物理有关的问题——计算速度、加速度、能量和动量等。

我的祖父鼓励我好好学数学。他给我买了一个可编程卡西欧计算器，让我试着编程。我发现自己不但具备这样的能力，而且非常喜欢做这件事。于是我送了一个冬天的报纸，攒够钱买了第一台电脑，开始学习编程。我在编程和电脑游戏（玩电脑游戏在当时是非常简单的事情）的世界里玩得不亦乐乎。

我的另一个爱好是阅读。我看了很多科幻小说，还看过一本名为《无法解释的现象：心灵、空间和时间的奥秘》的杂志——一份20世纪80年代初出版的期刊，讲述了（据说是真实的）人们无法解释的不明飞行物、鬼魂、魔法和其他奇怪野兽的故事。

这些灵异事件多年来一直让我心惊胆战。十多岁的时候，我常常躺在床上夜不能寐。一想到有外星人会进入我的房间，偷偷地把我抓走做实验；或者鬼魂可能真的在我身边飘来飘去，随时准备尖叫，或从黑暗中伸出一双看不见的手轻轻地抚摸我的脸，我就吓得浑身发抖。

尤其是一本写给小孩看的小书，真的把我吓坏了。书里有个故事叫作《凯利－霍普金斯维尔的遭遇》，是一个小绿人袭击农舍的"真实故事"。其中一个场景是这样描述的：他们转过身，看到一只爪子朝他们伸过来。

渐渐长大后，我懂得了越来越多的科学知识，并了解了这个世界实际的运作方式，这些恐惧就都消失了。我发现"凯利－霍普金斯维尔"的故事里描述的"外星人"几乎可以肯定是猫头鹰，事后看来，我当时的恐惧实在是愚蠢。我并没有对这些边缘话题失去兴趣，反而对它们更感兴趣了，尤其痴迷于寻找对奇怪现象最合理的解释。我从来没有完全摆脱过恐惧——在黑暗中我仍会感到浑身不自在，但我可以把它合理化。我知道恐惧是一种幻觉，但它仍然存在。

我现在揭穿虚假阴谋论（偶尔还会提到鬼故事）的部分原因是，我对小时候被这些奇谈怪论灌输的恐惧感到愤怒。也许我没办法阻止孩子对黑暗的恐惧，但我仍然可以大声地指出故事里出现的荒谬言论。或许这么做可以帮助人们减少恐惧。或许这么做也会阻止人们把这些谎言当作真的。一点一滴都有帮助。

上学后，我在数学和物理方面延续着自己的优势。我还学习了高级制图技术，继承了祖父的职业。后来，我进入附近的曼彻斯特的一所大学深造，主修计算机科学。虽然我把太多的时间用在了玩电脑和阅读科幻小说上，但还是勉强拿到了学位。

在大学的最后一年，我参加了一场描述信息技术未来的全国竞赛。我逃了一个星期的课，创建了一份幻想未来的报纸，描述了一种叫作"流"的东西，它和现在的互联网非常相似。我最终赢得了比赛，还获得了一笔现金奖励。我用这笔钱支付了几个月的房租，还买了一个调制解调器。

当时没有互联网，但有几个非常小的BBS（公告板系统），通常一次只能一个人使用。连接速度是以比特每秒为单位计算的，是今天最快连接速度的一百万分之一。最接近公共互联网的是惠多网（FidoNet），这是一个基于调制解调器的公告板集合，可以在晚上互相打电话交换信息。交互必然很慢，因此，两个人通常一天只交换一条信息，甚至更少。

正是在这种有限的网络空间里，我开始把揭穿谎言作为一种爱好。我继续翻阅那些刊登灵异现象的杂志，现在最让我着迷的是那些解释。对人体自燃现象有所了解后，我不再那么害怕自己会突然起火了，但会觉得这种现象实在是太令人毛骨悚然，一具尸体竟然会自行燃烧，而燃烧的火焰是由身体脂肪、流通的空气和衣服的"灯芯"作用产生的。我喜欢和我的朋友分享这些信息，或者与任何认为人体自燃可能是超自然现象的人分享。

比赛奖金几个月就花光了，于是我不得不找了一份工作。幸运的是，我的数学才华、我对电脑的热爱以及我解决问题的能力，使我成了电子游戏行业的香饽饽。我身怀正确的技能，在正确的时间出现在了正确的地点。那时的游戏更容易制作，程序员往往没有接受过正式的培训，他们在十几岁的时候就进入了这个行业。我找到了一份编写斯诺克（台球）游戏的工作，开始了电子游戏程序员的职业生涯。

1993年，我搬到了加州的洛杉矶，在马里布互动公司工作了一年，编写了一款机器人战争游戏。我再次发现自己在正确的时间出现在了正确的地方，当时正值这个行业快速扩张的时期，特别是在洛杉矶。我和乔尔·朱厄特、克里斯·沃德辞职离开了东家，创建了自己的公司，我们（有点儿冒险地）把它叫作Neversoft。几年来，我们一直在摸着石头过河，最终凭借《托尼·霍克职业滑板》系列的巨大成功到达了事业上的巅峰。

在接下来的十年里，我大部分时间都忙于工作，因此，很多揭穿谎言的活儿都是在工作时进行的。因为电子邮件可以发送给不同的对象（在我们有了电子邮件后，大约在1996年），我总是能很快指出错误，并引导作者去查看Snopes（创建于1995年）这类网站。我记得疯牛病恐慌时期（大约在1995年）发生过一件特别的事，当时感染奶牛的脑病偶尔会被传染给人类，称为克雅氏病（CJD）。据称，50%的英国人（包括我自己）会在十年内死于克雅氏病。那是二十多年前的事了，99.9999%的英国人完全没有受到影响，但媒体恐慌的影响依然存在，因为我在美国仍然不能献血。我一直认为这是垃圾科学负面影响的一个典型例子——克雅氏病会在英国流行的预测被严重夸大了，而在引发恐慌的二十年里，从来没有一个输血导致克雅氏病的案例得到过证实。

2003 年，我兑现了自己的股票期权，离开了 Neversoft。之后，我更加认真地重拾起了揭穿谎言的爱好。从《托尼·霍克职业滑板》赚到的钱几乎可以让我提前退休了，给了我很大的自由去做我喜欢做的事情。我开始兼职为《游戏开发者》杂志撰稿，只写那些让我对游戏开发技术感兴趣的东西。大约在 2005 年，我以编辑的身份加入了维基百科（这并不是说我成了维基百科的员工，任何人都可以加入）。起初，我对顺势疗法和音响发烧友等可疑的话题做了大量的小改动。我发现了一个很大的谎言来源，它以《圣经》科学预言（现在被称为"神圣文本中的科学预言"）的形式出现。这是一个相当边缘的话题，表明《圣经》中有科学真理，它被写出来的时候人类是无法获知的。这个说法声称这证明了《圣经》是上帝写的。我钻研了古埃及医学、《圣经》注释、植物药理学和素食狮子等神秘学科。

在维基百科上，我发现了一篇关于"莫吉隆斯症"的文章。我觉得有点儿可疑。人们声称纤维是从皮肤里长出来的，我认为他们可能只是误认了衣服上随机掉落的纤维。我在 2006 年 3 月和 4 月对该页面做了一些编辑。几周后，我发现这个话题实在太有趣了，于是开通了首个对单一话题持怀疑态度的博客（当时使用的是 blogger.com 平台，后来切换到 WordPress，这两个平台都是免费的）。

打理 MorgellonsWatch.com（莫吉隆斯症观察）网站是我那三年的业余爱好。我写了一百多篇文章，收到的评论多达一万两千条。在差不多一年的时间里，有好几家媒体报道了"莫吉隆斯症"，我也收到了一些采访请求。但我拒绝了，因为我想保持匿名的状态。事实上，我对自己在这个奇怪的爱好上投入的大量工作感到有些尴尬，我宁愿不与任何人讨论这个问题。

我在运行 MorgellonsWatch 时学到了许多东西，最重要的是对与你见解不同的人要有礼貌，要尊重他们。侮辱别人没有什么好处，即使是无意的。

2008年前后，人们对"莫吉隆斯症"的兴趣逐渐减退。2012年，美国疾控中心（CDC）对这个话题做过一项研究，并没有发现什么异常。于是我停止发帖，转而关注其他话题。

离开Neversoft后，我做的第一件事就是在圣莫尼卡机场上飞行课。结果发现，飞行的压力比我想象的要大。圣莫尼卡机场紧挨着洛杉矶国际机场非常繁忙的B类空域，去任何地方都需要仔细规划，而且往往需要复杂的导航。我拿到了单人飞行资格证，做过几次长距离的单人飞行，随后断定自己真的不适合驾驶飞机。

但在这个过程中，我学到了很多关于飞机、空中交通和大气的知识。我还发现了一个新的话题，它与我的新知识和我对揭穿谎言的兴趣交织在一起。这个话题就是"化学凝结尾"——有人毫无根据地坚称，高空飞行的飞机留下的长长的白色轨迹不仅是冷凝云，而且是出于某些非法或邪恶的目的故意喷洒的人造轨迹。

我在维基百科上偶然发现了"化学凝结尾"的话题，觉得它挺有意思的——尤其是人们认为"正常的"轨迹不会持续的错误想法。在那个时候（2007年），我对维基百科有点儿失望了。我没有浪费太多时间去编辑这篇维基百科文章（在那之后不久，相信"化学凝结尾"阴谋论的人经常会重新编辑这篇文章），而是开通了一个新的网站：contrailscience.com（凝结尾科学）。

"化学凝结尾"的危害性似乎比"莫吉隆斯症"小一些，因为它似乎主要是对大气物理学的误解，而没有产生类似莫吉隆斯症对精神疾病造成的影响。但是，这个问题持续存在，并且人们因自己的想法遭到了严厉批评而感到非常沮丧，以至于无法开启富有成效的谈话。为了解决这个问题，我在网站上制定了一个礼貌原则。随着时间的推移，这个原则变得越来越严格。

我还处于半退休的状态。在离开Neversoft后，我做过一些咨询工作。我在扑克游戏中为电脑玩家编写过人工智能。我写过一些关于模拟流体力学或分析视频游戏延迟的文章。我受一家大公司委托，制作一个机器人来测试各种因素对视频游戏控制器响应时间的影响。我编写过一款iPhone应用程序（应用商店上线时首批可用的应用程序之一）来帮助拼字游戏玩家。我和妻子环游过世界。我花了很多时间在互联网上——匿名在Contrail Science网站上发帖解释"化学凝结尾"。但我对这一切有点儿厌倦了，我考虑关闭博客，花更多的时间编程。

之后，2009年12月，我得知了一个轰动一时的案例，那就是"神秘导弹"事件——一架从夏威夷飞往美国大陆的飞机在地平线上留下了一条看起来有点儿像导弹轨迹的痕迹。洛杉矶的一架新闻直升机发现了这个景象，并在晚间新闻上播出，这件事就像病毒一样传播开来。我写了几篇文章驳斥这种说法（从一个奇怪的角度解释这只是一个凝结尾），最后有媒体联系我，提出采访的请求。当时我还是匿名的，但我决定，如果我能坦诚地亮出自己的真实身份，人们就会更认真地对待我的爆料。这是一个关键时刻。我可以保持匿名，然后悄悄溜走，也可以利用这个公开宣传的机会，把我掌握的真相和科学的信息传播出去。于是我"揭开了伪装"，上了美国有线电视新闻网（CNN）和哥伦比亚广播公司（CBS）晚间新闻，解释这条轨迹究竟是什么。

我由此得到了公众的关注，在一周的时间里，有将近一百万人访问了我的网站Contrail Science。这看起来是一个拓展的好时机。在关于轨迹科学的评论部分有很多讨论，但是博客的格式很麻烦，而且这些讨论经常偏离轨迹，转向更广泛的阴谋或其他奇怪的现象。于是，我决定开设一个论坛，来促进更广泛的对话。

Metabunk.org 诞生于 2010 年 12 月。Metabunk 这个名字是想传达一种思想，即揭穿谎言需要周密的思考，而不只是简单粗暴的揭穿而已。要思考什么是虚假信息，如何更好地揭穿谎言；思考我们为什么要揭穿谎言，我们真正想做的是什么。我写的文章比较长，发布在头版。Metabunk 实际上是一个多用户论坛，有各种子论坛。一些子论坛的话题更具"变化"的特点，比如"揭穿谎言的实际操作"和"逃离兔子洞"。但是在专题论坛上有更多的活动，比如"轨迹和化学凝结尾"（所有 Contrail Science 网站上的讨论现在都搬到了这里）、"9·11"和"地平说"。在"Skydentify"论坛上也有一个蓬勃发展的微型社区，人们喜欢追踪空中的奇怪的东西（通常是带有尾迹的飞机）。

虽然"化学凝结尾"阴谋论仍然是最受欢迎的主题，但我涉足的主题是很广泛的。我有大量的照片分析，包括"幽灵""不明飞行物""湖怪"的照片，以及直接刊登在《无法解释的现象：心灵、空间和时间的奥秘》杂志页面上的其他照片。"9·11"论坛的访问量还算不错，奇怪的是，最受欢迎的帖子都是一些深奥的东西，比如防火雪或"地平说"。

由于没有多少人深入地写过关于"化学凝结尾"的文章，媒体进行报道时，我常常会接到他们的电话。其中有一个电话是一个叫《乔·罗根质疑一切》的节目打来的，主持人就是乔·罗根本人，我只知道他是《谁敢来挑战》游戏节目的前主持人。乔过去更喜欢一些怪异的观点，比如不明飞行物和阴谋论。但是，他在遇到各种各样的信徒和怀疑论者后，对这些观点的思考逐渐深入起来。

那一集播出后，乔邀请我到他非常受欢迎的播客"乔·罗根大体验"（The Joe Rogan Experience）中讨论"化学凝结尾"阴谋论。这对Metabunk 来说是一个很好的宣传机会，同时也会让有些人以为我和乔都是政府的喉舌。但它也对许多人产生了积极的影响，比如我最近收到了一封电子邮件，内容如下：

我认为，你在罗根先生的播客上露面，有助于打破一种共同的思维模式。我认为许多阴谋论者，当然还有我认识的那些人，都深受这种思维模式的困扰。他们倾向于认为，任何试图反驳或揭穿他们的理论的人必定有不可告人的动机（通常表现为把揭穿者称为"托儿"，或者暗示他们是"拿钱替人干活儿的"）。

我的那帮朋友已经成了罗根先生的粉丝，都相信他是一个正直的人。正因为如此，他们才会放弃这样一种信念，即你只是像他们经常暗示的那样，是全球阴谋集团的一名官员；才会揭穿他们自己的阴谋论，因为他们相信罗根先生不会做这样的事情。所以，这让他们能够客观地倾听你的观点，而不是以你是个托儿的想法为借口，立即对你的论点不理不睬。因为他们是真正聪明的人，所以只要他们开始诚实地倾听你的想法，他们就可能会不出所料地被你的逻辑和基于事实的方法说服。

在接下来的几年里，我继续为电视节目和各种播客采访做一些小型的"谈话节目"。然后，在2016年，"地平说"阴谋论变得相当流行。乔有个朋友被吸进了那个特别的兔子洞，他邀请我回到他的播客上谈谈这个问题。这促使我暂时转移了对Metabunk的关注。我写了很多关于"地平说"的文章，确保自己做好了准备。Metabunk曾一度成为揭穿"地平说"阴谋论的中心。

由于乔身体不适，《地球是平的》节目的播出时间比平时要短，但这一集还是引起了不小的反响。我被扣上了"全球大骗子"的名号。乔没帮什么忙，他的T恤上印着"全球大骗子"字样，我拒绝穿。但也有一些积极的反馈。正是因为这些积极的反馈，我才有了揭穿虚假阴谋论的动力，才着手写这本书。出版商在播客上看到了我，认为这会是一本好书，于是他们找到我，才有这本书的出版问世。

在所有这些说我是个雇佣骗子的言论出来后，当这本书上市时，它将是我通过揭穿谎言赚到的第一笔钱。我从来没有（除了非常短暂的为期一天的实验）在 Contrail Science 或 Metabunk 上做过广告。从来没有人付给我钱。我自掏腰包经营网站，每个月的花费只需大约50美元。

我不是雇佣骗子。我只是一个认为真相很重要的人，一个喜欢发现真相并帮助别人发现真相的人。

这就是我的故事，我用有限的篇幅尽可能如实地陈述，算是对雇佣骗子卡的回应。人们还会骂我是个骗子，因为他们掌握的主要证据仅仅是我不同意他们的观点。我在此将我的过去、我的收入来源、我揭穿谎言的经历和盘托出，并解释了我为什么要做我该做的事情，我希望这至少能让一些人意识到我可能不是个骗子。我只是一个对于同样的现实有着与他们不同见解的人。我希望他们会问我，为什么相信地球是圆的，为什么相信飞机留下的是无害的云，为什么相信双子塔是因为火灾和重力才倒塌的，为什么相信没有什么邪恶的银行家集团操控着世界的每个角落。如果他们能明白我是一个诚实的人，有着诚实的信仰，那么我就能最终向他们解释我相信上述事实的原因。

所有这些如何适用于你和你的朋友？有两种方式。首先，我作为一个揭穿者的人生经历在这一章里有所阐述，这样你就可以避免被贴上相同的标签。你将呈现给你朋友的一些新信息（特别是关于"化学凝结尾"的）可能来自我的某个网站。你甚至可以本着开放的精神，告诉你的朋友你看过这本书，或者试着让他们也读一读。如果你能向他们出示证据，证明我并不是一个领薪水的骗子，那对你来说就容易多了。

其次，我鼓励你试着像我一样坦诚地向你的朋友诉说你的经历。你不需要详细描述童年的噩梦，但你仍然可以解释为什么你认为揭穿虚假说法很重要。当人们有点儿怀疑你是个托儿的时候，这真的会阻碍交流，所以一定要诚实地解释为什么你不同意他们的观点。

* 第四章

兔子洞：怎么陷进去的？为什么会陷进去？

在21世纪，阴谋论的兔子洞之旅最常见的第一步就是看一段视频。人们观看视频的原因各不相同。可能只是一时兴起，可能是从朋友那里听说过这个阴谋论，也可能是在网上看到过一些讨论。出于好奇，再加上一开始也很怀疑，于是他们决定做一些研究。所以，他们要么在网上查找资料，要么看一段朋友推荐给他们的视频。如今，这些视频主要在YouTube上。但是，对于较年长的阴谋论者来说，这些视频可能来自共享的DVD。下面就是哥本哈根的化学教授尼尔森·哈里特的遭遇：

记者：请问，你是如何决定接受"9·11"阴谋论的？这是我们这个时代最具争议的事件之一。

哈里特：这或多或少是有人给了你启发，是命运使然，然后你被卷入其中。我的经历和其他数百万人的经历没有太大的不同，因为在那一天，以及那一天以后，我没有想太多。我，也许我接受了恐怖分子劫持飞机撞向双子塔等说法。但是，2006年，一次机缘巧合，我观看了7号楼的DVD，这让我这个自然科学家感到震惊，因为我根本无法理解我看到的。

许多以前（和现在）的阴谋论信徒也讲述过类似的故事。例如马丁·比尔德，他曾经是英国"化学凝结尾"圈子里非常活跃的成员：

> 我的故事可以追溯到 2007 年，当时（我快 30 岁的时候）我还是个单身汉，还在酒吧里泡着，每个周末（以及大多数晚上）我都喝得烂醉如泥。在为世界上最大的制药公司之一——礼来公司（Eli Lilly&Company）工作时，经人介绍，我认识了一个大胡子的南非小伙子，他让我去看了《时代精神》……这才有了后来的一切……
>
> 从那以后，我惊讶地发现，这些确凿的证据证明了我们生活的世界就是一个彻头彻尾的谎言。它像雪球般越滚越大，亚历克斯·琼斯、大卫·艾克、Edge TV、英国专栏……几个月后，我的整个世界都变了，我很快就离群索居，窝在当时的公寓里，借酗酒来麻痹所谓真相带来的痛苦，这样的日子越来越多。

这些人有个共同点，那就是都有一些空闲时间。这些视频可不是你在午休时间碰巧会看的短片。《时代精神》（这部影片把比尔德和其他许多人都带进了兔子洞）长达两个多小时。《时代精神》是一部相当奇怪的电影。影片一开始就对耶稣进行了一些猜测，然后深入研究了"9·11"控制爆破拆除、犹太人银行家统治世界以及强行给人们植入微芯片以奴役他们等阴谋论。哈里特看到的 DVD 可能是更常见的"9·11"阴谋视频《脆弱的变化》（Loose Change），具体时长取决于你选择的版本，最长可达 130 分钟。一旦开了这个头，人们往往就会疯狂地追看多个阴谋视频。有时他们会一遍又一遍地观看同一部视频。

你从和他们交谈的过程中可以感觉到，这种视频就像是一种毒品，他们在视频中感知到的"真相"在激活他们大脑中的某种功能，与他们产生共鸣，并满足了某种需求。

某些个性和心理因素与相信毫无根据的阴谋论的倾向相关。人们需要有一种独一无二的感觉，一种在事物中寻找规律的过度倾向，还有一些因素，比如对新观念的开放度、亲和力、智力以及对权威的态度——研究人员已经发现，这些因素与阴谋之间存在着一些粗略的关联。

但是这些因素人皆有之，只是程度不同罢了。而它们与阴谋之间的关联性通常也非常小——拥有一个或多个个性因素只会增加任意某个人成为阴谋论者的可能性。这并不是说，这些个性因素就是阴谋论的思维方式的真正原因。

比尔德之所以成为阴谋论者，并不是因为他想要与众不同，也不是因为他最喜欢的政党在选举中落败了。他之所以成为阴谋论者，是因为他在生命中的某个时刻观看了《时代精神》，当时他独自一人，每天晚上都喝得酩酊大醉。虽然更有可能是个性因素促使他跌入了兔子洞，并最终跌得更快更深入，但如果他没有观看《时代精神》，他也很可能会留在兔子洞外。

"9·11"恐怖袭击发生时，记者、活动家兼艺术家艾比·马丁才17岁。世贸中心倒塌后，她的高中男友应征入伍，引发了她早年对新闻业的兴趣。越来越多的人怀疑官方发动伊拉克战争的正当理由，这对她的新闻写作产生了影响。她对"另类"信息源的欣然接受，很快让她接触到了"9·11"阴谋论。

在YouTube上的一段视频中，马丁大致描述了她掉入兔子洞的路线。当时她正深陷其中，参加了2008年圣莫尼卡街头举行的"9·11"真相大游行。24岁的马丁是圣迭戈"9·11"真相集会小组的组织者，也是"9·11"真相论坛的活跃分子。当她举着写有"'9·11'真相大白"的标语在威尔榭大道上游行时，有人问她是否认为"9·11"事件是一场"内幕交易"，以及为什么这么认为。

绝对是！我很清楚这一点，因为我已经研究了三年。我发现的所有证据都坚定了我的信念，那就是这件事的确有"内幕"，而我们的政府就是同谋……我看到了五角大楼，这让我很困惑，于是我开始做更多的研究。我看到了7号楼，我看到了双子塔就在我眼前被摧毁……这就好比有人告诉你苹果是橙子，你只需要动动脑子就知道你亲眼看到的才是真的。

随后，马丁又被问到"内幕交易"最令人信服的证据是什么。

当然是7号楼，这是毋庸置疑的。7号楼，毫无疑问。7号楼被控制爆破拆除了。任何人都能看到。真不敢相信，但真相一目了然。没有人能看着那座大楼，说它是被火烧毁的。那里什么都没有，没有残骸。即使是双子塔，你看看世贸中心遗址，那里什么都没有，只有粉尘。一座110层的大楼去了哪里？

然后，她用自己的整体世界观来审视这一点。在她的世界观里，当权者对媒体施加了强大的控制力，基本上一切都是谎言，人们看不到她看到的真相。

令人震惊的是，他们竟然在光天化日之下做出了如此行径，这实在是令人愤怒。人们看不到它，因为就像纳粹宣传者所说的，这是一个弥天大谎，所以人们看不到它。他们无法相信它，因为这个谎言实在是太大了，就在你面前。

我在这里，我参与"9·11"真相活动已经有差不多三年的时间了，因为我觉得这是最需要揭露的问题。他们不希望任何关于"9·11"真相的证据被发现，因为那会毁掉他们的整个体系。他们让每个人行尸走肉般地看着电视，对他们在电视上看到的一切都深信不疑。所以，如果他们泄露了一个证据，就可能毁掉整个体系。

到2014年，马丁基本上已经放弃了控制爆破拆除这种极端的观点，转而采取了一种更为合理的立场，只是对政府应对并利用"9·11"事件的方式提出批评。她出现在杰西·温图拉的节目《与外界隔离》(*Off the Grid*)中，当时温图拉仍在推广更复杂的控制爆破拆除阴谋论，但他们并没有直接讨论这些阴谋论。艾比·马丁令人匪夷所思地提到，她认为自己之前相信的控制爆破拆除阴谋论其实是一种抹黑行为。她似乎没有意识到温图拉本人仍然声称自己坚信这些阴谋论，尤其是与7号楼有关的阴谋论。

马丁曾经说过："我看到了五角大楼，这让我很困惑，于是（2005年）我开始做更多的研究。我看到了7号楼……"这是什么意思？她很可能只是看了"9·11"真相网站和"9·11"真相视频，比如《脆弱的变化》（2005年）。她说的那句"有人告诉你苹果是橙子"的评论，直接引用自安东尼·劳森2007年在YouTube上发布的一段热门视频。这段视频将7号楼的倒塌与类似形状的建筑物的常规拆除进行了对比。她对于双子塔"只有粉尘"的评论，则受到了当时（乃至今天）的许多视频的影响。这些视频声称，这些大楼不知何故被"纳米铝热剂"或宇宙能量束等未知手段变成了灰尘。就连她所说的"弥天大谎"，也能在

《脆弱的变化》和2007年拍摄的影片《时代精神》中找到类似的说法。

艾比·马丁掉入兔子洞的路线似乎比马丁·比尔德的路线更有自主性，但他们两人有个共同点，那就是他们的兔子洞之旅都是从观看诱人的视频开始的，也都是由观看这些视频加速的。

你的朋友几乎肯定在某些时候有过类似的最初经历。他们看了一段视频，这段视频又引出了另一段视频，然后他们就掉进了兔子洞。这是影响因素中最常见的"如何……"部分。接下来我们需要关注的是"为什么……"。为什么他们这么容易被吸进洞去？如果我们知道了"他们是如何掉进去的"和"他们为什么会掉进去"，那么我们能做些什么呢？

倾向

关于阴谋论和阴谋论者，人们常问的一个问题是："为什么人们会相信阴谋？"这与性格类型有关吗？他们是怎么把事件和阴谋联系起来的？是被过去的一些事件触发了吗？这与他们的智力有关吗？他们患有精神疾病吗？跟他们的成长方式有关，还是跟进化的大脑功能有关？是他们缺乏教育，还是受到了同龄人的影响？

虽然说出"因为××，所以人们相信阴谋"这样的话可以理解，但事实是，对于像你朋友这样的人，答案不会那么简单。即使我们考虑的是更广泛的人群，在任何一个因素（比如智力）和阴谋论思维方式之间也没有明确的联系。

从某种意义上来说，这个问题并不重要。这些年来，我逐渐意识到——我为这本书所做的研究也极大地证实了这一点——任何人都有可能掉进兔子洞。的确，某些因素似乎或多或少会导致这种情况发生，但关键似乎并不在于个人的性格类型或某些心理状态，而在于他们接触到的某种令人信服的信息，比如视频。

我们不能简单地指出一个已经存在的因素，甚至是一系列的因素，然后说这就是为什么当一个特定的人第一次接触到一个新的信息源时，他就会迷上一个特定的阴谋。阴谋论者和你我一样都是普通人，但他们是掉进兔子洞的普通人，而你和我幸运地留在了地上。

也就是说，了解性格类型和特征如何影响一个人掉进兔子洞的速度和容易程度，有助于了解任何一个人的总体情况。也许你的朋友实际上是那种阴谋论思维与他们的特殊心理怪癖密切相关的人。也许他们身上确实发生了什么事，或者他们目前的情绪状况迫使他们进行强迫性的研究，并对权威自动采取不信任的态度。

心理怪癖、心理异常只是其中的一部分。每个人都有心理上的怪癖，但是我们也有我们认为每个人都有的正常的一面。确实存在一些常见的认知偏差，比如，邓宁－克鲁格效应显示，人们会高估自己的能力。还存在确认偏差，也就是说，我们倾向于搜集支持我们理论的证据，拒绝相反的证据。有来自太多信息的偏差，有来自选择性记忆的偏差，有来自决策压力的偏差，还有来自不完美地填补信息空白的偏差。这些都不是失常，而是我们的大脑工作方式的自然功能。偏差是人类思维中不可避免的一部分，任何诚实的思考者都必须付出同等的努力，既要在自己的思维中尽量避免偏差，又要在别人的思维中识别偏差。

纵观当前学术界对这一课题的研究，可以给我们提供一个非常有用的视角。虽然心理怪癖可能不是直接的原因，但它们肯定会放大诱人的新信息源的影响。它们也有助于我们理解为什么这些新的信息源［比如Geoengineering Watch（地球工程观察）等网站，奥利弗·斯通导演的

《刺杀肯尼迪》等电影，或者《9·11：新珍珠港》等视频〕能产生如此大的影响。是它们摁下了什么按钮吗？它们最吸引什么类型的人呢？它们利用了哪些常见的偏差呢？

除了为我们提供有用的视角外，对心理因素的理解也为我们与阴谋论者朋友交谈提供了有用的工具。尽量不要向你的朋友提起具体的心理怪癖，因为这会不可避免地导致他们认为你在说他们有精神病。你当然可以提出正常的认知偏差的想法——这些认知偏差是我们所有人共有的。

你可以建立一种直接的共同点，特别是说出自己经历的真实案例。例如，许多人会觉得巴德尔-迈因霍夫现象（刚刚听说的新事物会在之后经常看到或听到）的个人案例似曾相识，即使他们以前没有听说过这个词。你可以分享你自己的经历（"我买了一辆新车，现在我到处都能看到同一款车"），看看他们是否会分享他们的经历。然后，也许你可以把这种情况与他们在对"化学凝结尾"阴谋论感兴趣之前从未在天空中看到过"化学凝结尾"的情况进行对比。

对阴谋论成因的学术研究已经进行了几十年。在美国，这种学术兴趣因阴谋论者对美国历史上重大创伤事件的反应而高涨：1963年肯尼迪遇刺事件、1993年韦科围城事件、1995年俄克拉何马城爆炸案，以及最重要的2001年"9·11"袭击事件。这些事件的存在显然是人们相信的一个因素，但它们也为学术研究提供了一个框架，研究是什么导致人们怀疑背后有某种政府阴谋。

阴谋论的学术研究

近年来，最常被引用的学术论文中有一篇是2014年发表的《阴谋论信念的测量：通用阴谋论信念量表》，作者是罗伯特·布拉泽顿、克里斯托弗·弗兰奇和艾伦·皮克林。这篇论文以一句话开头，你们（包括我自己在内）在阅读任何关于阴谋论起因的论文或热门文章时，或者在聆听任何所谓专家关于这一主题的讲话时，最好都要牢牢记住这句话：

> 阴谋论信徒的心理还没有很好地被理解。

这种情况真实存在的一个重要原因在于，心理状态本身，即人脑的运作，还没有很好地被理解。我们不能像理解汽车发动机那样理解大脑，甚至不能像理解复杂的计算机程序那样理解大脑。个人对事件和感受的描述往往非常主观。许多事件和情况（比如一个人经历"9·11"事件的方式，或者他们参与自己家庭生活的方式）是独一无二、不可复制的。每个人都是不同的，我们在某些方面可以进行科学有效的观察和推断，而这些方面通常是许多人的统计汇总。有时这些发现适用于个人，但通常情况下并不适用。

20世纪90年代到21世纪初，阴谋论心理学研究领域不断发展，但还存在一个问题，即对阴谋论者缺乏明确的定义。如果我们对什么是阴谋论者都没有一个清晰的衡量标准，那么我们怎么能衡量阴谋论者与普通大众之间的区别呢？此外，关于低水平"大型制药公司"和"全球变暖"阴谋论者的研究，是否适用于分界线另一端的"化学凝结尾"和"地平说"阴谋论者？

布拉泽顿试图在这里引入一些秩序，他创造了一种方法来衡量人们在阴谋论光谱中的位置，特别是"通用阴谋论者信念（GCB）量表"，提供了一个相对简单的方法来衡量一个人投入阴谋论的程度。它不是第一个也不是唯一一个这样的量表，但它很快就成了许多研究者在研究中使用的流行量表。

大多数这些研究试图通过类似GCB量表的测试来确定一个已经存在的因素（例如社交焦虑、智力或性格类型）与随后的阴谋论发展之间是否存在统计学上显著的相关性。在许多情况下，一种微小但显著的相关性会被发现。遗憾的是，这种类型的研究经常被大众媒体报道，仿佛这个因素是阴谋论背后的唯一原因。你会看到这样的标题（实际的标题）：

· 研究发现，觉得自己与众不同的需求与相信阴谋论有关。
· 科学家说，阴谋论者有基本的认知问题（虚幻的模式感知）。
· 研究发现，失败者更可能相信阴谋论。
· 研究发现，相信阴谋论的人更容易遭受压力。
· 自恋和自卑预示着相信阴谋论。
· 阴谋论：为什么受过更多教育的人对此并不相信。
· 研究：消除不确定性的个人需求预示着相信阴谋论。
· 阴谋论大多为极左、极右政治势力所信奉。

这些说法太直白了！你的朋友是阴谋论者，因为他们自恋、有压力、自卑。他们渴望与众不同，消除不确定性；他们常常在没有规律的地方看到规律。他们受教育程度低，政治倾向上极左或极右，他们支持的候选人在最近的大选中失利了。

很明显，这么做既把事情过于复杂化（不可能所有这些因素都对任何一个人产生很大的影响），又过于简单化了。真正危险的是过于简单化。如果我们只看某一条头条新闻的标题（尤其是小报上的报道），会误以为科学家已经发现了人们相信阴谋论的唯一原因。

即使你深入阅读了原文，要从这些研究中获得很多信息仍然是困难的。它们本质上是在一个非常复杂的情况下，只看到了一个非常简单、非常狭窄的方面。测试的对象通常不是你可能感兴趣的阴谋论者群体的特殊代表，他们也很少能和你的朋友这样的特定个体相匹配。他们代表社会的一部分人，有时这样的人会出现在另一个国家，你不能满怀信心地推断结果。它只是给你一个统计学意义上的相关性，通常用很难理解的数学概念来表达。

综上所述，让我们对两项比较热门的研究进行更详细的了解，看看哪些研究可以有效地应用。

独特性的需求

"我知道他们不知道的事情！"法国研究人员兰提安、穆勒、努拉和道格拉斯调查了阴谋论的动机基础是否仅仅是想要与众不同。首先，他们对参与者展开了调查，以找出相信阴谋论与掌握独特知识的感觉之间是否存在简单的关联。参与者（大多是二十多岁的法国人）接受了一项问卷测试，对他们在阴谋论信仰光谱（类似于GCB量表，该问卷测试只询问参与者对"李·哈维·奥斯瓦尔德并非单独行动"等各种阴谋论主张的认同程度）中的位置进行排名。接着，参与者被要求对他们用来回答问题的信息的独特性进行排序，并回答这些信息是他们自己得到的还是从别人那里获得的。毫不奇怪的是，他们在阴谋论光谱中的位置越高，他们就认为自己掌握的知识越独特，也就越倾向于认为这是他们自己获得的知识。兰提安认为这是阴谋论满足独特性需求的证据，但并没有建立任何因果关系。

第二项研究的目的是回答那些长期需要独特性的人是否在阴谋论光谱中排名更高。第二项研究针对的是美国的参与者，使用的是亚马逊的"土耳其机器人"系统，该系统允许以相对较低的成本（本例为每人30美分）向大量特定于人口统计学的人提出一系列问题。和以前一样，参与者被排列在一个阴谋论光谱内（使用的是布拉泽顿的GCB量表）。使用类似的问卷调查技术进行调查时，他们也被告知了"独特性需求"的尺度。

这项研究的结果是，"对独特性的更高需求与对阴谋论的更高信仰相关"。但相关性有多大？简单地说是"不大"。作者给出的相关系数"r"为0.17。相关系数是一种衡量两件事在统计上的联系程度的指标——越接近1.0，联系就越紧密；反之，系数越接近0.0，联系就越弱。这意味着，对独特性需求的变化与约3%的阴谋论信仰的变化有关。

这听起来并不是那么令人印象深刻，也与报道这项研究的热门文章的标题相去甚远。大众科学网站IFLScience宣称："心理学家说，相信阴谋论的人只想与众不同。"不过，他们似乎连这篇论文都没看过，因为他们的这句话其实转述自另一个网站PsyPost的文章，该网站文章的标题写着："研究发现，感觉与众不同的需求与对阴谋论的信仰有关。"

兰提安的论文在某种程度上超越了建立一个简单的相关性的理念，在接下来的两项研究中，他们试图操纵人们相信阴谋论的可能性。第三项研究没有得出结论，但第四项研究似乎表明，阴谋论信仰和人们对独特性的渴望之间可能存在因果关系。这就是说，如果你鼓励人们把独特性看作一件积极的事情，那么他们就会比一个受到鼓励、认为融入社会或为共同事业而奋斗是好事的人更有可能相信阴谋论。

因果关系很重要，因为它能让我们更进一步了解实际发生的事情。如果我们只是发现了对独特性的需求与对阴谋论的信仰有关联，那么这并不一定是对独特性的需求导致了这种信仰，甚至也不一定是它促成了这种信仰。对阴谋的信仰实际上可能会让你的朋友体验到拥有特殊知识的独特性，并享受这种独特性带来的感觉，然后寻找更多相同的东西。相关性不是因果关系。

兰提安研究的最后一部分似乎表明，在这种情况下，确实存在某种因果关系。如果他们能通过改变人们对独特性的需求来操纵人们的阴谋论思维，那就意味着对独特性的需求至少在某种程度上导致了阴谋论思维。

但是，到底存在多大的因果关系呢？这很难说，因为这里的衡量标准还是相当间接的。我们并不是在衡量对独特性的需求是如何导致多年来的阴谋论思维的。我们衡量的是一个人在被问了几个暗示性问题后的五分钟内，信奉阴谋论的倾向会立即发生多大改变，从而使他更加看重独特性。它只是在测量一个人为的时刻。

如果我们把这种需要独特性的观点从学术领域带入更主观观察到的现实世界，那么这就有些道理了。虽然人们对独特性的需求在陷入阴谋论之前尚不完全清楚，但在很多案例中，有一种情况非常明显，那就是，那些掉进兔子洞又爬出来的人留在洞里以及通过更多的"研究"挖掘更深的洞的巨大动力，来自他们真的很喜欢那种特别的感觉。

如果你的朋友确实存在这种情况，那么你应该避免让他们觉得自己很普通。有探究精神确实是个优点。他们在提出问题，而不是盲目地接受别人告诉他们的一切，这确实是一件特别的事情。试着把这一点传达给他们，同时也要把它与纠正错误的需求结合起来。

还有一种可能性是，成为科学和理性的倡导者，也可能会满足对独特性的需求。本书中的许多（但不是全部）故事都来自那些真正喜欢不同类型的特殊知识的人。他们现在确切地知道为什么他们过去相信的观点是错误的，而他们现在对这个世界有了更多的了解。正如威利所说：

> 我过去对阴谋论很感兴趣，但现在看到它们被揭穿，我也很开心。

他们仍然会从"我知道他们不知道的事情"中得到些许快感，但现在他们知道了真正正确的事情，这就更好了。

失败者

最近与阴谋论相关的一条不怎么吉利的新闻的标题是"阴谋论是为失败者准备的"。这其实是在玩文字游戏，这句话的出处是埃德尔森等人写的题为《阴谋论思维和动机推理对相信大选舞弊的影响》的研究论文。这项研究与"失败者"一词的典型含义（指那些自己无能、一事无成的人）无关，而与一个不足为奇的发现有关，即那些认同在野党（在最近的大选中落败的政党）的人更有可能相信执政党在实施某些阴谋。或者，更简单地说，保守派更有可能相信奥巴马是肯尼亚人，而自由派更有可能相信特朗普与俄罗斯勾结。

更具体地说，埃德尔森的研究与选票造假有关。同样不足为奇的是，那些认为大选在某种程度上受到了操纵或过度影响的人往往是刚刚在大选中失利的一方。因此，才有了"阴谋论是为失败者准备的"这个倒霉的新闻标题。

这个侮辱性的说法来自这篇论文的另外一位作者约瑟夫·尤辛斯基，他在研究了1897年至2010年发表在《纽约时报》上的给编辑的信后，在2011年的一篇同名论文中开创了这个说法。在那篇论文中，尤辛斯基及其合著者说：

> 我们认为，以国际和国内冲突为标志的权力不对称，会影响阴谋论在美国产生共鸣的时间及原因。基于这一推理，阴谋论符合一种帮助弱势群体管理威胁的战略逻辑。此外，我们发现，存在分歧的国内两党均涉足阴谋论，虽然是处于相互交替的格局中，但外国的阴谋论在外来威胁加剧时会挤走国内的阴谋论。

这基本上表明，人们更倾向于相信他们认为会对自己造成威胁的阴谋论，包括来自外国的威胁和他们投票反对的政客的选举。

尤辛斯基在2014年与约瑟夫·帕伦特合著的《美国阴谋论》一书中继续阐述了这一主题。他认为，阴谋论在政治上两极分化最重要的因素在于总统所在的党派，因此，无论谁掌权，任何一个阴谋论的流行都有其高涨和回落的时候。

有趣的是，这在"9·11"阴谋论中得到了证实。"9·11"事件发生在乔治·W.布什总统（共和党人）的任期内，因此，人们倾向于将此事归咎于一个秘密的右翼阴谋集体。对威利的自由派朋友来说，这个想法在他们的世界观里根深蒂固，以至于当威利告诉他们他不再相信"9·11"事件有内幕交易时，他们问他的第一个问题就是："你现在加入共和党了吗？"

本书稍后会介绍的前阴谋论者史蒂夫也注意到，在"9·11"运动早期和茶党运动早期，左翼政治倾向都有所体现。

"9·11"运动的初期是在小布什政府时期。当时白宫里有像切尼这样的人物，他们看起来有些阴险，这使得"9·11"阴谋论显得更加可信。后来，从小布什政府向奥巴马政府的转变在一定程度上减轻了这种猜测，因为奥巴马政府里有很多人都是自由派。

茶党最初是在加州的圣莫尼卡，当时吸收了很多自由派人士。茶党里有很多反银行人士和"9·11"真相寻求者，只有一半的成员是保守派人士，这样的组合非常奇怪。最初的事情是，躲在"9·11"事件背后的人是如何制定环境法的。根据这项环境法，政府就可以接管你的房产，或者你的整个生活。茶党现在属于保守派，也是很多阴谋论者趋之若鹜的地方。

阴谋论在政治上的两极分化是有意义的观察结果吗？首先，你应该避免使用"阴谋论是为失败者准备的"这句话，即使是在开玩笑，即使你立刻进行了解释，也不可以。被称为阴谋论者已经够难受的了，所以，如果你在阴谋论者身边挥舞着"失败者"的标签，那就麻烦了，他们会对你接下来说的话产生心理障碍。

如果你想和他们提起这件事，那么你应该用一句话来解释整件事："在选举中支持败选一方的人，更有可能相信那些被认为是获胜一方精心策划的阴谋论。"

尽管如此，在阴谋论者走出兔子洞之前，和他们讨论"失败者"理论也并无多大的益处。当他们深陷其中时，这种想法在他们看来就像是在轻视他们的担忧。除非你自己也经历过类似的阶段（并从中恢复过来），否则这么做是无济于事的。

另一方面，如果你的朋友正从兔子洞里钻出来，或者他们大部分时间都在洞外，那么一定程度的合理内省可以帮助他们巩固新的立场。如果他们的阴谋论确实主要针对的是一个对立的政党（比如"9·11"事件和小布什，或者枪支管制假旗事件和奥巴马），那么，明白这些想法的诱惑力被失败方放大了，这至少会在某种程度上使他们认识到，这种诱惑并非纯粹基于事实。

不要妄加分类

基本上，这个有趣的学术研究真的很有趣，但在很大程度上还是具有学术意义的。如果人们需要独特性，那么他们更有可能相信阴谋论，这很可能是真的。但是，除了稍微迎合这种需求之外，这还算不上是特别有用的信息。

其他研究在个人层面甚至更没有用处。平心而论，这些研究的目的通常是从总体看问题。如果我们将它们应用到更大范围的事情上，比如教育政策，甚至是撰写揭发虚假阴谋论的书，那么我们可能会从中获得实际利益。但在和个人打交道时，我们很难知道他们是否符合某个特定的类别，更不用说采取什么措施了。

例如，德·克尔斯梅尔克尔和罗特在论文《虚假新闻：不正确，但很难纠正》中特别提到了三个发现：

1. 当人们知道他们的态度是基于错误的信息时，他们就会调整自己的态度。

2.认知能力低的人（相对认知能力高的人）调整态度的幅度较小。

3.认知能力低的人调整后的态度仍然带有偏见。

这段话的意思是："你可以通过揭穿虚假信息来改变别人的想法，但要是碰上了愚蠢的人，想改变他们的想法可就难了。"前半句话让人颇感欣慰——至少我们知道，提供缺失的信息是有效果的——但是，告诉人们认知能力低的人更难对付并无实际意义。如果我们的朋友认知能力低下，那我们该怎么办，就这样放弃？（你可以试着提高他们的认知能力，但这几乎并不可行。）

类似地，《自恋或自我厌恶能预示对阴谋论的信奉吗？自恋、自尊和对阴谋论的认可》这样的论文在个人层面很少有帮助。相关性的程度往往非常小，而且它们还涉及一些很难在你朋友身上进行判断的因素。请注意，"自恋"和"自卑"是对立的因素。你觉得你的朋友有点儿自恋，就把事情往相反的方向推，结果发现他陷入了自卑，这该怎么办？这很可能是在浪费时间。

我们暂且不讨论学术性，也不进行分类，先看看实际情况。人们究竟是如何从兔子洞里出来的？

逃离兔子洞的路线

通过改变视角来开启逃脱之旅往往始于一粒怀疑的种子——他们发现他们信奉的阴谋论的某些基本内容并不正确，于是开始研究阴谋论中他们信以为真的其他内容。逃脱之旅也可以简单地来自更多地了解世界是如何运转的，获得更多的生活经验。他们每次从洞里钻出一点儿，慢慢地学习新的东西,直到他们发现自己站在了他们原本以为不可逾越的界线的另一边。

另一种情况是,只有在最初他们强烈抵制的新信息越积越多后,他们才会幡然醒悟,逃离兔子洞。他们在接触新信息时内心是拒绝的,把它们当成虚假信息。最终,他们对这些与阴谋论相悖的证据的认识逐渐加深,突然意识到是自己错了。一时间,如大坝决堤般,他们迅速越过了自己的分界线。

这两条路线都有一个原动力:接触新信息。阴谋论者被封闭在兔子洞里,在阴谋论的世界里越陷越深。如果有人问他们是从哪里获得新闻的,他们通常只会提到类似"亚历克斯·琼斯的信息战"这样的边缘网站,或者像Rense.com这样更深奥的阴谋论网站,甚至是大卫·艾克的"爬虫族光明会"等相关新闻。

卡斯·桑斯坦和阿德里安·维梅尔将此描述为"残缺的认识论"——简单地定义为"相关信息源的数量极其有限"。你可以充当你朋友的新信息源,同样重要的是,你要介绍他们认识(或帮助修复)其他相关的信息源。

这两种通过接触新信息(和信息源)帮助人们走出兔子洞的主要方式在两个逃离"9·11"阴谋论的人身上得到了体现,这两个人就是艾比·马丁和查理·维奇。

艾比·马丁似乎是通过新的视角以更加循序渐进的方式改变了自己对"9·11"事件的看法。2008年,她是"9·11"真相运动的支持者,在加州圣莫尼卡参加"9·11"真相大游行时,她将"9·11"恐怖袭击描述为"内幕交易"。2012年,她搬到了华盛顿特区,在RT America电视台工作。这让她接触到了更多处于不同权力地位的人,也让她观察到了"政府是如何真正运作的"。她发现,华盛顿特区是一个腐败而行动迟缓的官僚机构，与那种超级能干、无所不能的邪恶政府完全对不上号，而要实施她之前认同的"9·11"阴谋论，这种邪恶政府是必不可少的。她似乎慢慢地从兔子洞里冒出头来，逐渐意识到，她以前信奉的观点在她现在了解的这个世界的背景下是毫无意义的。

多年来，维奇一直是一个精力充沛、直言不讳的真相寻求者。他似乎深深地陷入了"9·11"阴谋论的兔子洞里，这个兔子洞是他观看了亚历克斯·琼斯的电影《恐怖风暴》后进入的。在BBC组织的一次为期几天的公路旅行中，他突然接触到了新信息。他认识了许多与"9·11"事件密切相关的人——双子塔的建筑师、急救先遣队员以及受害者的家属。他们当面告诉他到底发生了什么、他们知道什么、他们认为发生了什么。对维奇来说，这些只是他以前无法获得的信息，尽管他意识到人们普遍不认同他信奉的阴谋论。他们告诉他的事情对他来说是有道理的，经过最初的坚决抵制，他很快就认识到自己以前的立场是错误的。几天之内，他就从那个兔子洞里迅速、几乎完全地钻了出来。

逃离兔子洞的路线各不相同，最重要的是，接触新信息和新视角确实会改变人们的想法。

人们最终的归宿

就像进出兔子洞的路线是不同的一样，人们最终走出兔子洞后可能会到达不同的地方。对一些人来说，这种变化是二元的，从信徒到怀疑者，是一个接近180度的大转变。威利现在喜欢揭穿阴谋论，而曾经他被阴谋论所吸引。稍后我们将认识史蒂夫，他曾经是一个坚定的阴谋论者，一个"9·11"控制爆破拆除阴谋论的信徒。但他很快就改变了想法，从积极参加阴谋论游行变成了参加游行是为了说服与会者（其中有很多是老相识）他们攻击错了目标。就像一些曾经的烟民或宗教人士一样，他发现一个新的真相后的反应就跟他以前发现旧的"真相"的反应一样，充满激情和狂热。

并不是每个人都能做到在两个极端之间果断切换，有些人至少把一只脚还留在兔子洞里。"9·11"阴谋论者可能会从确信一枚导弹（而不是一架飞机）击中了五角大楼，转变为认为官方报道有很多错误。当然，也许双子塔并没有被事先埋好的炸药炸毁，但他们仍然对劫机者的身份、"9·11"事件的真正策划者以及幕后黑手心存疑虑。这种确定性已经消失了，但怀疑——有时甚至是调查的热情——依然存在。改变的只是他们对分界线重新进行了划定。

许多从兔子洞里钻出来的人对阴谋论失去了兴趣。他们在生活中基本上不谈阴谋论的话题，把重心放在其他事情上。比如斯科特，他是BBC《阴谋论之旅》节目中《不明飞行物》一集的参与者。录制节目的几天来，他不断收到大量的新信息。

> 我来这里是想知道一些事实或答案，但我什么也没有得到，这让我觉得其实根本就没有答案。我不想再坐在那里思考什么是真的、什么不是了。你要知道，我宁愿忘掉它，专注于其他事情。

斯科特认识到，他信奉的关于不明飞行物被掩盖的阴谋论并没有真正站得住脚的地方。他似乎也认识到，现实是复杂的，并不总是能够得到直截了当的解释。在某种程度上，这是一种非常诚实的自我意识的觉醒。我们无法解释所有事情，我们无法了解每件事背后蕴含的数学和科学原理，就像我们无法知道在政府高层的密室里究竟发生了什么一样。

虽然对科学感兴趣是一件好事，但有一种观点是完全正确的，许多研究不同课题的科学家也对此表示赞同——简单地说，你不知道所有问题的答案。有些人继续对政治和腐败感兴趣，但并不是所有人都会这样。做你能做的，但要认识到自己的局限性，然后继续你的生活。

不管人们是如何进出兔子洞的，也不管他们最终会在哪里落脚，最重要的是，逃离兔子洞对他们来说是一次非常积极的、往往会改变生活的经历。我收到过许多电子邮件，其中一些来自我在本书里记录下了其逃离之旅的人，他们在信中感谢我帮助他们摆脱了阴谋论的思维方式。

让我们进入下一个阶段：我们究竟如何帮助人们逃离兔子洞？最佳做法和实际步骤又是什么？

第五章

核心揭穿术

没有什么灵丹妙药。阴谋论的兔子洞是一个复杂的地方，人就是复杂的个体。人们被吸进兔子洞的原因各不相同。一旦进入洞中，他们下降到洞穴深处的速度和路线就会有很大的不同。同样，离开兔子洞的路线也因人而异。当他们信以为真的观点被证明是错误的时候，有些人承认自己错了，然后继续生活；另一些人的反应则完全相反，他们认为所谓的伪造证据更能证明他们一直是正确的。有些人很快就离开了兔子洞，有些人经过多年的抵抗突然钻了出来，还有些人则是在不知不觉中逐渐爬了出来。

没有简单的一步一步的方法可以保证你的朋友走出兔子洞，但有些东西对很多人来说都是有用的，我们可以归结为三个方面：

1.保持有效的沟通。

2.提供有用的信息。

3.给他们一些时间。

你可以非常准确地将其解释为："和他们交谈，向他们展示他们错过的信息，不要急于求成。"这三个方面可以进一步细分。

保持有效的沟通

· 了解他们在想什么以及为什么会这么想。

· 尊重、诚实、坦白、有礼貌。

· 找到共同点。

· 证实他们真正的担忧。

· 避免适得其反的效果（即"逆火效应"）。

提供有用的信息

· 指出他们所犯的错误。

· 指出他们的信息源所犯的错误。

· 向他们展示他们在某个话题上缺失的信息。

· 向他们展示有助于他们获得新视角的信息。

最后一点，"给他们一些时间"，这听起来很简单。这些事情做起来需要时间。人们很少会推翻一个根深蒂固的信念。你和一个相信"9·11"控制爆破拆除阴谋论的人展开广泛深入的讨论，看起来你似乎毫无进展，甚至可能败下阵来。可能你过几天再去找他，仍然没有发现任何变化。你可以这样重复几个星期。不是每个人都能被说服，那些从兔子洞里逃出来的人几乎都把这种转变描述成一个漫长的过程——朋友或其他有用的信息源的作用在他们真正开始逃离之前的一段时间内是很重要的，在逃离期间和逃离之后也很重要。给他们一些时间，不必操之过急。

这种有效沟通和提供有用信息的简单方法是基于我过去八年在 Metabunk 上撰写文章所学到的（以及在那之前耗时十年在其他网站上学到的）。但这不是什么新奇或独特的东西。这种方法的许多方面来自其他来源，只是一些经过了时间考验的与持有坚定信念的人进行有效沟通的技巧。

这不是一个循序渐进的方法，你不必先做一件事再做另一件事。这在很大程度上取决于你的朋友，他们对阴谋论的信奉到了哪种程度，以及他们如何回应批评。对有些人来说，直接驳斥他们信奉的阴谋论会引起他们激烈的排斥，最好是更加巧妙地建立共识，拓宽他们的视野，提供更加中立的信息。

有很多不同的阴谋论。这些阴谋论有很多变体。有很多不同的人以不同的方式相信这些阴谋论的变体。你的朋友是与众不同的，一般的经验法则可能不适用，甚至可能适得其反。Metabunk 方法是一个结构非常松散的工具箱，工具箱里有技巧、指导原则和信息，你必须从中挑选最适合这项工作的工具，并根据你朋友的特殊情况调整这种方法。

加深理解

如果你没有真正了解他们的信仰，你就不能告诉他们哪里出了问题。有效揭穿术的一个基本要点是深入了解你正在揭穿的阴谋论。本书相当一部分内容都与了解阴谋论有关，为的是促进良好的沟通。我们很容易把人们视为愚蠢的阴谋论者，并想当然地认为解决办法就是向他们解释他们信奉的阴谋论的真相。

实际情况要复杂得多。我已经和阴谋论者交流了许多年，但我仍然会碰到各种阴谋论的变体。这在一定程度上是因为这些阴谋论总是会产生许多不同的层面和版本。不过，这也是因为阴谋论在不断发展。例如，多年来，各种各样的"9·11"控制爆破拆除阴谋论经历了不同的阶段：最初是简单的"自由落体"和"物理定律"观点（主要依据是建筑物倒塌的样子看上去很奇怪）；随后，各种各样关于含尘量或尘埃云形状等稀奇古怪的争论甚嚣尘上；接着又冒出了一些新玩意儿，比如熔融金属池和分析灰尘，以获得含纳米铝热剂的证据。在过去的几年里，人们一直在关注7号楼倒塌的细节。一个特殊的支撑梁的支架是11英寸[1]还是12英寸宽？那根梁与混凝土黏合了吗？一束光到底多热？它是什么时候变得这么热的？

要了解你的朋友到底相信什么，第一步是倾听，第二步是问他们一些不带评判性的问题。这通常有两种方式。要么他们会向你推荐他们认为是权威的信息源（比如"AE911真相"网站，或者《9·11：新珍珠港》这样的视频），要么他们会列出他们认为最有说服力的各种证据。

不管怎样，先听听他们要说什么。如果他们推荐了一个视频或网站，那么就问他们在其中发现了什么最令人信服的证据。问他们最早是什么让他们对这个理论产生了兴趣。他们可能会提出的五大建议是什么？前两个建议是什么？如果你有时间，就观看视频，浏览几个网站。这么做可以有效地建立他们对你的信任，可以让你大致了解他们信奉的阴谋论的实际情况。

为了有效地沟通，你还需要知道他们在阴谋论光谱中的位置。不要只关注他们个人的信仰，还要检查各种版本的阴谋论。你要找到他们的分界线——他们认为分界线右边有哪些更为极端、更为愚蠢的阴谋论？

1　译者注：1英寸约等于2.5厘米。

哪些主张只存在于他们这一边？另一边又是什么？

除了找出他们最喜欢的阴谋论的具体变体外，你还需要弄清楚他们对更广阔的世界的理解。这种理解有什么缺陷？他们比你更了解哪些领域？试着去了解"9·11"或化学凝结尾这类阴谋论是如何与他们对世界如何运转的更为广泛的印象相吻合的。他们认为谁是这个阴谋的幕后黑手？谁能从中受益？这种好处是如何达成的？不要用批评的方式问他们这些问题，而要真诚地尝试更好地理解他们的世界观。

了解这些对于 Metabunk 方法的两个阶段——有效的沟通和提供有用的信息——来说都是非常重要的。为了有效地沟通，你需要了解他们的内心世界，以及你说的话会被接受的环境。为了提供有用的信息，你需要知道他们对世界的认识与阴谋论之间的差距。你还需要弄清楚，他们需要什么样的信息，才能从根本上否定他们的世界观。

建立信任和尊重

了解你的朋友对他们信奉的阴谋论的看法是沟通的关键，同样重要的是，要了解你的朋友对你的看法。令人惊讶的是，他们对你的看法可能与你最初对他们的看法非常相似。他们可能会认为你被错误的信息愚弄而相信了不真实的传闻（比如"住在洞穴里的阿拉伯人用美工刀打败了美国"、"政府没有毒害我们"或者"地球是圆的"）。这种情况可能会越演越烈，以至于他们真的把自己当成了理性的揭穿者，以为自己是在尽心尽力地为你这个误入歧途的朋友解惑。

你要做的是不要反驳他们的立场，而要表示尊重，这一点很重要。如果他们想改变你的想法，那确实是一个让谈话继续下去的好方法。你可以从一开始就表明你并不真正相信他们的阴谋论，但你可以（真诚地）说，如果有令人信服的证据，那么你肯定会考虑相信。给他们机会改变你。这让他们有机会向你解释他们为什么会相信阴谋论，如果你真诚地倾听他们的心声，你会得到一个非常有用的视角，并增加了他们以后也真诚地听你说话的可能性。如果你尊重他们，努力了解他们的观点，他们会心存感激，反过来也会更加尊重你。他们可能遇到过很多情况，比如他们的想法被断然拒绝或嘲笑了，因此，你对他们的尊重将大大有助于你赢得他们的信任。

敞开心扉的双向讨论是最好的情况。遗憾的是，他们很可能不会把你当成一个对事实一无所知的人，而是认为你是一个雇佣骗子，是一个为了个人利益而替官方捏造谎言的人。很长一段时间以来，我一直把揭穿虚假阴谋论当作业余爱好，所以经常被人误解。正如前面提到的，我的方法一直是尽可能地简单和一致。我待人客气，恭敬有礼，并努力在诚实交流信息的基础上与他们建立良好的关系。就这样，与他们互动的时间越长，他们就越有可能发现你并不是一个雇佣骗子。始终如一的诚实是建立信任和尊重的最好方法。

寻找共同点

一个人提出的任何观点都建立在一个庞大而复杂的个人知识和信仰的网络之上，无论这些知识和信仰是正确还是错误的。你有一个庞大而复杂的网络，你的朋友也有一个不同的网络。如果你的知识网和你朋友的知识网没有重叠的地方，你就无法与他们进行有意义的讨论。

也许当人们在面对面的场合试图揭穿某些谎言时，最常犯的错误是假设在没有共同点的地方存在共同点。你会自动形成一套关于你朋友的想法的心理假设。这既是高估他们的知识（例如，假设你的朋友知道某种化合物是什么），也是低估他们的知识（例如，假设他们不知道顺势疗法的药物被严重稀释了）。这会导致无效的沟通，而且，如果低估他们的知识，可能会带给他们一种被侮辱和轻视的感觉，促使他们加强戒备、更加多疑。

至关重要的是，要建立真正的共同点，并对分歧真正从哪里开始的达成共识。丹尼尔·丹尼特在《直觉泵和其他思考工具》一书中提出了一个三步走的方法，旨在缩小与这种理想状态的差距。

1. 比他们自己更好地重新表达他们的立场。

2. 列出一致的观点，尤其是不常见的观点。

3. 提到你从他们身上学到的任何东西。

第一步是比你的朋友更好地表达他们的立场。这需要做两件事。首先，这会让你的朋友知道你明白他们想说的话，并真的很感兴趣。其次，这会让他们知道你并不是想通过让他们的观点显得愚蠢来贬低他们的观点。你可以优化他们的观点，借此提高难度。如果你继续反驳他们的观点，那么反驳将会更加有效——这既是因为你已经表明你理解他们的观点了，也是因为你在分析之前实际上已经对它进行了改进。

这种谈话技巧被称为"善意原则"。在维基百科（一个饱受意见分歧困扰的论坛）上，一个相关的概念就是"善意推定"。对你朋友的观点给出最好的解释，借此消除自己的偏见，不拒绝，也不嘲弄。你要尽力让他们的论点和证据起作用。这就保证了，当他们的论点中的缺陷被揭露时，他们就会更接近本质，更基于一个共同的框架。因此，你的朋友可能会更认真地对待它们。

第二步是列出一致的观点。这可能是一个渐进的探索过程，因为达成一致意见的要点并不总是马上就能显现出来。你可能需要进行一些搜索，找出分歧的界限在哪里。你可能想从一些没有争议但与你手头的话题直接相关的事情开始。以"化学凝结尾"阴谋论为例，你可以问他们是否担心机场周围的污染问题。如果他们说担心，那么你可以说出你自己的担忧（如果有的话）。我以前住在离洛杉矶国际机场十英里[1]的地方，离圣莫尼卡机场只有一英里。来自这两个地方的噪音困扰着我，我也确实担心废气排放会造成空气污染。

如果讨论的话题极具争议性，那么最好先讨论一个不相关的话题，弄清楚这次谈话的大致特点，让你们双方稍微了解一下对方的想法。例如，在遇到一位著名的"化学凝结尾"阴谋论的发起人时，我们首先聊起了制药行业。我们一致认为，在某些领域，利润凌驾于民众的福祉之上，尤其是在销售治疗慢性社交焦虑等似乎是人为发明的病症的药物时。谈论这个话题，而不是在所有问题上都达成一致，这有助于打破僵局，表明双方都愿意倾听对方，愿意不怀恶意地提出不同意见。

第三步是提到你从朋友那里学到的任何东西。这么做好处多多，会增进你们之间融洽的关系，因为你的朋友会切实地感受到他在和你交流。这样还能让你的朋友对你知道和理解的事情有一个更全面的了解。从根本上来说，这将巩固双方的共同立场。你从他们身上学到的东西为他们向你学习奠定了基础。

1　译者注：1英里约等于1.6千米。

证实他们真正的担忧

暗示阴谋论者有真正的担忧似乎有悖直觉。事实上，许多更为极端的阴谋论的荒谬本质，会让人忍不住想立刻驳斥那个始作俑者。当我们谈到你朋友的"真正的担忧"时，我们指的并不是他们信奉的阴谋论中的极端主张，相反，我们指的是与阴谋论领域相关的现实问题。

想想"化学凝结尾"吧。这是一个看似荒谬的阴谋论，说的是一个隐藏了几十年的阴谋，它的目的是在没有人注意或投诉的情况下，通过从飞机上喷洒东西来改变气候。在这方面确实存在着真正的担忧。飞机（像大多数汽车一样）是污染源。飞机留下的凝结尾是由水构成的，但它们清楚地提醒着人们，飞机的废气正在向高层大气喷出物体。飞机以排出少量的有毒化合物和大量的二氧化碳的形式造成大气污染。尾迹云可以将原本湛蓝的天空变成乳白色，这是一种视觉污染。它们甚至会（无意中）在夜间捕获热量，从而在一定程度上导致气候变化。

地球工程本身包含着许多真正的关注点，它对气候和人类健康造成的潜在的不良反应是不确定的。如果我们这样做，然后停止，会发生什么？科学政策研究员罗斯·凯恩斯特别指出，那些认为"化学凝结尾"是实施地球工程的一种秘密方式的"化学凝结尾"阴谋论的信徒，即使他们错误地认为地球工程已经开始了，他们对地球工程的切实关注也是一件好事。

> 相似的逻辑、担忧和恐惧，推动了关于"化学凝结尾"的讨论，以及更加广泛的对气候变化的恐惧的讨论……许多方法可以让"化学凝结尾"的讨论包含对新出现的地球工程政治的重要见解和暗示，不能因为它"偏执"或"病态"而立即将其忽略。

如果一个真相寻求者告诉你"9·11"事件被用作与伊拉克开战的借口，或者一个"化学凝结尾"阴谋论者告诉你他们认为地球工程太危险而不能贸然实施，或者一个相信"地平说"的人告诉你我们对科学权威太过于迷信，那么你就告诉他们，你可以理解他们的观点，甚至可以找到一些共识。

这种验证甚至不必是你个人认为是问题的东西。也许他们不喜欢凝结尾有时会覆盖天空。这可能不会困扰你，但你仍然可以看到有人可能会被它困扰。这可能是你从未想过的事情。不管怎样，你至少可以告诉他们你明白他们的意思。虽然这不是双方能达成的共识，但如果你们相互理解对方的观点，这仍然是共同点。

在更广泛的层面，大多数阴谋论背后都隐藏着对当权者的极度不信任。向他们解释你自己对当权者也并不信任，这一点非常重要。解释的时候要充满诚意，告诉他们你信任谁或不信任谁，以及你有多（不）信任他们，并说清楚原因。对权威的不信任——或者至少是怀疑——是一种优良的品质。

在一定程度上，你可以了解他们的担忧，然后验证这些担忧。如果你和他们的担忧程度不同，那就试着理解他们为什么如此担忧，并向他们表明你对他们的理解。如果你根本就不赞同他们的不信任，那么至少要承认并探讨这种不信任和你的分歧，然后利用这种对形势的共同理解，对实际证据进行建设性的探讨。

照亮兔子洞

对于那些想要逃离兔子洞的人来说，他们需要看清自己在哪里、可能会去哪里，以及如何从一个地方到另一个地方。卡尔·萨根《魔鬼出没的世界》一书的副标题对科学做了著名的描述，他将科学称为"照亮黑暗的蜡烛"。

在每个国家，我们都应该教会孩子科学的方法，告诉他们制定人权法案的原因；还要教会他们某种行为准则、谦逊和团队精神。在我们人类赖以生存的这个魔鬼出没的世界里，这可能就是横亘在我们与黑暗中间的一切。

蜡烛很好用，但我们需要的不仅仅是蜡烛。我们需要手电筒、聚光灯和泛光灯。我们需要应急出口排灯、夜视镜、信号灯、闪光灯和燃烧的火把。有很多人掉进了很多个兔子洞里，点几支蜡烛根本无济于事。

我们已经看到有些人，比如威利，能够识别出一个关键点、一个关键的信息，这些信息引导他们开始质疑他们认为正确的其他事情。另一些人，如艾比·马丁，则是在慢慢了解现实世界的过程中逐渐从洞里探出身来的。我把这两种照亮兔子洞的方式称为聚光灯和泛光灯。

聚光灯揭穿术

聚光灯揭穿术是将光照射到单一的主张上，或一个特定的主张上。在一个特定的阴谋中，大多数人有某些共同的核心信念。以"化学凝结尾"为例，最常见的核心信念是凝结尾不能持续超过几分钟。这个观点是错误的。在这种情况下，我们有一个非常耀眼的聚光灯。我们有许多关于云的旧书，每本书里都提到了凝结尾，并且每本书都说，如果条件合适，凝结尾可以持续很长一段时间。

我收藏了大约二十本这样的书。2014年，我在YouTube上发布了一段四分钟的视频。我很简单地对凝结尾短而化学凝结尾长的说法进行了解释，然后我翻阅了七十年来关于云的书，说出了每本书的出版日期，还读了关于凝结尾应该持续多长时间的章节。

这让人们对这一核心主张产生了强烈的关注。相信这一阴谋论的人可能会加倍努力，说化学凝结尾已经被喷洒了几十年。但是，大多数认为凝结尾无法持续的人会将这种观点与他们自己的记忆结合起来，他们想不起来自己在听到化学凝结尾阴谋论之前有没有看到过凝结尾。聚光灯至少揭示了他们信奉的阴谋论的一个问题——如果凝结尾可以持续，那为什么化学凝结尾的宣扬者说它们不能呢？如果它们无法持久，那为什么七十年来的书都说它们可以呢？

英国《卫报》的凯里·邓恩利用这种聚光灯揭穿术采访了北加州的一对相信"化学凝结尾"阴谋论的夫妇。

我给塔米和罗伯播放了米克·韦斯特在YouTube上发布的一段视频。韦斯特有一个揭发阴谋论的论坛，叫作Metabunk。他翻阅了七十年来有关云科学的书籍，解释了为什么凝结尾可以根据大气条件快速蒸发或者持续存在，并形成卷层云。

在这个"展示和讲述"环节之后，罗伯声称"没有什么能改变他的想法"，但塔米说，这段视频尤其让她"抱着观望的态度"。

聚光灯效应即刻达到了让人做出"骑墙观望"的改变的效果，这似乎非常令人鼓舞，但真正的考验是这种效果如何随着时间的推移而发挥出来。两个月后，邓恩回访了这对夫妇。罗伯说到做到，仍然没有动摇。塔米似乎仍然对这种可能性持开放态度，至少在理智上是这样。

不过，塔米说，事实让她产生了"质疑"。"如果我不是忙于农活儿，我会做更多的研究。"她说，"我需要更多的信息。但当我看到它出现在天空中，那么厚重时，我想，这他妈的不可能不是化学凝结尾。我小时候从没见过这样的云。我的直觉和内心仍然在告诉我发生了什么。"

没有完全成功的原因有两个。首先，聚光灯停留的时间不够长，无法让解释真正深入人心。更重要的是，要一对夫妇改变他们的信仰是很难的事。伴侣希望彼此支持，所以他们自然不愿意改变自己的信仰，从而与另一半的信仰产生冲突。他们会选择背对聚光灯，挡住光芒，以保护他们的伴侣。

化学凝结尾阴谋论中还有其他几个核心主张。它们可能并不总是你所期望的。压舱物桶的说法（测试飞机上的压舱物桶被误认为是"化学凝结尾桶"）对我来说似乎是一件简单的小事，很容易解释。我在 Metabunk 上写了一篇很长的文章，里面有许多贴错标签的飞机桶图片。我真的不期待它会产生多大的效果——它只是一个有趣且容易研究的东西。

因此，当威利告诉我，压舱物桶的说法不仅是他掉进化学凝结尾兔子洞的关键，也是他逃脱的关键（"它改变了我的生活"）时，我感到非常惊讶。也许，正是这个简单的说法做到了这一点。如果他多年来一直被一些很容易揭穿的东西所欺骗，那么肯定还有其他一些东西也让他上当受骗了。等他开始以真正开放的心态寻找这些东西时，它们就变得显而易见起来。

聚光灯不需要太亮，它只需要在适合那个人的地方发光。你可能不会有很多机会，所以，如果你打算花时间为某人投射一道光，那就花点儿时间去弄清楚什么最适合他们的特定信仰吧。

泛光灯揭穿术

有些人能开始进出兔子洞的旅程取决于一条关键信息，比如飞机长长的凝结尾或者压舱物桶，但有些人则更相信证据的分量。阴谋论表面上有大量的支持证据（通常被称为"证物"），实际上缺乏相反的证据，这就是阴谋论一直存在的原因。持有这种广泛的信仰基础的人，他们拥有桑斯坦和维梅尔所说的"残缺的认识论"，即一套狭窄而受限的信息源。

对于许多阴谋论者来说，一个特定的"证物"被证明是错误的，这一点并不重要。首先，他们通常并不真的相信你的解释。就算他们相信，那也与他们的信仰无关。因为对他们来说，每个"证物"本身就是一个近乎绝对的真实证据——他们只需要一件事、一个证据，就可以继续相信。

泛光灯揭穿术的意思是我们用灯光照亮一切。如果他们有一份清单，里面包含了两百个"地球是平的"的证据，那么实际上最有效的办法就是对这两百个证据做出回应——或者至少找到其他握有证据的人。如果是"9·11"事件，那么你可能不会有任何进展，除非你驳斥了纪录片《脆弱的变化》的大部分内容，或者说出了"AE911真相"网站上关于双子塔的"十个要点"，以及美国国家标准与技术研究院（以下简称NIST）对纽约世贸中心（WTC）的调查报告中的"二十五个特别关注点"。

泛光灯揭穿术也意味着透视。阴谋论者通常对世界的运作方式以及权力和政府的实际运作方式持有一种扭曲的看法。所以，试着研究一下政治腐败的日常形式，比如竞选资金和游说。说到"9·11"事件，先看看真实的阴谋、真实的假旗事件，以及像诺斯伍兹行动这样的事件，把这些和你朋友所说的双子塔的情况做个比较。通过"化学凝结尾"来研究气候工程研究的实际状况，并要求他们在这个背景下看待自己的理论。如果我们连地球工程是做什么的都不知道，那么我们怎么知道它正在被实施呢？说到"地球是平的"，你可以去海滩，看看被地球的曲线掩盖的遥远岛屿，从而找到真实的视角。

最有价值的观点就是理解社会是如何运作的。财富是如何创造的？法律是如何制定的？选举是如何操作的？《福布斯》富豪榜上到底都有谁？科学是如何得到资助的？有多少科学家和理工科学生？为什么会有战争？俄罗斯寡头政治是如何产生的？其他国家对美国有什么看法？达沃斯论坛上的人们都在谈论些什么？

你可能会在这里受到阻碍，因为你的朋友一开始会觉得他们比你更了解这个世界的真实运作。这在某些领域可能是正确的，但在其他领域就没那么正确了。试着把它当作一个共同的发现之旅。你可能会从他们身上学到一些东西。接受这一点，他们会更愿意向你学习。你的两个视角都将被扩展，兔子洞的出口将会变得更近一些。

讲礼貌和尊重人

如果你的目标是有效的沟通，那么你需要有礼貌，需要尊重你的朋友。

当人们感觉受到攻击时，他们会反击。不管对方的意图是什么，也不管对方看的文章是什么，或者看的视频是什么，如果他们觉得这在某种程度上贬低了他们，那么他们就不太可能会考虑所讲内容的真实性。

菲尔是我创建的"化学凝结尾"阴谋论揭发网站contrailscience.com的访客，他不同意我的做法。菲尔非常聪明，他对凝结尾背后的科学知识颇为了解，他还知道化学凝结尾阴谋论的大部分问题。他能够提供简明扼要的解释，驳斥别人在网上的胡乱言论，并对实际科学进行有益的概述。

然而，菲尔几乎总是以"接受教育"、"上一些课"或"这就是无知"之类的话作为发帖的结束语。他有时还会使用更直接的侮辱语，比如"没受过教育的化学渣渣""没受过教育的傻瓜"，甚至是"精神病患者"，并敦促人们为自己的"偏执症寻求专业帮助"。

这种做法会造成两种影响。首先，所有与菲尔有过口舌之争的"化学凝结尾"阴谋论者都会离开论坛，或者他们之间的交谈几乎会立即演变成一场火药味十足的骂战，而最初的话题基本上被丢掷一旁了。结果适得其反。

其次，这种做法玷污了网站，也玷污了其他的揭发者。因为菲尔发帖相当活跃，所以访客很容易就会觉得他的主张就是网站的主张。这种主张给人的印象是菲尔是一个知识分子中的势利小人，傲慢自大，对反对意见不屑一顾。同时给人留下菲尔完全不愿意听取信徒意见的印象。由于信徒在情感和智力上都对自己的信仰投入了大量的精力，这种轻视就像是一记耳光、一种直接的侮辱。等彬彬有礼的揭发者试图解释事情时，伤害已经造成了。阴谋论者的盾牌已经举起，内心已经关闭。

我几次试着向菲尔解释这一点，他却把我的批评看作对他的直接侮辱。于是我对他下了禁言令。我这么做不是轻举妄动，从总体上来说，他为网站做出了不小的贡献，但是，他侮辱人的行为所造成的损害远远超过了他独自做出的有益贡献。不幸的是，这似乎只是他侮辱人的前奏。

别像菲尔那样。即使你觉得你的朋友很愚蠢，没有受过教育，甚至有些疯狂，你最好也只关注事实。告诉他们哪里错了、他们错过了什么，以及他们的信息源哪里出了错。不要骂他们是蠢蛋。请礼貌一点儿！

避免适得其反

适得其反的效果是一种偶然的现象，在这种情况下，试图纠正错误的信念实际上会产生"事与愿违"的结果，而且会让错误信念因为相关人员反对这种纠正而变得更严重。任何试图在网上揭穿谎言的人都曾有过向某些人提出非常合理的反证据的经历，但这些人似乎变得更加固守自己的立场了。

对这一效应的研究大多是相对较新的，围绕着气候变化等带有政治色彩的观点展开。2010年，尼汉和赖夫勒写道：

> 这些关于政治的错误或没有根据的信念能得到纠正吗？结果表明，纠正往往不能减少目标意识形态群体的误解。我们还记录了几个"适得其反"的例子，在这些例子中，纠正错误实际上加深了问题群体的误解。

在那之后不久，莱万多斯基和库克撰写了《揭发虚假信息手册》，讨论了避免这种影响的方法，重点讨论了否认气候变化的问题。他们提到了三种策略：

揭穿谎言是有问题的。除非非常小心，否则任何揭穿错误信息的努力都会无意中强化人们试图纠正的谎言。

为了避免这些"反效果"，有效的揭穿需要三个主要因素。首先，反驳必须聚焦核心事实，而不是谎言，以避免虚假信息更加深入人心。第二，在提到谎言之前，应该明确警告读者即将到来的信息是错误的。最后，反驳应该包含另一种解释，解释原来的虚假信息的重要特点。

这个建议背后的想法是，要想有效地揭穿一个谎言，你必须做到这三点：首先，避免提及它；第二，在你提到它之前，尽力先把它说成是错误的；第三，提供其他的一些东西，来填补你在揭穿虚假信息时造成的心理空白。（他们后来又提出了第四点，即如果可能的话，应该以图形的方式传达信息——这是个好主意。）

这个关于避免反效果的建议基本上是合理的，重要的是，不要在不必要的情况下越过雷池。你不应该避而不提错误的信息，以至于你的朋友不知道你的真实意图。只关注事实固然很好，但了解他们为什么会有这种想法也很重要，这表明你可能还需要讨论错误的观点。提供另一种解释来填补空白通常是非常有用的，如果你发现自己很难创建一种解释，那么也许"这是错误的，因为……"其实是最好的办法。

例如，如果你的朋友认为HAARP（位于阿拉斯加的高频主动式极光研究项目）会引发地震，那么你可以通过解释地震的起因——板块构造——来避免任何反效果。要完全解决这个问题，你还需要解释为什么HAARP不能引发地震——它是一种低功率无线电发射机，只能影响阿拉斯加上空的一个点。

你应该谨慎地把调查得出的结论应用到朋友的个人情况中。这种适得其反的效果对他们来说是不是一个特别的问题？2018年，伍德和波特出版了《难以捉摸的逆火效应：大众态度对事实毫不动摇的坚持》一书。他们试图扩展尼汉和赖夫勒最初的研究，但有些意外地发现，普遍的逆火效应似乎并不存在。

　　在所有的实验中，我们都没有发现任何纠正会引发逆火效应，尽管我们测试的正是预期会产生逆火效应的两极分化问题。事实上，适得其反的证据比之前的研究显示的要少得多。总的来说，公民关注事实信息，即使这些信息挑战了他们信奉的意识形态。

　　另一方面，陈等人在2017年的元分析中也证实了逆火效应和对事实信息的关注，他们发现：

　　　　详细的揭穿信息与揭穿效果呈正相关。
　　　　令人惊讶的是，一条详细的揭穿信息也与错误信息持续效应呈正相关。

　　从陈那里得到的启示不是你需要提供一个替代的解释，而是你需要提供详细的事实原因来解释为什么他们的解释是错误的。你需要谨慎行事，因为当人们有动机这样做时，他们仍然会做出非理性的反应，而且人们确实会抵制他们认为是在攻击自己意识形态的行为，同时人们也会注意到事实信息。陈将这种方法描述为"详细的揭穿"，这与Metabunk方法的第二部分一致，即向他们提供有用的信息。

　　根据我的经验，适得其反主要是沟通方法的问题，而不是信息提供的问题。当人们认为你在贬低或嘲笑他们的信仰时,他们会生气,所以你需要讲礼貌、尊重人。在看本书里提到的那些逃离兔子洞的人的经历时,我们发现,他们之所以这样做,是因为找到了一些他们缺失的有用信息。威利发现化学凝结尾桶其实是压舱物桶,史蒂夫发现凝结尾其实是可以持续存在的,理查德发现热量在钢梁到达熔点之前就减弱了,爱德华发现NIST对7号楼的倒塌有详细的解释,斯蒂芬妮发现推广化学凝结尾阴谋论的人想向客机发射激光。

这些人都逃离了兔子洞,部分原因是他们找到了缺失的有用信息。他们被以礼相待,受到了传达给他们的事实和逻辑信息的影响。他们起初确实抵制了,而且早期试图与他们沟通的尝试可能会适得其反。最终,证据的分量还是自然而然地发挥了作用。

持续不断地向你的朋友提供有用的信息。保持沟通,提供观点,鼓励真正开放的思维。遇到阻力在这个过程中是不可避免的。不要灰心,不必急于求成。这可能需要几个月甚至几年的时间。

提供有用的信息

可以抽象地讨论通信技术,但提供有用的信息是一个非常实际的问题。你应该提供什么信息?本书的其余部分重点讲述了这些信息的主要例子,以及如何传达这些信息。我们可以确定你应该提供以下几种类型的信息:

识别错误——对错误的简单解释是揭穿谎言的核心部分,也是我们将遇到的最常见的事情之一。如果有人认为大火在世贸大楼倒塌时几乎被扑灭了,那么你可以给他们看格雷格·塞门丁格尔在大楼倒塌前几分钟拍摄的照片，照片显示北塔被40英尺[1]高、200英尺宽的火焰墙照亮了。这只是一个简单的证明，证明他们错了，不做任何评判。

解释——演示错误有时是独立进行的，但是，如果你能对正在发生的事情提供更完整的解释，那么它的效果是最好的。讨论基本细节，提供真实的解释，可以取代你已经证明是错误的解释。这一点最好用一个实际的例子来说明。例如，当他们声称世贸中心废墟下的热点（倒塌几周后）是燃烧弹的证据时，就向他们解释燃烧弹会很快燃烧起来，并向他们展示有关垃圾填埋场大火在地下燃烧数周、数月甚至数年的文章。

揭露信息源——我们经常被告知，人身攻击（针对个人的论点，而不是传播的立场）是一种逻辑谬误。你不能通过攻击提出论点的人的性格来证明论点是错误的。你应该解决争论本身。这是一个很好的通用规则，但有一个重要的情况并不适用——当你的朋友使用的是权威的论据时。

如果你的朋友告诉你，他们之所以认为"9·11"事件是一个控制爆破拆除阴谋，一定程度上是因为"AE911真相"组织"成千上万"的专业人士就是这么说的，那么，我们完全有理由表明"AE911真相"组织是由许多非专业人士组成的，而且往往是不正确的，并且这些虚假信息在被揭穿后很长时间还是屡禁不止。

要清楚这不是人身攻击或报复性攻击。你的朋友声称这个组织是可靠和权威的信息源，你只需要证明他们的信息源不像他们想的那样可靠或权威。展示信息源所犯的错误，以及他们不断重复的谎言，这是一种很好的方式，可以促使你的朋友更批判性地看待信息源的其他说法。

1　译者注：1英尺约等于0.3米。

视角——这个阴谋论可信吗？它在现实中是如何运作的？有些阴谋论之所以受到关注，是因为人们对它们所宣称内容的背景和意义并没有一个好的视角。伪造儿童枪击案对谁有利？一万亿美元是什么概念？世贸中心有多少吨钢材、混凝土和干板墙？自20世纪80年代以来，空中交通增加了多少？人们在什么时候发现地球是圆的？有多少比例的结构工程师认为世贸中心倒塌是因为控制爆破拆除？需要让多少科学家对此保持沉默？这怎么可能呢？

在本书的下一部分，我们将会看到许多沟通这类信息缺失的实际例子。我们将会看到四种主要的阴谋论：化学凝结尾、"9·11"控制爆破拆除、假旗事件和"地平说"。我们会在这四个领域遇到从兔子洞里逃出来的人。我们会先认识的那个人在兔子洞里待了很久，突然有一天，他开始礼貌地与人交流，还向曾经和他一起待在兔子洞里的人提供有用的信息。

第六章

史蒂夫——逃离兔子洞之旅

我在网上通过 Contrail Science 认识了史蒂夫，我们见过几次面。他是一个老派的阴谋论者，在逃离兔子洞后选择积极地帮助那些仍留在那里的人。史蒂夫的兔子洞之旅早在"化学凝结尾"和"9·11"事件之前就开始了，当时发生了水门事件和掩盖不明飞行物事件。

我的兔子洞之旅始于1973年，当时我在芝加哥的艺术学校认识了一个家伙，他就是谢尔曼·斯科尼克。

我那时是个摄影师，他正在讨论那架搭载着多萝西·亨特从华盛顿飞往芝加哥的553航班是如何被尼克松的首席缉毒探员击落的。他掌握了所有证据，比如他们在飞行员的血液中检测出了麻醉剂和高浓度的氰化物。这些事情都很疯狂。他还提到斯皮罗·阿格纽将辞职，几个月后，他果真辞职了。我没有任何信息可以反驳他，那时候还没有互联网。所以，这在我的脑海里播下了一颗种子——比如，政府是腐败的，他们可能会在幕后做一些奇怪的事情。事情就是这样开始的。

然后我开始研究撒迦利亚·西琴提出的远古外星人理论。我翻阅了他所有的书，很有趣，就像娱乐一样。在那之后，我去看了大卫·艾克的第一本关于"9·11"的书、《爱丽丝漫游奇境记》和《世贸中心灾难》。这些都是远古外星人在幕后操纵世界政府的背景，所以，它们证实了我翻阅西琴理论所积累的所有收获。

那时我很兴奋，因为我是第一个知道这一点的人。这是新奇而深奥的信息，它让我变得更加自负。这让我突然成了一个有趣的人。我可以侃侃而谈远古外星人和"9·11"事件的联系。所以，我和其他人一样喜欢它的部分原因是娱乐。

史蒂夫的兴趣从水门事件顺利转移到远古外星人（外星人对早期人类的发展有重大影响的理论，比如建造金字塔），然后再转移到"9·11"事件。他很享受这种知识带给他的自我提升，以及那种独一无二的感觉。随后，他发现了另一个好处——结识了一群朋友。

我读过一些关于阴谋论者是多么孤独的研究。这就是我所见到的。他们中的一些人是完全被社会抛弃的，他们很古怪，你知道的，你见过他们。然后，突然，他们有了一个归宿。每个月的第一天都会有聚会，会来几位非常有魅力的女士，然后我们会一起喝啤酒，就这样成了一家人。从那以后，我再也没有那么多这样的朋友了。我们正朝着一个目标努力——试着改变世界。如果你拍了一段不错的视频，每个人都会为你鼓掌。你会站起来做一场简短的演讲，这将会是一种伟大的同志情谊。即使是示威游行也会令人兴奋，我们似乎是革命初期的历史人物，唤醒了这个可怕的政府。

这是令人兴奋的，这是家庭，很有趣，对于那些没有多少社交活动的人来说，这也满足了他们的需求。

有很多这样的人，他们因为自己的信仰，被家人和遵循传统的朋友疏远了，但他们在这里找到了新的家人和朋友。他们不认为这是一种邪教，而是一项旨在唤醒世界的政治运动，就像爱国者一样。你在做这件事的时候会很开心，因为内啡肽[1]在分泌。对我来说，也是这些年来我一直在阅读的文学作品结出的硕果。我现在算是个领袖人物。这是反对整个政府和统治我们世界的外星人的一件大事。这是一场有趣、无暴力的革命。

我们知道自己被社会抛弃了，我们做的事情几乎是非法的，所以这有点儿令人兴奋。在团队中，我们学习生存技巧。我们会去托潘加峡谷练习，就好像警察或军队在追捕我们似的，我们学习如何在森林里生存。我们甚至去寻找联邦应急管理局（FEMA）营地（据说是政府即将进行镇压的拘留营），他们发现了一些可疑的供水系统之类的东西。就好像我们要推翻政府一样，这真的很令人兴奋。

这群人的活动似乎模糊了一种有趣的幻想角色扮演和一种危险的由幻想驱动、近乎暴力的革命行为之间的界限。这听起来像是在树林里玩的无伤大雅的游戏，但蒂莫西·麦克维在俄克拉何马城杀害168人的前一年，就做过类似"寻找联邦应急管理局营地"的事情。

对于一个涉猎的阴谋论颇广，一直延伸到外星人统治世界阴谋论的人来说，居于中间层级的"化学凝结尾"阴谋论成了史蒂夫的分界线。

---

1 译者注：一种脑下垂体分泌的类吗啡生物化学合成物激素，等同于天然的镇痛剂。

"我们是改造者"群组非常重视"化学凝结尾"阴谋论。我做了一段采访视频，有一些凝结尾在天空中形成了一个"A"字形，他们指着它，说这显然是"化学凝结尾"，是政府的阴谋。我点头附和，但并不是百分之百地相信。对我来说，只需要查一下"凝结尾"这个词。网上说有的凝结尾很短，有的会持续存在并扩散开来，还交代了原因。我试图向"我们是改造者"群组解释这一点，但他们暂时把我赶出了小组。这就破坏了"9·11"事件的真相。我试着向他们解释"化学凝结尾"纯粹是胡扯，我觉得这是在帮助他们，但那些家伙完全沉迷于"化学凝结尾"阴谋论而无法自拔。

他们变得越来越紧张，因为他们认为自己是第一个揭露"化学凝结尾"的人，就在电影《他们到底在喷洒什么？》上映之前。所以，这就是我开始研究它的动力。而你的网站Contrail Science刚刚上线，为我提供了更多可以用来替自己辩解的信息。我差点儿跟一个人打起来，因为他把我当成最可怕的政府特工，原因是我不相信"化学凝结尾"。

这就是我离开那个群组的原因。

离开"我们是改造者"群组后，史蒂夫着手观察这个小组的演变情况。他仍然和小组里的许多人保持着朋友关系，并继续参加会议和示威活动，试图解释他对"化学凝结尾"的发现。但他在小组中观察到了一些令人不安的趋势，这些观察帮助他进一步走出了兔子洞。

这群人本来还算理智，还算聪明。但是，那些接手的家伙很奇怪。他们会深入研究其他阴谋论，比如桑迪·胡克事件（认为桑迪·胡克小学的枪击案是伪造的），这就像是用污垢填满了整个阴谋。他们会争吵，因为这是在分裂群组，然后就变成了权力的事情。我无法说服他们，我一露面，他们就恨不得跟我打起来。所以我决定离开。

离开群组后，史蒂夫决定深入了解"9·11"阴谋论。他带着真相寻求者认为最有力的证据深入研究了7号楼。

离开后，我鼓足勇气认真调查"9·11"事件。我去了911 Myths网站，网站上有一些错误，但是已经很好了。对我来说，真正重要的是7号楼。我切入正题。我想知道大楼倒塌的原因是什么。关于79号柱子的状况，喷水灭火装置里没有水，建筑物的一侧受损……7号楼南侧拍有视频和照片，你可以看到烟雾从窗户里冒出来，所有的窗户都震碎了。所有这些从未公开，也从未向真相寻求者展示过，他们甚至根本不知道这回事。看到这一点对我来说是个关键时刻。

我会把NIST的幻灯片打印出来，然后去"我们是改造者"群组演示，并试着向他们解释。起初，我很害怕，因为我要和我的朋友们作对。后来我受到了鼓舞，因为人们都聚集在我周围，因为他们没有看过。当时有四十到五十人参加了示威游行，但之后规模变得很小，只有少数几个人参加。所以，我确实发挥了作用。

后来，我几乎成了这群人眼中的恶棍。我去参加一个会议，其中一位领导人叫凯蒂，她是个演员，她在扩音器里尖声叫着"去搜索，去谷歌搜索7号楼"。我记得我当面回敬她："我搜索了，你搜索了吗？"后来她再也没有出来参加示威游行。

另一件事发生在洛杉矶"占领华尔街"运动期间。杰里米·罗斯准备拿"9·11"事件向范·琼斯开刀。于是，我说："杰里米，听着，你必须看清真相，并理解真相。世贸大楼是因为动力能倒塌的，建筑物的楼面，那是能量的来源。"我尽我所能地向他解释，他没有伏击那个家伙。我告诉他："你是个聪明的人，你应该用真实的东西为你的行动主义努力。"我再也没有在"9·11"示威活动中见过他。事实上，四位创始人再也没有参加其他的示威活动。他们放弃了。

史蒂夫差不多在十年前退出了这个运动。这些年来，他有足够的时间思考是什么让他掉进了兔子洞，是什么让他脱离了困境，以及如何帮助别人。

很大程度上是因为懒惰。你陷入其中，你以为你发现了新的东西，因为没有人反对，所以你越陷越深。这就是发生在我身上的事，对"9·11"事件没有任何反驳，它总是被解释为政府操纵媒体。你会不断地自我确认，然后越来越孤立。

真正重要的是要有勇气。当（这个群组的领导者）失去信誉时，你就会更有勇气挑战他们所说的话。"9·11"真相主义是对所谓权威的信仰。你以为"AE911真相"网站上的观点是全世界所有的建筑师和工程师都认同的，其实那只代表一小撮建筑师和工程师的观点，只有少数几个人具有相关知识背景。

我认为"9·11"事件阴谋论的真相是，他们有一些他们自认为很新奇的没有人知道的信息。如果你了解像我这样的人——一个曾经的真相寻求者，那么你就会知道，面对他们，我会说，我已经知道了他们想对我说的一切，我曾经做过，也曾经示范过。是这样的，米克，对于你，以及其他像你这样的揭发者，他们只是认为你们不知道他们知道什么。但是我已经去过那个兔子洞了，我知道那些信息。我曾在那里，我曾是一个示威者，我曾是一个士兵。我可以直截了当地告诉他们这是错误的，他们没有做批判性的分析，他们没有从两个方面看问题。

他们通常只是没有勇气去看问题的另一面。他们已经投入了太多，不管是和家人一起的时候，还是在感恩节谈话的时候。他们很难再去反对所有的朋友了。所以，走出去的问题在一定程度上就是尴尬，你需要有勇气克服这一点，真正去看这些信息。

你可以给人们提供有关他们信奉的阴谋论的信息，但他们不会接受。但你可以告诉他们一些明显是胡扯的事情，比如桑迪·胡克枪击案阴谋论。"化学凝结尾"阴谋论也不错，因为它非常直观，你每天都能看到。人们很快就被吸进去了，你可以给他们一些关于凝结尾如何形成的信息，他们看到后，会给他们一点儿勇气去质疑其他事情。

有些人是你绝对无法沟通的，因为他们太自负了，感恩节大餐吃得太多了。我曾经向一个家伙解释权利要求是如何反诉的，以及其中有一个伟大的批判性思维过程。我一直在给他看NIST的"9·11"幻灯片，那个时刻他突然意识到自己错了。这家伙开始尖叫。他脑子里一直在想，他必须回到家里，向家人解释自己的错误。他几乎精神崩溃了。

所以，给他们时间，让他们有勇气自己去调查。让他们安静地在房间里调查，上网，然后回到我身边。我总是挑战他们："我知道你现在不会相信我，但是只要你阅读NIST的报告，我们就可以对你认为它有什么问题进行理智的讨论。在你这么做之前，我们不可能真正建立起一种智力上的融洽关系。"我向他们提出挑战，不是要他们相信自己错了，而是要他们为下一次谈话更好地了解情况。通常，他们再也不会回来了。

虽然他偶尔仍然会回到洛杉矶参加当地的会议，但情况已大不相同。示威活动逐渐减少，大多数活动在互联网上进行。

洛杉矶唯一的群组每周六会在一家咖啡馆里聚会，他们将"9·11"真相寻求者和"化学凝结尾"的信徒聚在了一起。但是他们很奇怪，躲在一个黑漆漆的房间里。我去过那里，他们对我恨之入骨——我说的是那些相信"化学凝结尾"的人——所以我在那里有点儿紧张。他们只允许我提一个问题，然后就不理我了。他们会在一起谈论一个小时。

一旦你离开，一旦你不再是"9·11"阴谋论或"化学凝结尾"之类的群组的一员，你就会感到空虚。你会失去所有突然发展起来的朋友。有些人非常害羞内向，所以阴谋论群组就是他们的一切。如果他们离开了，那么他们的生活中仅有的几个朋友就会消失。这着实令人痛苦。

我为自己能够摆脱狂热的组织而感到自豪。我觉得我把整件事都从脑子里赶了出去。当你身处狂热的组织时，你认为自己不会被操控。你觉得自己很聪明，足以应付那种状况。但是这种狂热的信仰在你周围逐渐蔓延，直到你被它团团围住。自我意识是如何发挥作用的？这一点很神奇。任何人都可能落入陷阱。

我感谢你，感谢所有为Metabunk做出贡献的人。我不常发言，我浏览这个网站是为了获取最新的信息，以确保我掌握的信息是最新的，以防遇到需要它的人。

和史蒂夫谈论他的兔子洞之旅对我很有帮助。他的经历在某些方面非常典型，但历时那么久的经历能有如此完整的呈现确实非常罕见。他在YouTube时代之前通过书籍和视频被吸进了兔子洞，书籍和视频提供的深奥信息让他觉得自己很特别。随后，在这些信息的提示下，他找到了一个会因为他独一无二的知识而仰慕他的群组。

这些事件引发了一种渴望，那就是探究一个他相信的边缘话题，而这个边缘话题刚好超越了史蒂夫的分界线。他完全沉浸在"9·11"事件中，但后来他开始研究"化学凝结尾"，因为他所在群组的其他人都相信这个阴谋论。"化学凝结尾"被证明是假的，所以他的分界线改变了，变得更加稳固。他周围的人更深入地相信"化学凝结尾"和"9·11"阴谋论，但他在"化学凝结尾"阴谋论上与他们划清了界限。这让他远离了群组，并引发了他深入调查"9·11"事件的冲动。到那时，他走出兔子洞的自我引导之旅已经顺利进行，这得益于Contrail Science、911 Myths和Metabunk等揭发阴谋论的网站。

他不仅走出了困境，而且从那以后，他仅仅通过有效地与人们沟通，向他们展示有用的信息，向他们揭示他们的领导者和信息源的问题，并给予其时间，就帮助许多人走出了困境。

第二部分

第七章

化学凝结尾

图5：加州萨克拉门托附近的天空中，飞机留下的凝结尾纵横交错。"化学凝结尾"阴谋论者认为这是故意喷洒的证据

　　"化学凝结尾"阴谋论声称，一些飞机在高空留下的白色痕迹实际上是为了邪恶的目的而故意喷洒的。在关于这个话题的广泛讨论中（非信徒），这个阴谋论经常被描述为一种涉及喷洒某种控制精神的毒药的理论。这实际上是该阴谋论的边缘版本，许多人并不相信。大多数"化

学凝结尾"阴谋论者提供的最常见的解释是，这些痕迹属于控制天气或气候的某种阴谋。

更具体地说，该阴谋论最常见的版本声称，有一个改变气候的秘密项目，叫作"地球工程"。在这个版本的阴谋论中，飞机留下的持久的轨迹是某种阻挡太阳的物质，被设计用来冷却地球，以抵消全球变暖的影响。

这个阴谋论在某种程度上是建立在非常真实的科学基础上的。地球工程是一门有著名科学家研究的真正的学科。早在五十多年前，就有许多向空气中喷洒化学物质来冷却地球的建议。但这些建议始终停留在理论研究阶段。唯一有意义的实际操作是在电脑上进行的模拟实验——有点儿像高级天气预报。这是有道理的——改造气候以扭转全球变暖的影响不是一件轻而易举的事情，而是一件必须在全球范围内完成的工作，因为气候是一个全球系统，局部变化很快就会蔓延到整个地球。我们不知道它会有什么影响，也不知道一旦开始如何安全地停止。

假设我们试着去做了，却发现它大幅减少了中国的降雨量，导致农作物歉收、大面积饥荒、数百万人死亡，随后迅速引发了全球经济危机、战争等；另一方面，它可能会在印度和孟加拉国引发大规模的季风性洪水，造成类似的灾难性的不稳定的后果。

鉴于这些真实而重大的问题，很明显，没有人会秘密地实施地球工程项目。如果他们不知道结果会是什么，那么他们为什么要这样做呢？如果尚不清楚治疗手段会不会引起比疾病本身更糟糕的后果，那么他们为什么要这么做呢？

如果我们考虑到"化学凝结尾"阴谋论的历史多悠久，那么反对"秘密地球工程"阴谋论的论点就尤为有效。该阴谋论的第一个版本出现在1997年，当时的阴谋论者比较典型，他们反对全球化，担心出现

"新世界秩序"，认为存在一个涉及喷洒化学药品致人生病的人口减少计划。随着威廉·托马斯的著书立说，该阴谋论迅速演变成地球工程阴谋论。想想这个阴谋论的时代会对你的朋友造成什么影响——确切地说，如果连现在最优秀的地球工程科学家也不知道如何处理地球工程潜在的灾难性副作用，那么二十年前他们可能一直在喷洒什么？如果我们现在都不知道它的副作用是什么，那么二十年前怎么会有人认为这是个好主意呢？

除了揭穿所有的证据（我们将在本章的后面进行陈述），帮助你的朋友走出"化学凝结尾"的兔子洞的关键是向他们提供关于地球工程研究的真实状况的真实信息。虽然最好的是全面回顾科学文献，但这通常并不可行。关注地球工程现场实验的现状——这些实验实际上是在野外进行的，从飞机上喷洒一些东西，观察某种特定的地球工程技术能做些什么。

事实证明，这样的测试几乎为零（截至2018年撰写本文时）。2009年，俄罗斯科学家尤里·伊兹雷尔在距离地面约650英尺（约200米）的高空从一架直升机上喷射出一些烟雾，测试它遮挡了多少阳光。世界上最著名的地球工程研究人员戴维·基思称，这不过是一种宣传噱头，因为它并没有真正复制任何类似地球工程的东西。第二次（到目前为止的最后一次，也可以说是唯一的一次）实验是2011年由斯克里普斯海洋研究所进行的。在这次实验中，来自船只的烟雾和来自飞机的盐被故意喷洒在低空的云层上，观察它们会如何改变云层。

除了这两件事之外，关于野外实验的建议仍然很少。2013年，基思等人发表了一篇论文，讨论了各种可能的测试方案。2014年，有人提议使用系留气球进行喷洒。这项实验（SPICE实验）的计划已经开启，但由于各种各样的反对意见，至今还没有真正执行。

基思希望在2018年再次尝试进行各类实验，先前提出的系留气球实验有望实施。这应该会让研究人员了解系留气球是否是一种可行的方法。此外，各类化学物质（二氧化硫、氧化铝和碳酸钙）将由飞机从高空喷洒。每种化学物质的喷射量都不到一千克（约合两磅）。

迄今为止，不仅没有真正的实地实验，而且对于地球工程是否会起作用、使用哪种方法、会有什么副作用，以及如果我们这样做，然后不得不停止，将会发生什么……仍有相当多的讨论。2016年，美国地球物理学会在对地球工程研究现状的分析中列出了十二个尚待解决的不确定领域，并得出结论：

> 未来任何关于是否以及如何部署太阳能地球工程的明智决定，都需要在（有意或无意）干预气候的影响与不干预气候的影响之间取得平衡。虽然在过去十年中取得了巨大进展，但目前的知识水平仍然不足以支持对这种平衡的评估，即使对于平流层气溶胶地球工程（SAG）来说也是如此，SAG可以说是最容易理解的（实用的）地球工程方法。

> 很少有人会断言目前的知识状况足以支持部署决策。最终，任何部署了几十年的决定都必然要被权衡风险，要么选择部署，要么放弃部署……因此，研究的目的应该是解决与SAG相关的关键的不确定因素，例如这里列出的那些不确定因素，以便支持消息灵通的未来决策。到目前为止，地球工程研究一直以科学问题为主导，随着研究的深入，还需要解决重要的突出工程或设计问题。与其问"地球工程能做什么"，我们不如问："地球工程能做我们希望它做的事情吗？它有什么信心？"

如果你的朋友认为秘密地球工程是对"化学凝结尾"的一个明显的解释，那么你应该尽你所能地向他提供更多关于地球工程研究的实际状况的信息。解释一下这个领域的世界顶尖的科学家对地球工程的影响和有效性多么不确定；解释这个阴谋论是如何在1997年出现的，以及我们仍然没有时间做任何高空实地实验；解释最近的评估是如何将其作为"几十年后"我们可能要做的事情来讨论的。

除了要看这个阴谋论的不合理性和反对它的证据，我们还必须看它宣称的证据。就像所有成熟的阴谋论一样，"化学凝结尾"阴谋论也有各种各样的变体。这些变体都是基于一系列不同的证据和主张。与"9·11"事件一样，这些不同的信仰和主张都有一个核心，而且都有一个网站，90%的信徒经常引用的信息就来源于此。为"9·11"阴谋论提供虚假信息的网站叫作"AE911真相"网，由理查德·盖奇运营；为"化学凝结尾"阴谋论提供虚假信息的网站叫作Geoengineering Watch（地球工程观察），由戴恩·威灵顿负责。

虽然研究任何阴谋论的更为深奥的变体可能对你的朋友走出兔子洞非常重要，但在几乎所有情况下，他们的大部分信仰建立在相对简单的核心信念之上。对于"化学凝结尾"阴谋论来说尤其如此。要试着了解并帮助那些陷在"化学凝结尾"兔子洞深处的人，最有效的方法是直接处理那些核心的证据和主张。这些核心信念都是在核心网站——Geoengineering Watch上提出的。

这种证据的集中在揭穿谎言的"考虑信息源"方面是非常有用的。像盖奇和威灵顿这样的人之所以得到信任，是因为他们天性善良，看起来很专业。如果你能向你的朋友证明，核心推动者在某项主张上是错误的，就能让你的朋友被禁锢的心灵稍稍得到释放，并开始质疑其他的主张。这也给了你更多的余地去质疑这些主张。你可以直接问你的朋友：

"如果他们对 A 的看法是错的，那么他们对 B 的看法是不是也可能是错的？"请记住，这并不是要完全抹黑其他相关主张，而是要提出对这些主张进行重新核实的必要性。

我将简要列出"化学凝结尾"证据的核心主张，然后更详细地讨论每个主张，以及如何处理这个主题、如何处理对事实的常见拒绝和反对。这些主张大致是按照你的朋友提出的可能性来排序的。

凝结尾无法持久——到目前为止，该阴谋论最常见的误解是，因为凝结尾只是凝结物，所以它们应该总会很快蒸发（就像你在寒冷的天气里呼出的气体一样）。事实上，凝结尾是云的一种类型，它们具有云的一切特性，包括持久性。在几十年来关于云和天气的书籍中，也有大量的历史证据表明，凝结尾能持续存在（有时长达数小时），还有大量的老照片能证实这一点。

存在人工影响天气的情况——人工影响天气（又称人工降雨）是一种通过向云层喷洒物质来促进雨滴形成，从而增加降雨的技术。许多"化学凝结尾"阴谋论者根本没听说过人工降雨，所以，当他们第一次看到人工降雨的实例时，就认为这证明了"化学凝结尾"阴谋论。但是，人工降雨已经公开进行了六十年，它是在现有云层上用小型飞机完成的，而且不会留下任何痕迹。

显示喷洒了"化学凝结尾"的视频——这一点有时被描述为化学凝结尾的"无可辩驳的证据"。有几个视频显示，飞机留下了一种被称为"空气动力凝结尾"的凝结尾，这种凝结尾形成于机翼上方，而不是发动机的位置。这种类型的痕迹之所以被误认为是一种喷洒，似乎纯粹是因为对这类凝结尾缺乏了解。这里最好的方法是设法填补他们的知识空白。

"化学凝结尾"飞机内部的照片——这些要么是带有压舱物桶的预

制飞机的照片，要么是其他已知飞机内部装有坦克的照片，比如消防飞机。所有作为化学凝结尾证据的照片都被证明是另外一回事。

化学实验证明化学凝结尾——你的朋友会向你展示对空气、水或土壤进行的各种化学分析，他们说这些分析显示某些化学元素（通常是铝、钡，有时是锶）的含量超高。这些实验几乎都是对这些化学元素的天然含量（例如，加州的土壤中铝的平均含量为8%）有所误解的结果。它们也常常是样本收集技术差的结果，或者只是误读了结果中的单位（混淆了毫升和微升）。

现代喷气发动机无法留下凝结尾——大多数大型飞机使用的是高旁通喷气发动机。老式（低旁通）发动机的推力（推动飞机前进的力）主要来自从发动机后部排出的喷气废气。新型的高旁通发动机利用喷气发动机涡轮的动力来带动发动机前部的一台大型风扇，而更大一部分的推力来自风扇推动的空气。"化学凝结尾"阴谋论者认为，这说明飞机无法留下凝结尾。这里的问题是，凝结尾是由发动机的废气产生的，而不是由推力产生的。高旁通和低旁通发动机燃烧燃料的方式相同，所以它们都会留下凝结尾。传达这一点可能有点儿困难。

专利证明化学凝结尾——这个论点是，既然地球工程、人工影响天气和从飞机上喷洒物质的专利已经存在了，那么这就证明了有一个秘密的地球工程项目正在使用目前有效的化学凝结尾。他们会给你一长串专利号和名称。他们缺少的信息是，许多东西都已经获得了专利，却并不存在（例如，你最近一次看到太空电梯是什么时候？）。他们的专利名单上还有很多与地球工程甚至喷洒无关的专利。

照片显示的一架留下凝结尾的飞机和一架留下化学凝结尾的飞机——如果你观察飞机一段时间，你会经常注意到这种情况：一架飞机飞过，留下了一条很小的非持续性的凝结尾（甚至根本就没有凝结尾）；

而另一架飞机飞过，看起来飞行高度相同，却留下了一条很浓的持续性的凝结尾，并一直延伸开来。这里缺失的信息是大气在几千英尺（甚至几百英尺）的高空的变化有多大。凝结尾的持久性对微小的变化非常敏感，就像水在0摄氏度会结冰，在0.555摄氏度却不结冰一样。所以，飞行高度接近的飞机会留下不同的凝结尾。

美国政府、联合国、美国国家航空航天局、中情局已经承认了"它"的存在——这种承认有各种各样的原因，但这通常是对未来可能的地球工程研究的误解，或者是不相关的事情，比如人工影响天气或空间探测火箭（运载科研仪器的火箭）。

Geoengineering Watch 和其他网站还提供了其他证据。例如，有人声称紫外线水平高得令人目眩、轨迹的颜色不对，或者飞机以奇怪的模式飞行以改变大气，因此，HAARP可能会引发地震。这些说法已经在Metabunk等论坛上得到处理，你可以在谷歌上找到解释。但最好先把那些深奥的说法搁置一边。它们很大程度上依赖于不可靠的信息或主观评价，而这些信息或主观评价之所以可信，是因为你的朋友倾向于相信这个阴谋论的推动者。如果你能理解一些更基本的核心信念的解释，那么，处理那些更深奥的信念就会变得更直接，因为你已经消除了盲目相信的倾向。

凝结尾科学

要理解化学凝结尾背后的错误声明带来的一些问题，就有必要对凝结尾背后的科学有一个基本的了解。我会尽量深入浅出地解说，还会透露大量其他的资源可以找到的更多细节。

有一个简单的事实与绝大多数关于凝结尾（以及由此产生的"化学凝结尾"阴谋论）的困惑有关，那就是凝结尾是云的一种类型。几十年来，世界气象组织一直将凝结尾归类为云。与其他云一样，凝结尾现在也被纳入了云分类，有个非正式的名字叫作"卷云"（航空卷云），还有个正式的名字叫作航迹云（人造云）。凝结尾是人造云，就像有时在发电站上空发现的云一样（人为性中积云）。但它们仍然是云。

什么是云？人们通常只有一个大致的概念，认为云是"水蒸气"。水蒸气实际上是一种看不见的气体，而云是由数万亿微小的液态水滴组成的，像空气中极小的尘埃微粒一样悬浮着。如果云层的温度足够低（通常是在高空），那么它们就是由数万亿颗微小的冰晶构成的。

如果人们告诉你凝结尾应该很快就会消散，那么他们通常把它当成了"凝结物"。他们把它比作寒冷的冬日里你呼出的凝结物。他们说对了一半。喷气发动机运作时之所以会形成凝结尾，是因为热的喷气废气中含有水蒸气，就像你呼出的气体一样是温暖潮湿的。当这种呼出的湿热气体（或喷射的废气）进入较冷的空气时，低温会使水蒸气凝结。它凝结成云，在物理上与你可能在天空中看到的典型积云没有太大区别。

但你呼出的凝结物很快就消失了。这是因为，为了让云持续存在，空气需要足够潮湿。要使水滴云持续存在，它需要百分之百的相对湿度，例如在云或雾的区域内。为了让你呼出的气体形成持续的云，你必须置身云里。你呼出的气体只会一点一点地凝结。

那么，为什么凝结尾（有时）会在万里晴空中持续存在呢？如果凝结尾像你呼出的气体一样是冷凝云，那为什么它们不像你呼出的气体一样瞬间消失呢？那是因为凝结尾被冻住了。

发动机排气产生的凝结尾与你呼出的冷凝云完全一样，是由数十亿微小的水滴组成的云。但是，由于上层大气的温度非常低，水滴会结冰。一旦结冰，它们就无法蒸发。凝结尾就是喷气发动机喷出的气体被冻住后形成的。

如果湿度很低，云不会持续很长时间，即使是冰晶也会在很低的湿度下消失（这一过程被称为"升华"，指固体直接转化为气体）。冰云持续存在所需的湿度水平远低于水云所需的湿度水平。水云相对于水需要百分之百的相对湿度，而冰云只需要50%到70%的相对湿度（实际湿度会随温度降低）。

这就解释了为什么当天空中几乎没有云的时候，我们还会看到凝结尾。冰云（像卷云一样）需要更高的湿度才能形成，而不是持续存在。整个天空都适合云的存在，只需要一点点水分就能形成云。喷射废气中的水恰好提供了这样的契机，使湿度升高到足以让水蒸气凝结，并迅速冻结，然后形成冰云。这些冰云就是凝结尾，如果湿度足够高，它们就是持续性的凝结尾。

相对湿度和瞬间冻结的数万亿微小的水滴等概念可能会让人觉得相当陌生和难以理解。如果你需要一段时间去适应它们，也不要太担心。相反，如果你已经熟悉了这门科学，或者这一切对你来说都很简单，那么请记住，在你的朋友看来，几乎肯定不会是这种情况。切不可急于求成，给他们时间。这有助于向他们展示各种不同版本的解释（我们将在下一节进行讨论）。

另一个需要理解的关键概念是云以两种方式形成。最常见的是暖空气持续上升，直到它冷却到露点以下。你在天空中看到的大部分云都是这样形成的，如果你观察一段时间形成的云，通常会看到它们似乎在向上沸腾。

另一种不太常见的形式是"混合云"。混合云是两种不同温度和湿度的空气混合在一起时形成的，混合后的空气达到足够的温度和湿度后会形成云。废气凝结尾是混合云，它们是由潮湿的废气和外界空气混合而成的。在美国气象学会的术语表中，混合云的定义是："混合云的一个例子是凝结尾。"

最后也是最重要的是，存在两种类型的凝结尾。到目前为止所描述的废气与外界空气混合形成的凝结尾称为"废气凝结尾"，另一种则叫作"气动力凝结尾"。

我再怎么强调气动力凝结尾的知识对有效地揭穿"化学凝结尾"阴谋论很重要也不为过。有许多"化学凝结尾"阴谋论者认为自己提供的视频和照片都是"无可辩驳的证据"，但最终都被证明只是气动力凝结尾。就算你不清楚废气凝结尾背后的科学原理，还是需要了解这些气动力凝结尾的存在，以及它们与废气凝结尾的不同之处。

如果你曾经在潮湿的天气情况下随飞机降落，你就会看到一种气动力凝结尾。冷凝云会在机翼上方形成，因为机翼上方的气流压力会下降。如果湿度足够大，这种气压下降会引起冷凝。通常在降落时，机翼顶部形成的云几乎会在压力恢复正常时立即消散。有时你会看到来自机翼上方的长长的圆柱形流云——这些涡流是由旋转的空气形成的，它使气压保持在较低的水平，气动力凝结尾可以持续更长的时间。当空气停止旋转时，凝结尾就会消失，就像它在机翼上消失一样。因此，气动力凝结尾在地面是短暂的。

在高空，情况就完全不同了。如果气温足够低，机翼上方的气压下降会导致空气中的水蒸气从气体凝结成微小的液态水滴，然后凝固成微小的冰晶。这个过程固定空气中的气动力凝结尾（通过冻结），就像固定废气凝结尾一样。因为这些气动力凝结尾遵循不同的形成机制，所以所需的大气条件也不同——仍然需要湿度，但是，因为温度下降是由机翼上方的压力降低引起的，所以不需要太冷的空气。正因为如此，气动力凝结尾可以在比废气凝结尾低得多的高度形成。在美国大陆上空，通常从3万英尺左右的高度开始出现废气凝结尾，但气动力凝结尾可以在低至2万英尺的高空形成，或者在更寒冷的天气下形成。

气动力凝结尾

废气凝结尾

图6：有两种类型的凝结尾：气动力凝结尾和废气凝结尾。"化学凝结尾"阴谋论者似乎往往没有意识到气动力凝结尾的存在

　　不同类型的凝结尾在近距离看起来也完全不同。你可能在天空中见过很多凝结尾，但没有意识到它们并不是来自发动机。多看几次，你就能从远处分辨出它们的不同之处——气动力凝结尾通常看起来更平坦，更像缎带。真正的区别非常小。废气凝结尾直接形成在发动机后面的点，在发动机和尾迹之间有一个（大小不一的）间隙。每台发动机会留下一条凝结尾，所以你通常会看到两条或四条（偶尔也会看到一条或三条）完全不同的凝结尾最终合并。相比之下，持久的气动力凝结尾沿着整个机翼形成，因此开始时是单一的宽片。机翼的不同形状产生的压力效应略有不同，这可能会导致凝结尾形成多道条纹。这些条纹有时被"化学凝结尾"阴谋论者解释为喷雾器喷出的水花，其实它们只是整个机翼上凝结尾的变化。这些凝结尾形成薄层，凝结的水粒子有时会与太阳相互作用，产生奇异的彩虹色。这些颜色有时被"化学凝结尾"阴谋

论的信徒当作化学物质被喷洒的证据，其实它们只是来自大气层的纯净水。如果你不知道自己看到的是什么，就很容易产生误解。

凝结尾的持久性

阴谋论者的根本主张，也就是几乎所有信奉"化学凝结尾"阴谋论的人都有的基本信念，就是正常的凝结尾是无法持续的。事实上，凝结尾是一种云，所以它们具有云的一切特征，显然也会在空中停留很长一段时间。而"化学凝结尾"阴谋论者认为，凝结尾只是"凝结物"，所以应该很快就会蒸发。这种误解可以追溯到威廉·托马斯写于1999年的一篇文章：

> 经验丰富的飞行员、军事人员和其他合格的观察员注意到……正常的凝结尾形成后不到一分钟就消散了。

他没有提供这些合格的观察员的姓名。事实上，他说的完全是错的，但这种说法莫名其妙地站住了脚，一直持续到今天。

当你和你的朋友谈论他们信奉的"化学凝结尾"阴谋论时，第一件要做的事就是直接解决这个错误的主张。你可以先问他们怎么知道这个说法是真的——他们是怎么发现这个事实的，是在书中看到的吗？这个问题往往会导致一些循环思考——他们知道化学凝结尾会持续存在，因为他们看到空中的化学凝结尾会持续存在，而凝结尾会逐渐消失。这总是值得一试的，如果他们看起来愿意接受并想解释他们是如何知道的，那么这是一个很好的开始。你在解释某个错误的想法时，了解他们是从哪里得到的这个错误的想法，有利于你的后续行动。他们从同一个信息源还得到了什么想法？也许其中的一些想法并不像他们曾经认为的那么可靠。我们采用第一部分描述的"公开信息源"的方法来提供有用的信息，并开始在不可靠的信息源中播下怀疑的种子。

另一个可行的方法是讨论凝结尾持续性的科学。最理想的情况是，人们应该能够从上一节中提出相对简单的疑问（比如，凝结尾是云，但为什么不能像云一样持续很长时间？凝结尾的温度远低于冰点，为什么人们认为凝结尾会蒸发而不是冻结呢？），但是这种方法可能有些棘手。除非他们愿意学习一些新概念（比如冰过度饱和、冰同质成核），否则这种方法可能会导致混乱。如果他们无法理解这些概念，那就归结为你只要求他们信任你。钻研科学可能不是最好的开始——尤其是如果你自己没有坚定的把握。

一个有效的方法是告诉你的朋友，凝结尾历来都是存在的。还有很多方法也是有效的。你可以给他们看一些"二战"时期的老照片，可以看到凝结尾是能够持续存在并一直延伸的。由于"化学凝结尾"阴谋论可以追溯到1997年，我在Metabunk上创建了一个名为"1995年之前的持久性凝结尾档案"的帖子，其中包含了1995年之前的大约一千份图片和视频资料（可以追溯到20世纪30年代）。

这个帖子（始于2012年，至今仍在扩充）包含各种各样的图片。这些图片包括20世纪70—80年代的个人相册，这些相册已经被扫描并上传到了Flickr等网站。另一种说服你朋友的非常有效的证据是老电影和电视节目中持续存在的凝结尾的图像，如《终结者2：审判日》（1991）、《爱玛姑娘》（1963）和《斯巴达克斯》（1960）。你的朋友可能看过这些电影，当然也可以再看一遍。他们要么被迫承认老电影里真的出现了凝结尾，要么承认这些电影后来都被重新录制过，为的是把凝结尾添上去。

来自数百个不同来源的一千多张凝结尾的老照片应该足以使他们产生某种程度的动摇。最令人信服的证据是从这么多图片中筛选出来的一部分——关于云层的旧书中的持续性凝结尾的图像和描述。

我第一次写凝结尾（和"化学凝结尾"阴谋论）的文章时，就引用过 NASA.gov 的资料和当前的科学论文作为参考。问题在于，阴谋论者怀疑 2000 年后的所有事情都被掩盖了真相。于是我着手翻阅我在谷歌图书上扫描过的旧书。接着我被告知，因为这些旧书出现在网上了，所以它们很可能是伪造的，同样"被掩盖了真相"。

我采信了这种说法。于是我放弃网上的信息，购买了关于天气的物理书籍，几乎把所有描述云的书籍都收入囊中了。我发现，所有书里都有一个章节是关于云的，而且有许多书讲的全是云。这些书里有的提供了漂亮的图片集，有的讨论了天气物理学。几乎所有的书都有一个共同点，那就是都有持续性凝结尾的照片，通常还有对凝结尾种类的描述（持续性、非持续性、持续扩散性、废气凝结尾和气动力凝结尾）。这些讨论通常对人们发现的可疑因素提供了解释，比如凝结尾的缺口和彩虹色的凝结尾。

最后，我收集了三十多本关于天气和云的书。其中有很多可以在亚马逊、eBay 和 alibris 等网站上花几美元从二手书商那里买到。还有一些书是我在实体书店或图书馆里找到的。这些书至少有几十年的历史了，许多已经被更新的版本所取代，可能已经过时了。但我想用它们向人们展示真实的物证，就像他们今天所做的那样——凝结尾被记录了几十年。

事实证明是七十年。如果你看看网上公布的关于持续性凝结尾的书面记录的扫描结果，就会发现这已经有近一百年的时间了，这些记录可以追溯到20世纪20年代初。我设法搞到的最古老的纸质书是1943年出版的。这本书叫作《为飞行员解读云层》，书中第73页写道：

> 还有另一种形式的冰晶云。人造云是飞机造成的，有两种变体。一种是由废气经冷凝和冻结产生的，（发动机）喷出的废气会膨胀到很大的程度，形成一条云线，在空中漂浮一段时间，同时向外扩散，变得不那么稠密。

这段话还配了两张凝结尾的照片，其中一张照片的说明文字指出，凝结尾有一个缺口（"化学凝结尾"的信徒声称，"正常"的凝结尾是不可能有缺口的），并解释道：

> 这条云线的断裂部分可能是大气层的局部变化造成的。

所有这些内容都出自这本可爱的小书，它的第一版已经出版了76年，我只花了10美元就买到了。只要你亲眼看到它，你就会毫不犹豫地相信它是真品。它用破旧、褪色的蓝色布料装订，纸张因年代久远而微微泛黄，书页散发出墨迹和纸张发霉的气味。翻开这本书，我们得知它是A.C.道格拉斯在1943年写的。我们还了解到，1943年，气象学和云层形成领域的专家们都知道凝结尾可能会持续存在并扩散，并且它们可能会有缺口。

如果你的朋友疑心病很重，他可能会声称你的旧书是一本极为翔实的赝品。尽量多看不同的书还是有用的。我给我收藏的书制作了一段视频。我一开始就告诉"化学凝结尾"阴谋论的信徒，不要相信网上的某个人（就是我）。然后，我依次打开每本书，展示凝结尾的老照片，阅读一段描述凝结尾有时会持续存在并扩散的段落，并把整个过程拍摄下来。我从2002年的一本书开始，一直翻看到20世纪50年代的一本书（拍摄时我拥有的最古老的一本书）。整段视频时长不到四分钟。

这段视频已被证明是有史以来最有用的揭穿"化学凝结尾"阴谋论的工具之一。许多曾经在"化学凝结尾"兔子洞深处待过的人告诉我，正是这段视频让他们走上了逃离之路。考虑到绝大多数人的积极回应，我强烈建议你把它作为向你的朋友展示的第一件法宝。

一些最有声有色地推广"化学凝结尾"阴谋论的人与绝大多数碰巧相信"化学凝结尾"阴谋论的普通人之间存在着奇怪的脱节。大多数相信"化学凝结尾"的普通人认为，凝结尾不会持续存在。他们通常认为这跟他们第一次接触"化学凝结尾"的方式有关。他们要么注意到了一些持续的凝结尾，然后在寻找解释时偶然发现了"化学凝结尾"阴谋论；要么听说过"化学凝结尾"阴谋论（可能是从视频或广播谈话节目中得知的），然后在大约一天后注意到了持续存在的凝结尾。不管怎样，他们都不记得以前见过凝结尾。正因为如此，他们才接受了这样的观点：持续存在的凝结尾是新事物，正常的凝结尾应该不会持续存在。

"化学凝结尾"的推广者已经就此争论了很长时间，最终不得不考虑与他们的阴谋论相反的意见。因为持久性凝结尾的存在无可争辩，所以他们要么不得不将阴谋论进行修改，做出一些让步，认为凝结尾应该不会像人们观察到的那样经常持续存在；要么干脆嘴硬到底，将原本的阴谋论添油加醋一番，认为"化学凝结尾"的阴谋从20世纪20年代起就一直存在。因此，必然存在一个巨大的奥威尔式的阴谋，世界各地出版的所有书都只是在假装凝结尾是持续存在的。

Metabunk揭穿虚假信息的方法之一，就是证明那些阴谋论的鼓吹者和所谓的"专家"哪里出了错。我们不能总是用凝结尾的持久性来做这件事，因为大多数直言不讳的推广者已经放弃了这一点。如果你的朋友不完全相信凝结尾有时确实会持续存在，那么他们就会跟着推广者转移阵地，转而相信关于地球工程专利、化学测试、压舱物桶的照片以及高旁通喷气发动机的奇怪理论。

高旁通喷气发动机

"化学凝结尾"的推广者慢慢意识到，凝结尾确实可以持续存在，这造成了一种认知失调。毕竟，他们一直认为凝结尾会很快消失。后来，他们从旧书、照片和视频里真真切切地看到了几十年来凝结尾持续存在的记录和解释。他们信奉的阴谋论的基石就是凝结尾不是持续存在的，所以整个阴谋论都错了吗？

有些人可能在那个时候就意识到这个阴谋论实际上是错误的，于是他们逃离了兔子洞。但那些留下来的人经过惊人的双重思考，成功地将持续存在的凝结尾纳入了他们的阴谋论。他们认为，从历史上看，凝结尾的确持续存在过，旧书和照片都证明了这一点。但他们声称，到了现代社会，凝结尾是无法持续存在的，因为现在的喷气发动机已经发生了很大改变。不仅如此，他们甚至说，现代喷气发动机永远也无法产生凝结尾。

这是完全错误的，原因我们稍后再作探讨。现代的喷气发动机实际上会比老式喷气发动机制造更多的凝结尾。在我们深入了解原因之前，有一点非常重要，那就是要认识到这是一个非常严肃的说法，已经被Geoengineering Watch等网站推广了好多年。这种说法已经被证实是错的。这个事实非常有意义，可以促使你的朋友思考为什么他们会相信这些网站的说法。就像压舱物桶对威利有启示作用一样，聚焦于这样一个话题可能会起到关键性的作用。

最近（2015年）有一篇关于这个主题的文章，题为《高旁通涡扇喷气发动机、地球工程和凝结尾的谎言》，文章指出：

> 他们说，这种"凝结物"在空中停留几个小时或几天，不断扩大和扩散，直到整个地平线被完全遮住，这种情况是完全正常的……事实是，所有商用喷气式飞机和所有军用加油机都安装了一种喷气发动机，这种发动机在设计上几乎不能产生任何凝结尾，除非是在最极端的情况下，即使用高旁通涡扇发动机。

喷气发动机基本上是长管：空气在发动机（压缩机）前部被压缩；然后，压缩空气和喷气燃料在发动机中部（燃烧室）被点燃；副产品再通过发动机后部（涡轮），回收一部分燃烧气体的压力，为前部压缩机提供动力；最后，高温高压废气从后部射出，以提供推力。

这种简单的喷气发动机功率很大，但燃油效率不高，通常只用于战斗机。如今，大多数客机在发动机前部都装有一台加大的风扇。涡轮带动风扇将空气推进压缩机，同时也推动空气通过发动机以提供部分推力。这使得发动机更加省油。被推过发动机的空气叫作旁通空气。

风扇越大，旁通空气就越多，来自旁通空气的推力就越大。战斗机发动机在前部没有安装风扇，所以被称为零旁通。旧式发动机，比如波音707使用的发动机，是低旁通发动机。新型发动机，比如波音737或更新型的飞机使用的几乎都是高旁通发动机，因为它们更省油。

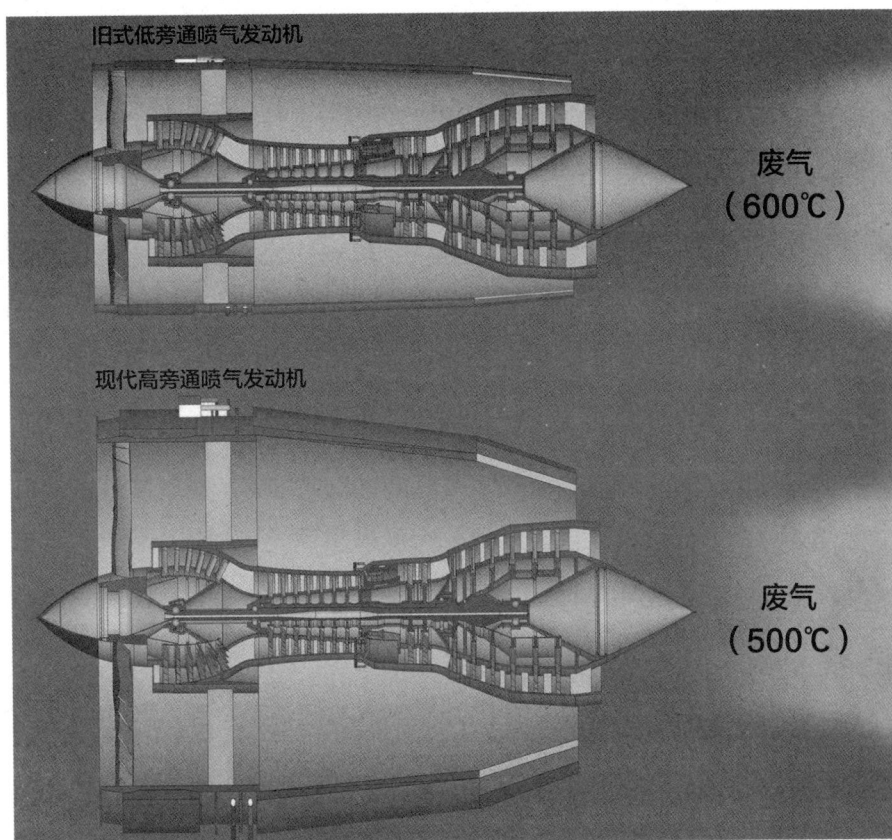

图7：旧式低旁通发动机和新型高旁通发动机使用相同的内核，两者都产生凝结尾。现代高旁通发动机排出的低温废气会产生更多的凝结尾

Geoengineering Watch网站的创建者戴恩·威灵顿2015年在YouTube上发布了一段视频，其中的一段叙述极好地概括了新型高旁通喷气发动机无法产生凝结尾的说法：

通过高旁通涡扇喷气发动机的空气有80%没有燃烧。这些发动机实质上是喷气动力风扇。通过高旁通喷气发动机的未燃烧空气量太高，不利于任何凝结物的形成。根据设计，高旁通涡扇喷气发动机是无法产生凝结尾的，除非是在最罕见和最极端的情况下。即使是在这种情况下，凝结尾也几乎是透明的，而且持续时间非常短。

威灵顿的说法是错误的，因为凝结尾不是由旁通空气产生的，所以有多少旁通空气根本无关紧要。如前所述，凝结尾是由燃烧室和涡轮排出的废气形成的。

喷气发动机需要一定的空气和燃料的混合物才能有效地燃烧。燃烧室中的这种混合物在高旁通和低旁通发动机中基本上是一样的。由于混合物是相同的，也就是说，两种发动机的废气成分也是相同的。

当废气与周围的空气混合时，就会形成废气凝结尾。不管这种混合是发生在旁通空气被风扇推过发动机的情况下，还是发生在飞机飞行过程中空气通过发动机的情况下，都没有多大关系。最终的结果是一致的：湿热的废气与冷空气混合，冷凝后冻结，形成凝结尾。

威灵顿和其他人似乎认为旁通空气以某种方式稀释了废气。他们忽略了一个事实，即稀释（混合）是最初产生凝结尾的原因。凝结尾是混合云，这就是它们的工作原理。

高旁通发动机和低旁通发动机之间不仅基本的废气凝结尾的形成没有变化，而且有另一个问题。利用废气来转动较大的风扇，可以从废气中获得一些能量，从而使其冷却下来。与外界空气混合时，较冷的废气到达冷凝点的速度更快，因此，实际上，高旁通发动机中较冷的废气比低旁通发动机中较热的废气更容易产生凝结尾。在这方面有大量的科学文献，可以追溯到几十年前。

关于这些虚假信息，有很多方面你都可以和你的朋友展开讨论。首先，它们声称的规模很大。事实上，如果新型喷气式飞机无法制造凝结尾，那就意味着全世界的每架商用飞机都是在这种秘密的喷射计划的指引下制造出来的。这就表示，你每次看到的凝结尾其实都是"化学凝结尾"。也就是说，世界上所有的飞行员都参与了这个阴谋，所有的地勤人员、所有的发动机制造商、联邦航空局、政府机构的每个工作人员、联邦调查局、中情局、克格勃以及世界上其他所有相应的组织都脱不了干系。

一个简单的事实是，威灵顿和其他所有追随他的"化学凝结尾"推广者不仅错了，而且完全颠倒了事实。高旁通喷气发动机形成的凝结尾更多，而不是更少。

让你的朋友接受这些信息可能非常困难。这取决于他们对科学的熟悉程度。多翻阅那些描述凝结尾形成原理的旧书还是大有好处的。试着和他们一起了解喷气发动机的工作原理，什么样的空气进来，什么样的空气出去。和朋友一起寻找云层形成的共同点；然后你可以继续挑战更高难度，努力说服他们相信凝结尾实际上只是云；等等。要阐明的关键点是，实际上，是废气和其他空气的混合形成了凝结尾，所以与旁通空气的混合仍然会形成凝结尾。稀释并不会降低任何可能性：稀释就是混合，而混合会产生凝结尾。

记住，这可能需要一段时间。给你的朋友时间去理解这些概念。切忌催促。这是一件需要多长时间就得花多长时间的事情——你最不想看到的就是他们不再听你说话。

当他们最终满怀希望地接受了这个事实，即高旁通发动机和低旁通发动机一样能够产生凝结尾时，你就有了底气。Geoengineering Watch（或最初推广化学凝结尾的任何网站）在几年前就犯了这样的错误，再加上虽然有大量证据表明他们错了，但他们并没有给出回应，这应该会让你的朋友开始质疑那些网站的其他说法。也许当推广者说他们有"无可辩驳的证据"证明化学凝结尾阴谋论时，你的朋友会记得推广者也说过高旁通喷气发动机是无可辩驳的证据，而它根本就不是。

"化学凝结尾"视频

Geoengineering Watch网站提出的一个更为常见的说法是，他们有"无可辩驳的证据"表明，飞机正在喷洒化学凝结尾。这个假定的证据以视频的形式出现，视频中显示飞机在喷洒。几乎无一例外的是，视频中的飞机留下的正是他们似乎并不知道的凝结尾类型——气动力凝结尾。这本质上就是一个巨大的误解。

这种误解可以追溯到2010年的一场恶作剧。当时，意大利"化学凝结尾"的推广者罗萨里奥·马西亚诺（网名Tanker Enemy，即"空中加油机克星"）在YouTube上发布了一段视频。视频显示，一架三引擎飞机（美国军方KC-10空中加油机）遭到了跟在后上方的另一架飞机的拍摄。可以看到凝结物从机翼上流下，阳光照射在机翼上，在飞机后面形成了彩虹状的彩色阵列。视频还配有各种注释，说明"飞机喷嘴"可能正在喷洒化学凝结尾。最有意思的要数摄像机记录下的当时的飞行员和飞行工程师的对话：

> 工程师：你看到那架飞机在喷洒化学凝结尾了吗？
>
> 飞行员：是的，我看到了。幸好我们在它上面。
>
> 工程师：是的！
>
> 飞行员：不然我们现在就死了。
>
> 工程师：我得把这段视频放到YouTube上。
>
> 飞行员：（大笑）你在拍摄吗？天哪，现在不要拍！

工程师：看上去好像是从机翼顶部喷射出来的。

飞行员：不要拍下证据！

我们现在知道，这不是"化学凝结尾"，原因有以下几个。第一，经识别，它就是气动力凝结尾。你可以清楚地看到，它不是从"喷嘴"里出来的，而是在机翼表面形成的，看起来是在稀薄的空气中形成的。向你的朋友解释时，最好同时向他们展示气动力凝结尾的相关信息。如图6所示，用谷歌图片搜索"气动力凝结尾"，你会发现许多图片上的飞机都留下了非常相似的凝结尾，包括彩虹色。在这些图片上，能够明显看到凝结尾出现在整个机翼表面，开始时是看不见的。也就是说，凝结尾只能是在空气中凝结的水珠。而化学物质会从机翼的特定点喷射出来，一开始就会形成厚厚的可见的痕迹。

我们可以判断这是一场骗局的第二个原因是飞行员和工程师之间的对话。任何一个说英语的人应该都知道他们只是在开玩笑。这个致命且非法的化学凝结尾喷洒项目的真正成员不仅开玩笑说"现在就死了"，还开玩笑说要把视频放到YouTube上，然后也真的这么做了——有这种想法实在太愚蠢了。

这两个原因足以说明这段视频不能充当证据。2011年，拍摄这段视频的工程师蒂姆（网名USAFEFKC10）公布了该视频的原始版本，让这个案例变得更加严密。蒂姆原封不动地上传了完整的视频，之后又上传了几张他拍摄的静态照片，这些照片证明当时他就在现场。他写道：

这段未经剪辑的原始视频引发了广泛的争议。视频内容是完全真实的，没有使用任何摄像技巧。我们只是拍了KC-10空中加油机的几张照片，你听到的音频是我们在打趣所有的"化学凝结尾"

阴谋论者。

　　我拍这段视频的时候就知道，这对所有阴谋论者来说都是一个诱饵。的确，凝结尾"出现"和"消散"的方式都很奇怪，但这很容易用物理学来解释。这和在山上形成的透镜状云或从打开的冰箱里冒出来的雾气没什么不同。所以，孩子们，别那么容易上当受骗了。世界上确实有不好的事情，但这件事不是！

　　这件事就这样结束了？当然不是。"空中加油机克星"继续用这段视频作为"无可辩驳的证据"，并附上一条注释："不要听骗子们再说这个文件是假的或类似的谎言了"。Geoengineering Watch 网站的戴恩·威灵顿也很快发现了这段视频，不知怎的，他忽略了这是个恶作剧的事实，开始发布更多类似气动力凝结尾的视频。2014年，他写道：

　　　　我们怎么知道我们的天空正在被喷洒化学凝结尾？因为我们有犯罪视频，显示飞机在高空喷射。这是关于这个问题的所有争论或辩论的合乎逻辑的结果。气候工程学不是推测，也不是阴谋论，它是被摄像机拍摄并证实的事实。那些否认自己亲眼所见的人根本不准备醒过来。犯罪现场的视频（当时是喷气式飞机向大气喷洒气溶胶）是无可争辩的。

　　与此同时，美国联合航空公司的一架客机留下气动力凝结尾的视频也出现在网上。气动力凝结尾与废气凝结尾相比对大气条件更为敏感，所以，当飞机在湿度不均匀的空域飞行时，往往会留下不完整的凝结尾。这种情况被"化学凝结尾"阴谋论的信徒描述为开/关喷洒。但是飞机本身没有变化，有变化的是飞机所经之处的空气。

当湿度高到足以将水蒸气冷凝成液滴时，不同湿度的区域就会形成云。根据形状和相对湿度的大小，有时我们会将这些云区视为单独的云，有时是成排的云，有时是不完整的云，有时是实心云层。因此，当湿度不足以形成自然云时，飞机飞行时只会在靠近云的地方留下凝结尾。你看到的就是类似斑块状的图形，但都在一条直线上。

我们看到的是一种正常现象（气动力凝结尾），阴谋论者要么无法理解它，要么干脆否认它的存在，反正就是极尽歪曲之能事。这种现象根本就不是"无法理性辩驳"的，而是完全可以合理解释的——几十年来，有关云的书一直在对这种现象进行描述和解释。至少你的朋友必须承认，这种解释，这种理性的争论，实际上是存在的——即使他们一开始并不认同这种解释是正确的。要让他们意识到这种解释是正确的（以及 Geoengineering Watch 网站简单粗暴的否认是极为无礼的做法），我们能做的就是带他们多看看气动力凝结尾。所有的书、网站、视频、照片、科学论文都是可以利用的资源。

气动力凝结尾与废气凝结尾一样，都是真实存在的，它们是一种云，不是化学凝结尾。它们不是被人故意从飞机上喷洒下来改变天气的。

但有时候确实出现了改变天气的情况。

人工影响天气

2017年8月24日，一架注册号为N5526P的小型Piper Comanche飞机从得克萨斯州的圣安吉洛机场起飞，向西飞行约80英里后抵达佩科斯地区，在那里遭遇了一股弱风暴锋。

飞行员沿着云层飞行，用电子打火器点燃了两枚小型照明弹。这些照明弹与公路巡逻队用来临时交通改道的照明弹并无太大区别。用大约一英寸厚、一英尺长的硬纸筒，几个照明弹被固定在每个机翼的支架上，用电线连接，这样就可以单独点火了。

飞行员又发射了两枚照明弹，然后飞向另一个小型天气系统，并再次发射了两枚照明弹，总共发射了六枚照明弹。第二天晚上，飓风"哈维"在得克萨斯州加尔维斯顿登陆，并缓慢地向内陆移动，给休斯敦地区带来了历史性的50英寸降雨，引发了同样具有历史意义的洪水。

这两个事件有什么关联吗？有一天，一些组织在得克萨斯州进行了奇怪的人工影响天气作业。结果第二天，得克萨斯州就迎来了有史以来最严重的降雨。这两件事情肯定有关联吗？

不，没有关联。得州幅员广阔，佩科斯距离休斯敦有五百多英里。照明弹被点燃时，飓风"哈维"还远在800英里之外，正从墨西哥湾温暖的水域积聚能量。在佩科斯点燃的六枚照明弹根本不可能对800英里外的天气系统产生明显的影响。目前尚不清楚照明弹是否真的在佩科斯做过什么。这就像在英国伦敦上空点燃六枚小型照明弹，然后让它们改变意大利罗马的天气。

然而，阴谋论者仍然认为这是可能的。他们在跨佩科斯人工影响天气协会（Trans-Pecos Weather Modification Association）的网站上找到了关于这件事的运营报告，并将其解读为对某些邪恶事件的揭露。阴谋论者将正在进行的人工影响天气的行为解释为他们一直在说的话得到了证实——这是飞机喷射的化学物质，里面的"化学凝结尾"可以改变天气。

人工降雨的真实过程和毫无根据的"化学凝结尾"阴谋论之间的混淆可以追溯到很久以前。不断有一群相信"化学凝结尾"阴谋论的人兴奋地证实，他们发现确实有飞机在喷洒化学物质并改变天气。阴谋似乎被证实了，揭穿者被拆台了，欣喜吧！

这里有两个问题。第一，从来没有人否认人工降雨的存在。这是自20世纪50年代以来非常公开的做法。主流媒体多次提及人工降雨。事实上，在20世纪60年代，人工降雨甚至作为一个有趣的话题在一段时间内广为流传。《范迪克摇滚音乐剧》还在1965年拍的一集《举手表决》中把它作为一个情节设置，在那一集中，儿子需要在学校的话剧中扮演一朵雨云。

> 儿子：我是一朵好云。一架飞机从我头顶飞过，给我播下种子。
> 女仆：给你播下种子？这到底是为什么？
> 儿子：让我给庄稼淋雨。

阴谋论者似乎忽略了一件事，那就是人工降雨和喷洒农药一样，都不是"化学凝结尾"。的确，人工降雨也是用飞机喷洒化学物质，但"化学凝结尾"阴谋论显然与一个秘密阴谋有关。这个阴谋说的是大型飞机在高空喷洒化学物质，通常会在湛蓝的天空中留下明显的凝结尾，这些凝结尾会持续存在并扩散开来，从而达到某种难以界定的邪恶目的。人工降雨不是秘密，它是指小型飞机在低空向现有的云层播撒化学催化剂，飞机不会留下明显的凝结尾。

这一点可能很难传达，因为人们不愿意放弃众所周知的说法——飞机确实在喷洒化学物质。这种讨论通常会演变成一种语义上的讨论，比如人们会揪着"人工影响天气"这一点，说："你看，化学凝结尾是真实存在的。"

尽量避免在语义上牵强附会，把关注点聚焦在知识缺口上。你的朋友可能只是听说过人工影响天气，所以你应该给他们介绍相关的背景知识。告诉他们人工降雨的历史，解释人工降雨从来就不是什么秘密，它指的是使用小型飞机在低空播撒化学催化剂，不会在空中留下痕迹。

有件事可能会让你的朋友认为他看到的凝结尾和天气有联系，确实如此。凝结尾是一种云，更确切地说，是一种叫作"卷云"的高冰云。天然卷云往往更柔顺，经常会形成卷曲和条纹。有时它们形成薄层，有时它们又零零碎碎。凝结尾持续几分钟以后，最终会变得像正常的卷云。早在1921年，发表在《美国航空服务通讯》上的一篇报道就提到过这个现象。

> 当飞机在上午11：50到达26000~27000英尺的高度时，在一个快速移动的黑点后面形成了一条长长的羽毛状的白色"飘带"。这种云是卷云的一种，边缘清晰，宽度显然是飞机宽度的10到15倍。云前端后面的天空是湛蓝色的，附近没有云……整条"飘带"可能有3英里长。20分钟后，"飘带"飘散开来，直到与其他可见的卷云完全融合在一起。

近一百年来，凝结尾基本上被认定为人造卷云。卷云的形成可以预测天气，它的存在往往是阴雨天气来临的预兆，这一点人们在更早以前就已知晓。卷云可以预测暖锋的到来，因为湿润暖锋的空气首先到达高空，形成卷云，然后在中空形成高云，最后在低空形成积雨云。凝结尾通常在卷云形成前出现，所以，如果在晴朗的蓝天上先看到了凝结尾，紧接着是自然形成的卷云，那么通常预示着很快就要下雨了。

这里的问题是错误的相关性。你的朋友看到了凝结尾（他认为这是化学凝结尾，因为它们不会消散），几个小时后，乌云密布，开始下雨。他甚至可能会自己注意到这种模式，就像人们在几百年前所做的那样，那时候还没有发明飞机。可能他在他住的地方已经好几个星期没有见过云了，可是，在一天之内，先是出现了这些凝结尾，接着是卷云，最后是雨。你能理解这看起来多可疑吧。

同样，对付这种情况最好的办法也是给他们看一些关于云的旧书。特别是给他们看一张暖锋向内移动的照片。让他们好好看看这张照片里出现的他们在空中看到过的东西：先是高卷云，接着是雨。就是这样。既然空气可以产生卷云，它也可以产生凝结尾。这就是它的全部。

人工降雨不会形成云，它会促使已经形成的云降水。简单地说，凝结尾就是在空中形成卷云的地方形成的云。

"化学凝结尾"飞机

还有一个逐渐发展成化学凝结尾常见证据的说法与压舱物桶有关，这个说法曾经让威利深信不疑：

> 对我来说，关于化学凝结尾，最确凿的证据就是压舱物桶。看到这个东西，我的想法是"哦，好吧，它证明了化学凝结尾的存在，哦，天哪"。我有些崩溃，因为这证实了"化学凝结尾阴谋论"是正确的。

由于新型飞机的测试方式，这种没完没了、稀奇古怪的谎言应运而生。所有飞机都有所谓的"飞行包线"[1]，指的是设置的一组极限条件

---

1 译者注：飞行包线是以飞行速度、高度和过载等作为界线的封闭几何图形，用来表示飞机的飞行范围和飞行限制条件。

（包括最小条件和最大条件），比如最小速度、最大速度和倾斜角度。但是，飞行包线还包括乘客和货物。要保证一架飞机在接近空载的情况下能够安全飞行，而且在满载燃料和乘客的情况下仍然能够安全飞行，这些配置都需要测试——确切地说，美国联邦航空局需要一整套这样的测试。现在，让400人假装乘客坐在一架测试飞机上是不现实的（也不安全），所以，航空公司想到了用桶装水来代替乘客重量的办法。波音公司解释说：

> 在1994年的飞行测试中，波音777原型机的客舱内装满了乍看像是铝制啤酒桶的东西。其实这些55加仑[1]的桶里装的都是水。前舱内的二十多个桶和后舱内类似数量的桶被来回抽吸，以模拟因为乘客移动而产生的重心偏移。

航空方面的书籍中有许多关于这些测试的类似的描述。事实上，在1969年波音747-100和20世纪50年代波音707首次试飞的视频中也可以看到这些描述。压舱物桶在航空工业领域是相当常见的东西——尽管对大多数人来说可能比较陌生。

当有人修改了摄影师威廉·阿普尔顿拍摄的一张照片时，这种陌生感就被利用了。摄于2005年的原始照片显示的是一架装有压舱物桶的飞机的内部结构。这是一架波音777-240/LR，是最新开发的777机型。你可以看到桶与桶之间有管道。有一件反光背心搭在座位上，墙上贴着一个小字体的标志，用黄黑色条纹胶带固定着。

修改过的版本基本没变，只是在那个标志周围的墙上添加了"喷雾

1　译者注：容积单位，分为美制加仑和英制加仑。美制1加仑约等于3.78升。

器05"和"内有危险品"等字样。2007年前后，这个修改过的版本被发布到了各个化学凝结尾组织。当原始照片被发现后，它很快就被揭穿了，同时这些桶的真实情况也被公之于众。2007年，我在Contrail Science网站上写过一篇关于它的文章。这张经过修改的照片就是一个异常持久的谎言。虽然有现成的相反的解释，但这张照片以及越来越多不同飞机上的压舱物桶的照片，还是继续作为化学凝结尾的"证据"被共享。

荒谬的是，正是谎言的持久性（在澄清的六年后，这张照片于2013年又出现在Geoengineering Watch网站上）使其成为一个伟大的揭穿谎言的工具。在这种情况下，你有确凿的证据证明，它实际上是测试飞机上的压舱物桶的照片（一个最近的例子是2017年唐纳德·特朗普参观这类飞机时，压舱物桶被拍到了）。我们还可以证明这个谎言是如何从这张假照片开始的。也许最重要的是，我们可以向所有人展示，Geoengineering Watch网站等仍然在用这种照片作为证据。

帮助人们走出兔子洞的一个重要法宝是向他们表明，他们信任的信息提供者并不像他们认为的那么可靠。你必须小心，不要表现得像是在说他们的坏话。如果我们有这样一个明确的实例，可以证明他们多年来犯了无可辩驳的错误，那么这会让你的朋友更加清楚地了解他们的信息源，并就其他话题提出更合理的问题。再回看威利的经历：

有一天，我在Above Top Secret上看到有人揭穿了压舱物桶的阴谋。就像"啊哈，找到了！"这样的时刻，也像是"等一分钟"的时刻。有人一直在关于这些压舱物桶的问题上撒谎，让整个化学凝结尾事件看起来像是真的。当那个人告诉我有关压舱物桶的信息时，我看了看，心想："天哪，那个想法是错误的。"

"化学凝结尾"实验

压舱物桶的谎言其实很容易向人们解释，因为这个想法相对容易理解，而且未经处理的照片相当清晰。另一个经常被认为"无可辩驳"的化学凝结尾的"证据"就不那么容易对付了，这就是土壤的化学分析。不是因为它是经验上更有力的证据，而是因为分析涉及化学。这是一门被许多人误解的学科，这种误解构成了化学凝结尾谎言中更为持久的部分。

基本的说法是，在空气、水和土壤的测试中发现某些化学物质（通常是铝、钡和锶）的含量很高。这种说法最早出现在2010年的前化学凝结尾阴谋论纪录片《他们到底在喷洒什么？》（通常简称为WITWATS）里，并逐渐流行起来。纪录片由迈克尔·墨菲编剧并主演，片中的测试主要是由 Geoengineering Watch 网站执行的。他们专门来到戴恩·威灵顿位于北加州的住所，对住所里的池塘（已铺过衬垫）进行了测试。测试结果在纪录片里显示为：

贝斯克实验室

关注： 戴恩·威灵顿

项目： 常规测试

描述： 池塘沉积物　**实验室编号：** 7050069-01　　　　**取样日期：** 2007年4月29日

基质： 软泥　　　　　　　　　　　　　　　　　**送检日期：** 2007年5月2日

金属含量

分析物	单位	结果	方法检出限	报告检出限	方法	分析日期	准备日期
铝	微克/升	375000	300	1000	EPA 6010B	2007年5月9日	2007年5月5日
钡	微克/升	3090	10	50	EPA 6010B		2007年5月5日
锶	微克/升	345	10	50	EPA 6010B		2007年5月5日

图8："洁净"的池塘中污泥样本的测试结果

贝斯克实验室是一个真实的实验室，这些测试结果是准确可信的。列出的测试方法（EPA 6010B）是测定样品中元素含量的精确方法。威灵顿住所池塘的检测结果显示，铝的含量为375000ppb[1]，还有少量钡和锶。在化学凝结尾（或"隐蔽地球工程"）论坛，375000这个数字几乎成了神话。甚至在2016年Geoengineering Watch对美国政府提起的一项诉讼中也提到了它：

> 在加州雷丁市附近的沙斯塔县进行的一项测试中，从一个铺了双层衬垫的池塘（完全防止与土壤接触）里采集的水，它的铝含量为375000ppb。池塘铺了双层衬垫，收集的是雨水，水里的铝不可能来自土壤，而是从天上掉下来的。

有些拐弯抹角的描述试图回避这些测试的一个基本问题：从根本上来说，铝是自然界非常常见的元素。我们不这样认为，我们认为铝是一种金属，汽水罐、食品容器或铝箔等都含有铝。在自然界，铝是岩石中很常见的成分。因为土壤中含有大量风化的岩石粉尘，所以铝是土壤中的常见成分。有多常见？在北加州，地表最上面几英寸的地方通常含有约7%的铝（从学术上讲叫作"硅酸铝"）。在加州，铝的含量从5%到15%不等。可以肯定的是，铝无处不在。

1　译者注：浓度单位，是用溶质质量占全部溶液质量的十亿分比来表示的浓度，也称十亿分比浓度，经常用于浓度非常小的场合。

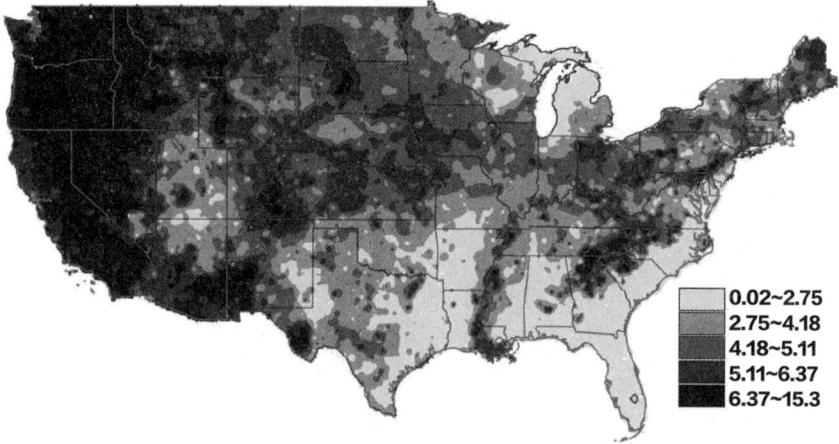

铝在地表最上面两英寸的重量百分比

0.02~2.75
2.75~4.18
4.18~5.11
5.11~6.37
6.37~15.3

图9：美国表层土中铝的分布情况。来自美国地质勘探局

美国疾病预防控制中心说：

> 应该注意的是，铝是一种非常丰富且分布广泛的元素，在大多数岩石、土壤、水、空气和食物中都可以找到它。你在吃食物、喝水和呼吸空气时都会接触到少量的铝。

因为铝是无处不在的，所以它会出现在空气、水和土壤中。在干净的水中，铝几乎一直存在，根本不可能把它清除出去。在天然的河流中，铝的浓度通常为100ppb，所以上面的检测报告中的375000看起来确实高得吓人。这又是怎么回事呢？

要解释这个问题，同时也要向你的朋友重点说明的是，那次检测的对象不是水，而是"软泥"，也就是池塘底部的沉淀物。基本上是一些被风吹过来的灰尘或土壤。在检测报告中，"软泥"这两个字就写在"基质"那一栏里。在纪录片WITWATS中，我们还可以看到池塘泥泞

130

的底部。池塘位于一条土路的U形弯道上,由于加州夏天不下雨,这条土路会扬起很多灰尘。

尘土中约含7%的铝(保守估计),也就是浓度为70000000ppb。混合入水的尘土并不多,浓度是能达到375000ppb的——特别是如果你考虑到当时Geoengineering Watch网站上发布的测试程序(现在网上还有,只是没有直接链接):

> 如果你正在检测一个池塘,那么唯一不同的是你如何采集样本。池塘底部是元素堆积的地方。把你的广口瓶倒过来,把瓶口伸进池塘底部或静止的水中……池塘的年代越久远,读数越高。把广口瓶翻过来,采集水和少量底部沉淀物。

这种检测水的方法是最糟糕的。采集的样品将不可避免地含有来自池塘底部的数量完全随机的污物,因此会携带数量随机(可能相当大)的铝。2013年,在辩论时,我试着向戴恩·威灵顿解释这一点:

> 米克:(关于)那些检测,问题基本上是污泥中含有尘土,而尘土中有7%是铝,所以检测出铝的含量很高。而这些检测结果却作为喷洒的证据出现在纪录片中。
>
> 戴恩:米克,从表面上看,如果那些检测,如果那些材料和任何形式的尘土有过接触,我就完全同意你的观点。但是,这个样本来自一个池塘,这个池塘铺的不是一层衬垫,而是两层,就是那种凡士通EPDM衬垫膜。从生物学来讲,这种衬垫膜对鱼是安全的。这个池塘里除了雨水和井水之外并没有其他水源。它几乎不接触灰尘、土壤和其他类型的东西,而且读数很高,因为它是在池塘底部

附近采集的，那里有一些鱼的排泄物等。但这是不可靠的，那种鱼污泥里可能也含有那么多的铝。但是，在那次检测中，水绝对没有跟土壤有任何接触。

奇怪的是，威灵顿似乎想说的是，一个在空气中暴露多年的池塘是洁净的。他可能意识到这么说不太靠谱，于是又接着说污泥是"鱼的排泄物等"。但是任何池塘的底部都会有污泥。这种类型的错误和陈述不实的检测已经重复了许多年，几年前就被澄清过，但在Geoengineering Watch的诉讼中又出现了它们的身影。其他类型的错误如下所示：

沙斯塔山海拔8000英尺处的纯白色积雪中，铝浓度为61100ppb，是雪下泥浆铝浓度的四倍多，是雪样中预计最高含量的数万倍。样品中还含有83ppb的钡和383ppb的锶。这些重金属进入降水系统的唯一途径是雾化云。

问题出在检测结果是基于6月中旬采集的样本。虽然6月的沙斯塔山顶上仍有雪，但那是覆盖着泥土的旧雪。在Flickr网站搜索当天在沙斯塔山上拍摄的照片，你会发现照片中正是这样的场景——大量融化的积雪覆盖着棕红色的泥土，自然富含铝。

把最初的检测报告给相信化学凝结尾的朋友看看，再给他们出示显示土壤中铝含量的图表。让他们好好看看检测报告中的"污泥"二字，以及池塘浑水图、池塘在土路上的位置图，还有积雪中的污垢图。他们应该能看懂，这些只是铝在泥土中的正常变化。再告诉他们，化学凝结尾的主要推广者仍在拿这些污泥和脏雪当证据，然后问问他们是否真的应该把这些人奉为这方面的权威。

"化学凝结尾"的专利

关于化学凝结尾（或秘密地球工程）的另一个非常普遍的说法是，化学凝结尾是有专利的。论据很简单：真实的东西才有专利，而化学凝结尾有专利，所以它就是真实存在的。

这种说法有三个主要问题，你可以向你的朋友解释。第一个问题很简单，但大多数人都没有想到——如果这是一个秘密的政府项目，那为什么要申请专利，为什么要公开它的记录？为一个你打算几十年都不承认其存在的项目申请技术专利的实际利益是什么？保守秘密不是更好的策略吗？

第二个问题是，列出的大部分专利甚至都不是与飞机上秘密喷洒改变气候的气溶胶有关的技术。早在2012年，Geoengineering Watch网站就列出了一份最全的专利名单，上面写着：

> 任何怀疑地球工程或人工影响天气现象不存在的人，请花一分钟时间通读一份美国在这类项目中使用的设备和工艺方面的专利清单。证据显而易见。

随后，他们又提交了一份大容量的专利清单。问题是，其中大部分是完全没有争议的技术，比如空中文字或人工降雨。这些与"化学凝结尾"略微相干。还有很多看起来是随机的，可能是因为它们包含了一个关键词，比如"气溶胶"或"喷雾"。以下是一些被列为"证据"的真实专利：

1631753-电热水器

2097581 - 用于实验室设备消毒的蒸汽发生器

2591988 - 一种制造白色颜料的方法

3174150 - 自聚焦天线

3300721 - 宇宙飞船上的无线电收发设备

3564253 - 反射太阳光到地球上的巨型太空镜

3899144 - 留下粉末痕迹以供观察的被拖曳的空中目标

3940060 - 一种用于在云层中打孔的地面烟圈发生器

3992628 - 临时激光防护罩

4347284 - 隐藏坦克的雪地伪装毯

4415265 - 用来分析化学物质的分光仪

5056357 - 一种液体超声波测量装置

5327222 - 流速传感器

5631414 - 一种测量海洋辐射的装置

6110590 - 一种制作丝绸的方法

5486900 - 一种复印机剩余碳粉量测量装置

　　我们可能会原谅列表的编纂者一开始过于热心，但在人们指出错误至少五年后，这个列表依然存在，这就证明了编纂者根本就不愿意更正错误。特别是最后一个——复印机剩余碳粉量测量装置，我已经试着向"化学凝结尾"阴谋论者提过好多次了。我在 Metabunk 论坛上写了一篇详细的解释，每当那张列表出现时我都会分享这篇文章。我甚至在 Geoengineering Watch 网站上发过一条评论，但很快就被删除了。

　　这种对事实的抗拒有点儿令人沮丧，因为这意味着这个列表会年复一年地出现。但它也可以为我们所用。你和朋友一起浏览这个列表时，不妨问问他，为什么 Geoengineering Watch 网站在这个列表被证明有误后一直都不做更正。

如果我们抛开所有毫无意义的专利——空中文字的专利，以及普通人工降雨的专利——那么实际上还有少数专利是真正为了地球工程（气候变化）而存在的。这就引出了"化学凝结尾"推广者关于专利的最后一个论点：这些专利的存在意味着地球工程是"真实的"。

首先，从"人们研究的主题"这个意义上来说，它们是真实的。这个论点毫无道理，因为没有人否认人们一直在思考地球工程，甚至在研究可行的方法。被否认的是人们今天确实在这么做的说法。这是专利被认为使化学凝结尾成为"真实"现象的第二种方式，也是他们争论的核心问题：如果没有被使用，为什么要申请专利？

这表明人们对专利制度存在根本性的误解，其中遗漏了三个关键事实：

1.专利技术不需要工作即可取得专利权。
2.即使这项技术在理论上可行，它也不一定存在。
3.专利申请通常是投机性的。

在1790年至1880年间的美国，如果你要申请专利，需要提供一个微型模型来解释你的发明是如何运作的。美国法律从来没有规定，一项发明必须符合可操作性和功能性的明确标准才能获得专利。现行的专利法只要求该发明具有一定的实用性，能提供一个新概念，可以不用很明确，但要描述得足够清晰，以便有人根据专利实施发明。

许多专利在技术上符合这些描述，但基本上都太不着边际，要么是歪点子，要么根本就行不通。

其中一个比较有名的专利是US3216423（利用离心力促进分娩的装

置）——说白了，就是一张圆形的桌子，孕妇被绑在上面。桌子不停地旋转，直到旋转的力量将婴儿弹出，随后婴儿被挂在孕妇两腿中间的网兜住。

1965年11月9日   3216423

乔治·B.布隆斯基等
利用离心力促进分娩的装置

存档时间：1963年1月15日   共4页－第1页

Fig. 1.

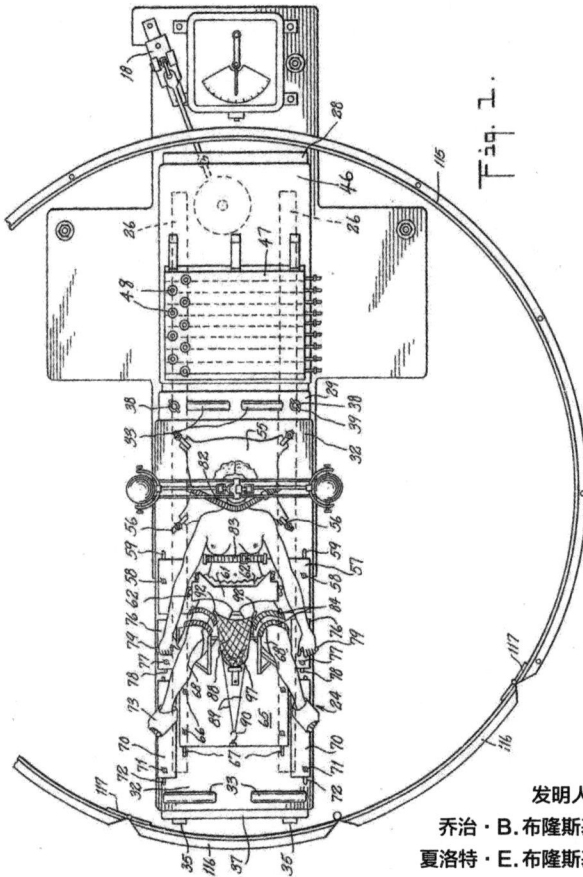

发明人：
乔治·B.布隆斯基
夏洛特·E.布隆斯基

图10：分娩装置专利

这个想法在1963年获得了专利，但是没有证据表明它曾经被制造过。虽然在大多数人看来这似乎很荒谬，但申请专利的似乎是那些认为它可能行得通的人。

一个更加不可思议的专利是US6960975（由膨胀真空状态的压力推动的太空飞行器），它描述了一种通过弯曲时空结构来获得推动力的飞碟。这个想法不是基于任何现有的技术，而是来自对各种理论物理论文中的想法的非常不严谨的推断，基本上不比《星际迷航》里对曲速引擎的描述好多少。类似的专利还有很多，比如反重力驱动和"全身传送系统"——一种脉冲引力波虫洞发生器系统，它可以通过超空间将人从一个地方传送到另一个地方。

这些发明被证明有效了吗？显然没有，没有全身传送装置，没有曲速引擎飞碟，也没有旋转的婴儿提取器。某样东西获得专利，并不表示它是一个好主意，或者它有实用性，或者它的基本原理是正确的，只能表示人们在有了构想后以专利局接受的方式把它写了下来。

虽然上述专利明显是荒谬的，或者至少是非常不切实际的，有些专利却看上去合情合理。然而，我们仍然知道它们并不具有实用性，因为它们指的是还不存在的情况。

最明显的例子就是载人太空旅行。星际飞船和人类在其他星球上的栖息地都有许多专利，但没有人把这些专利当作人类居住在月球或飞往火星的证据。以下是月球房屋的示意图（于1992年获得专利），看起来相当实用（见图11）。

太空电梯也有几项专利——一种雄心勃勃的令人惊叹的方法，通过建造一部直达卫星的升降机，将物体送入轨道。像地球工程一样，这并不是一个新的构想——太空电梯这个概念是康斯坦丁·齐奥尔科夫斯基在1895年首创的。关于全球太阳能地球工程的想法可以追溯到大约同一时期，司万特·阿伦尼乌斯（在1905年）提出了控制大气中温室气体的水平，以创造最佳气候的想法。

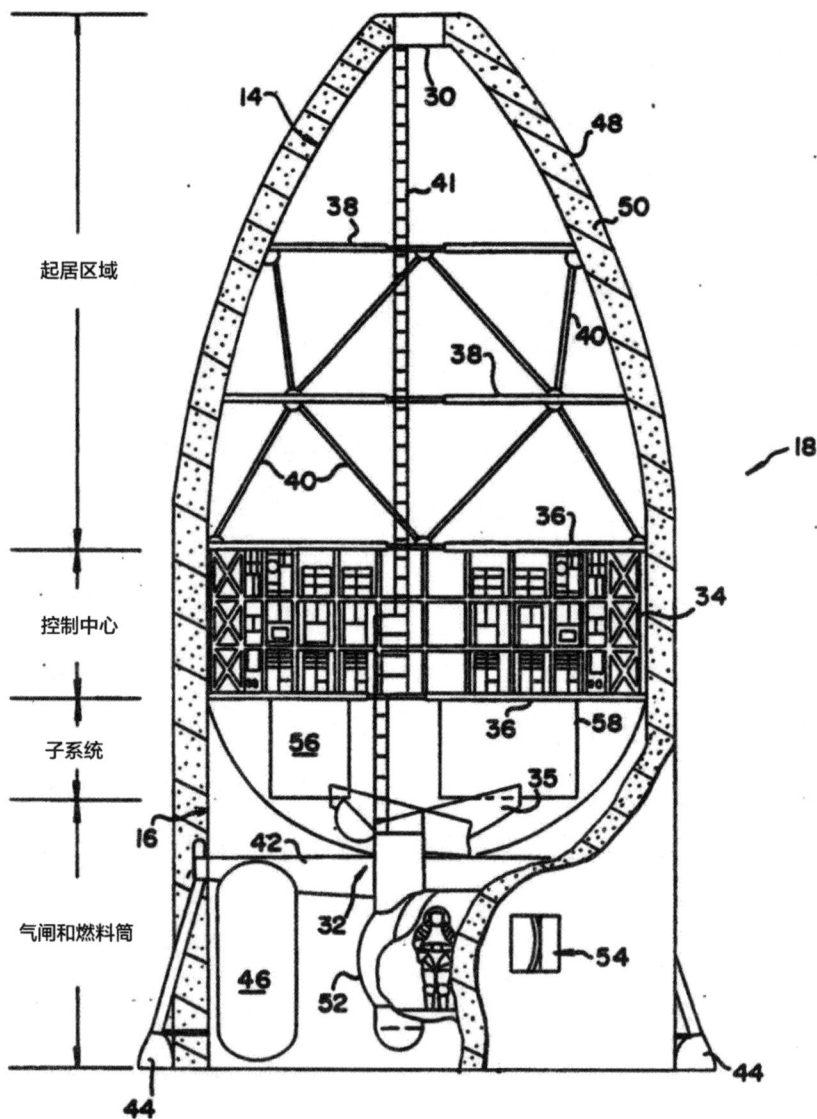

图11：月球房屋的专利

上述发明同样没有被证明在现实世界的可行性，但它们似乎比前面的例子更合理，并且它们解决了人们在未来几十年里一直在认真探讨的事情。像地球工程专利一样，它们肯定可以被用来证明人们正在考虑将来做的事（人类目前已经在着手研究太空电梯），但是它们不能被用来证明现在正在做的事。

专利申请不仅要求相当模糊，而且有些主观。大多数观察家认为，现行专利制度多年来实际上已经被打破了。专利被授予那些最微不足道的"发明"，数亿美元的资金经常用在小孩才可能有的想法上，比如点击一次就能买到东西，或者让用户通过点击来拨打电话号码。

人们认识到申请专利可以捞不少钱。有些人申请专利并不是因为他们自己打算开发这项技术，而是因为他们认为将来可能会有其他人开发这项技术。到那时，他们可以通过授权专利来索取数百万美元。在美国，申请专利只需几百美元（临时申请只需65美元）。

这就是所谓的"专利钓饵"，它不仅仅是懒人干的事。专利制度的缺陷迫使公司为他们能想到的每件事都申请专利，这样他们就能拥有一系列专利，可以与其他公司进行反诉（或交易）——2009—2017年的智能手机专利战就是一个很好的例子。

这些大公司每年申请数千项专利。2012年，IBM每天申请18项专利，其中许多是为公司员工的想法而申请的"以防万一"的专利。这是对他们未来可能开发的技术的推测，不一定是他们现在正在开发的技术，也几乎可以肯定，不是他们实际上已经开发完成的技术。

即使专利申请成功，并且有人有意向进行使用，绝大多数专利（95%）也从未被使用过。就像《连线》杂志描述的：

> 不言而喻的现实是，美国专利制度面临着一个更大的问题：这

个市场被高昂的交易成本和法律风险限制得如此之紧，以至于将绝大多数中小企业排除在外，并阻止了95%的专利发明被用于创造新产品、服务、新的就业机会和新的经济增长。

是的，有地球工程专利，还有月球上的房屋和火星宇宙飞船的专利，但这并不表明地球工程目前正在进行，就像不表明火星上有人类一样。

所有专利都是源于申请该专利的人或公司认为他们将来可以从专利中获利，或者他们应该将该专利添加到他们的专利组合里，以防他们将来想要开发这项技术，或者用这项专利来做交易。

即使你的朋友对以上事实不屑一顾，即使他们继续坚持认为专利是某个阴谋论存在的证据，你仍然应该坚决反对整个"专利作为证据"理论——如果你想秘密从事某件事，那为什么要让私人公司获得那件事的证据的专利权呢？

底线在这里——为某个东西申请专利并不意味着它就存在，也不意味着它能行得通。

有的有，有的没有

一旦你向朋友解释了凝结尾实际上可以持续存在，并且现代飞机比旧飞机更有能力制造凝结尾，这个阴谋论就会出现一个更加微妙的版本。现在的观点是，飞机产生凝结尾的时机不对。

这个观点有两个版本。在第一个版本中，你会看到（或被告知）有两架飞机同时出现在天空的同一区域。其中一架飞机留下了一条又长又厚的持久性凝结尾。另一架飞机没有留下凝结尾，或者只留下了一小段很快消散的凝结尾。

这个疑惑很容易解答，那就是一架飞机比另一架飞得高。当两架飞机的飞行高度都超过3万英尺，并且飞机的类型不同时，根本无法判断这两架飞机的相对高度。

为了证明这一点，可以使用航班跟踪应用程序，如FlightRadar24。使用该应用程序可以查找飞机的飞行高度，并能看出看似在同一高度的飞机实际上处于不同的高度，通常距离超过1000英尺。

接着需要注意的是，凝结尾只在足够冷和足够潮湿的高空形成。如果一架飞机处在那个高度（并留下了凝结尾），而另一架飞机刚好在那个高度之上或之下，那么它可能就不会留下凝结尾。

这个观点的第二个版本是试图确定某架飞机所处区域的天气状况，并指出湿度太低，凝结尾无法持续。这个方法应该会有效，但通常使用的测量方法可能是最不准确的——来自气象探测气球的数据。

气象探测气球指的是系着一组仪器（温度计和湿度传感器）的气球。气球被释放后，在大气层上升。气球爬升时，会通过无线电传回这些仪器上的读数，直到气球最终爆裂并落回地面。这些气球准确地提供了大气层的垂直部分的简要情况。遗憾的是，气球一天只能放飞两次，而且放飞的地点相距200至400英里。在几百英尺的高空，大气条件可以在短短几分钟内迅速变化。所以，这些简要情况对于在天空中任何一个特定点调查大气条件来说通常都是无用的。使问题更加复杂的是，一旦高空出现凝结尾，在这个温度条件下，气象探测气球上的某些类型的湿度传感器就会停止工作。

一些更准确的大气湿度数据来自各种天气预报模型，它们将气象探测气球数据与地面站、飞机和NOAA卫星不断更新的细粒度数据结合起来。这就产生了一个分辨率高得多的图表，显示在任何特定时间、任何地点和高度的湿度。在这些图表中，在适当的高湿度（60%以上）的情况下，凝结尾的出现总是与这些图表上的数据一致。有多个独立的渠道发布这些天气信息。把这些信息拿给你的朋友看，让他们对照自己的观察结果，检查当地的湿度，并将其与"化学凝结尾"推广者仅使用气象探测气球测量的结果进行对比。

政府许可

人们声称政府以两种方式"承认"了化学凝结尾或秘密地球工程。首先指的是人工影响天气（前面讨论过）。在这种情况下，你只需要向朋友解释什么是真正的人工影响天气：人工降雨或降雪，这已经公开进行了六十多年。

第二种方式是指政府或学术界人士讨论了未来可能的地球工程，他们却声称这是对当前地球工程的"承认"。这里有一个例子。

> 长期以来，化学凝结尾一直被视为"又一个古怪的阴谋论"，但当中情局前局长（约翰·布伦南）承认政府正在天空喷洒化学物质时，你还有什么借口呢？……事实上，虽然政府向天空喷洒化学物质的秘密计划通常被认为是一个阴谋，但政府现在似乎公开从事着本质上相同的活动。

最好的方法是先让你的朋友好好看看布伦南所说的全部内容，再让他们对照地球工程研究的实际现状（前面讨论过）。布伦南的原话是这样的：

另一个例子是一系列技术——通常统称为地球工程——它们可能有助于扭转全球气候变化的变暖效应。其中一个引起我关注的技术是平流层气溶胶喷射（SAI），这是一种向平流层播撒颗粒的方法，这种颗粒可以帮助反射太阳的热量，就像火山爆发一样……

　　虽然很有希望，但推进SAI将会给我们的政府和国际社会带来许多挑战。在技术方面，温室气体减排仍需伴随SAI解决其他气候变化影响，例如海洋酸化，因为SAI本身无法从大气中消除温室气体。

　　请注意布伦南使用的是将来时态：推进、"将会"带来挑战，SAI"可能"有助于扭转全球气候变化的变暖效应。它同时具有推测性和不确定性——这种描述反映了地球工程研究的现状，并解释了为什么还没有人真正实施。政府没有承认化学凝结尾或地球工程。他们只是承认了一件没有人否认过的事情——地球工程是我们将来可能会考虑做的事情。

　　化学凝结尾被形容为一个门户阴谋论——人们很容易陷进去，因为只要抬头看看天空就能看到"证据"。关于这个话题，有大量诱人且看似权威的视频，还有一长串不同的主张。但它也可以是走出兔子洞的一扇大门。正如我们在本章所看到的，所有的主张都得到了深入的探讨。如果有人以诚实和公正的态度看待证据，那么他们就不太可能继续相信。难就难在你该怎么做才能让他们愿意去看上一眼。在下一章，我们将认识斯蒂芬妮，她很长一段时间都拒绝看相反的证据，直到一个朋友帮助了她。

"化学凝结尾"的摘要和资料

传达给你朋友的要点

· 凝结尾可以持续并扩散，自20世纪20年代以来一直如此。

· 现在的空中交通比三十年前复杂得多。

· 现代喷气发动机产生的凝结尾更多，而不是更少。

· 来自机翼的凝结尾是气动力凝结尾。

· 自20世纪50年代以来，人工影响天气一直是公开进行的，而且不会留下凝结尾。

· 飞机上的桶是原型商用飞机进行测试时需要用到的压舱物桶。

· 铝无处不在，与空气、土壤和水有关的所有测试中都能检测出铝。

· 地球工程确实令人担忧，但我们还没有进入测试阶段。

· 有专利并不意味着某些东西是有效用的，你为什么要为一个绝密计划申请专利呢？

· 不同的飞机在不同的高度会留下不同长度的凝结尾。

· 政府没有承认秘密的地球工程项目。

其他资源

· Contrail Science 网站——contrailscience.com

· Metabunk 网站的化学凝结尾论坛——metabunk.org/Chemtrails.f9/

· Atmospheric Optics 网站——解释人们可以在天空看到的许多东西，比如有时与"化学凝结尾"有关的光晕和幻日。atoptics.co.uk

· 美国国家航空航天局（NASA）的 Worldview 网站——卫星云图可以让你看到全球范围内的凝结尾和天气。Worldview.earthdata.nasa.gov

· FlightRadar24应用——帮助你识别飞机留下的凝结尾，让你知道那些飞机大多是普通的商用喷气式飞机。Flightradar24.com

· 地球风图——让你看到高空风和湿度模式的复杂性。earth.nullschool.net

第八章

斯蒂芬妮——曾经的"化学凝结尾"阴谋论者

斯蒂芬妮·维希耶曾经是"化学凝结尾"阴谋论的忠实信徒。多年来，她一直深陷在阴谋论的泥潭里，最终在一位朋友的帮助下走出了兔子洞。斯蒂芬妮现在运行着德国网站 Die Lockere Schraube（意思是"螺丝松了"），利用自己的亲身经历帮助别人。她的故事对怀疑论者和那些有朋友被困在兔子洞里的人来说，是一种肯定和鼓舞。

我问她，是什么让她对"化学凝结尾"阴谋论感兴趣的？不出所料，也是从视频开始的。

2011年，我在Alpenparlament.tv网站（德国新时代另类媒体网站）上观看了一段采访布里吉塔·祖贝尔的视频，正是这段视频让我接触了"化学凝结尾"。布里吉塔·祖贝尔谈到了化学凝结尾，它比"正常"的凝结尾持续的时间要长得多。"凝结尾几秒后就会消散。"祖贝尔说。看完采访后，我向窗外望去，看到了几秒后也没有消散的凝结尾。它们在空中停留了几分钟。当时我对气象学了解得不多，所以我想她可能说得对，这些凝结尾一定有问题。

在观看了一段有关凝结尾的视频后再去观察天空，结果看到了持续的凝结尾，这种情况很常见。人们平时不太注意天空，除了看看是否可能下雨或者是否阳光灿烂之外。持续的凝结尾一直都在空中，但人们不会留意到它们，直到它们被指出来。如果他们相信那个告诉他们凝结尾不应该持续存在的消息源，那么他们就会相信他们看到的情况是不正常的。虽然事实上，即使是在阴谋论的说辞里，持续的凝结尾也是从20世纪90年代以来就一直存在，但他们从未关注过，直到看了一段关于凝结尾的视频。

斯蒂芬妮很容易相信祖贝尔的话。

当时，我倾向于阴谋论。例如，我相信外星人的存在，相信他们曾经来过地球，并且以后还会再来。此外，我还相信宇宙飞船和死去的外星人都被关在51区，政府对我们撒了谎。我11岁的时候，有人送给了我一本关于外星人的书，从那以后我就相信外星人的存在。后来，我还相信"大脚怪"[1]或"尼斯湖水怪"之类的东西，相信埃及的金字塔可能是外星人建造的，相信巨石阵有点儿神秘。但也仅此而已。我没有注意过其他阴谋论。它们并没有真正引起我的兴趣。

然后，我想是在2009年年底或2010年年初（我记不清具体是什么时候开始的），我和丈夫一起看了一部关于"9·11"的纪录片。这部纪录片讲述了一些奇怪的"事实"，引发了我的好奇心，于是我在网上查找了"9·11"的相关资料。现在回想起来，这是我做过的最愚蠢的事情，因为我发现了越来越多与阴谋论相关的信

1　译者注：传说中生存在北美洲西北部太平洋沿岸森林中的野人。

息。这些阴谋论之间没有什么联系，但不自觉地，特别是在网上，你会自动获得其他所有阴谋论的信息。

然后我浏览了与阴谋论相关的网页——Kopp Verlag（德国新时代图书出版商）、Alles Schall und Rauch（意思是"声音与烟雾"，德国版的"烟雾与镜子"——一个普通的阴谋网站）和Alpen Parlament。接着，我很快就注册了几个与这些阴谋论相关的在线论坛。当然，还有德国最大的阴谋论坛"Allmystery.de"。

她被吸进了兔子洞的深处。和我一样，斯蒂芬妮从小就对不明飞行物、怪物和外星人之类的东西很感兴趣。我认为，她掉进了兔子洞，而我没有，这说明了谁会被吸进去而谁会避开，这有时是随机的。它可以简单地归结为碰巧看了一段特别的视频或一本特别的书。

斯蒂芬妮被说服了，她冒险下了洞，兔子洞开始影响她的生活。

当朋友们开始质疑我相信的阴谋论时，我想我是生他们的气了。

我记得我和一个朋友有过一次争执，之后她就跟我绝交了。我现在能理解她的做法。幸运的是，我的丈夫和最亲密的家人并没有因此疏远我。他们没有和我争吵，而是任由我做自己的事，尽管他们并不相信那些阴谋论。如果他们不这样做，也许我就会失去他们。这是许多阴谋论者的遭遇，因为他们的信仰，他们失去了朋友和家人。

事实证明，没有失去朋友和家人是她逃离兔子洞的关键。

我对阴谋论的信仰出现了一个转折点。那时，我在阴谋论的圈子里有一个最要好的朋友。我们相信同样的事情，有同样的观点，我们也在同样的论坛上。后来，她突然改变了看法。至少，在我看来，她的转变非常突然。其实她已经做了几个月的研究，并开始质疑这些阴谋论。

她开始向我和其他阴谋论者提出疑问，这些疑问我们在怀疑论者那里已经听过一遍又一遍了。她发布了"收取酬劳并散发虚假信息的特工"（德语是"bezahlte Desinformanten"）网页的链接。我不明白她为什么那样做。我们发短信交流，我问她为什么现在表现得像个怀疑论者。我很失望，然后我们发生了激烈的冲突，因为我的失望变成了愤怒。我觉得她就是个叛徒。我们彻底闹翻了，我好几个月都没有恢复过来。

正因为如此，我开始审视怀疑论者的观点，最后也开始质疑起这些阴谋论来。你知道，对于阴谋论者来说，我就像是在一天之内改变了自己的观点。事实上，这个过程花了我几个月的时间。结果证明，我朋友的选择是对的。我信奉的这些阴谋论都愚蠢至极。我很震惊。你知道，当你意识到自己这几个月来一直在大出洋相时，真是太难堪了。我真的为自己的行为感到羞耻。直到今天，我还是不敢相信自己怎么那么蠢。

她能逃离兔子洞不仅仅得益于朋友的提醒，她所在的团队也有一些事件让她对他们的想法保持着更加开放的心态。就像洛杉矶的史蒂夫一样，当斯蒂芬妮看到她的同伴都欣然接受了那些处于她的分界线之外的东西时，她不禁怀疑自己是否划对了分界线。

特别是对化学凝结尾的信仰。我在脸书上的一个化学凝结尾群组里看到，他们想用激光笔干扰飞行员的视线，我惊呆了。我心想："你们不能这样做。那架飞机上的其他人怎么办？他们为什么要让这么多人送命？"这是我从化学凝结尾的圈子里解脱出来的开始。然后我听说了一个项目。群组里有人想看看化学凝结尾到底是什么。这个人想拿出200欧元（组建一个项目，调查化学凝结尾的真实性），并问我们的群组里还有谁想参与这个项目。我和其中几个成员有兴趣参与。但其他成员有些不满，包括群组的一名管理员。结果，这个项目落空了，有意参与的一部分成员被赶出了群组。这使我第二次对化学凝结尾的圈子有了不同的想法。所以，我开始关注怀疑论者的观点，并开始了一项研究。

当时，我的朋友告诉我，我应该去飞行员论坛，亲自和飞行员聊聊。在这两起事件发生后，我想："好吧，那就聊聊吧。"于是，我和那个论坛的用户交谈，和气象学家交谈，也和我一开始最讨厌的怀疑论者交谈。就这样一点一点地，我发现化学凝结尾的圈子简直愚蠢至极，是我错了。我发现这个圈子真的很有危害性。例如，用激光笔攻击飞行员，用含MMS的灌肠剂给儿童治疗（以消除"化学毒物"）。当我充分意识到这种情况时，我决定与化学凝结尾的圈子和其他阴谋论者的圈子"抗争"。这些阴谋论必须被审视，以免其他人受到迷惑。

逃出去是很难的。如果被其他阴谋论者知道了，他们会开始诽谤你。从侮辱到死亡威胁，都可能发生。直到今天，我还不断收到死亡威胁。你该庆幸他们没有住在你家附近，不然他们还会去找你，或者别的什么。这真的是个严重的威胁！

阴谋论者认为他们质疑一切。事实上，他们只是在引用其他阴谋论者的观点，而且他们的"知识"大多来自YouTube视频。我当时也是如此。

　　我敢肯定，我认识的许多"极端"阴谋论者，实际上已经发现自己相信的东西纯属无稽之谈。但是他们的做法和我不一样。他们停止了质疑，转身回到他们心爱的圈子。他们不愿承认自己的行为像个傻瓜，所以他们回到了让他们感觉良好的舒适区。我猜想，持怀疑态度对他们来说似乎太难了。

　　我做了深入的研究，就像我说的，否则我今天就会待在精神病院了。我找到了"紧急刹车"，没有在兔子洞里越陷越深。我公开承认自己犯了错。我为自己的行为向怀疑论者和我以前最好的朋友道了歉。我们抛开分歧，又成了朋友。

我问斯蒂芬妮有关阴谋论和揭发者的行话。

　　我们说英语或德语的"服用红色药丸"（take the red pill），类似于"掉进兔子洞"。有些阴谋论者认为《黑客帝国》这部电影不是虚构的，而是某种形式的记录，展示的是事情的真相。我常说的另一句行话是"im Verschwörungswahn"（阴谋妄想）或"Verschwörungssumpf sein"（阴谋诡计）。这意味着你深陷在阴谋圈子（或阴谋沼泽）里，你相信一切，你无法看到你信奉的一切其实都很愚蠢。走出困境似乎是不可能的，你再也听不到任何怀疑的声音。

除了朋友的帮助，斯蒂芬妮还在其他地方得到了指引。

　　像"Contrail Science"或"Metabunk"这样的网站确实帮助我摆脱了"阴谋的疯狂"，并让我获得了更多关于现实的知识。

Allmystery.de 网站的怀疑论者也在我思考的过程中给了我很大帮助。他们非常有耐心，最后我真的明白了他们的回答，并且愿意倾听他们的观点。

对于像我这样花时间在网上解释事情的怀疑论者来说，这是相当鼓舞人心的。这通常看起来像是一个徒劳无功的任务，因为这些解释是从阴谋论者的"证据"墙上反弹出来的。但斯蒂芬妮的案例很好地说明了逃离兔子洞需要的是时间，而且一点一滴的时间都会产生一些影响。只有当这个人从洞里出来，站在阳光下时，你才能完全看到这种效果。我们应该预料到我们看似合乎逻辑和基于事实的观点一开始会遭到拒绝，重要的是让讨论继续下去。

另一件有趣的事情是阴谋论坛的作用。虽然 InternationalSkeptics.com 和 Metabunk.org 等怀疑论者的论坛明显是怀疑论者揭穿谎言的阵地，但也有不少怀疑论者喜欢深入"敌营"发表文章。在美国有 AboveTopSecret.com。在德国，类似的网站是 Allmystery.de。许多有价值的揭秘文章就直接发布在这些网站上，人们的生活会因此变得更好。

"9·11" 控制爆破拆除

所有的"9·11"阴谋论都可以用一句话来概括："'9·11'事件是一场内幕交易。"言外之意，发动袭击、摧毁世贸中心、严重损毁五角大楼，并导致第四架飞机坠毁在田野里的并不是某个外部对手（基地组织），而是某些在权力上层的美国政府内部的人，以及实际上在管理国家的军事、工业、金融综合体。

"内幕交易"这个简单的描述涵盖了各种不同的观点。在所有阴谋论中，"9·11"事件可能是变化范围最广、最详细的。最底层的是"纵容事件发生"这种最微不足道的形式，它声称小布什政府只是忽略了某种攻击的一些警告信号。在这个严重程度最轻的版本中，小布什政府所犯的错误无非是玩忽职守。很难说这是一个阴谋。

从阴谋论的角度看，还有一个观点认为，袭击不是基地组织策划的，而是另有其人。通常，这些人最有可能来自沙特阿拉伯，然后是以色列，也有可能（随着我们进一步扩大范围）是美国。这些观点很大程度上是基于间接证据，很少有人会进行深入研究。一般来说，你会发现这些观点都只停留在"随便问问"和"无风不起浪"的程度。

阴谋论分界线另一端的人则认为袭击根本就没有发生，当天我们在电视上看到的是电脑生成的动画。他们认为根本就没有出现飞机，摧毁双子塔的爆炸物可能是核武器或宇宙能量束。这些观点的证据通常似是而非，是对物理学的深刻误解和与现实的严重脱节。即使在"9·11"阴谋论的核心群体中，也有许多人反驳这些观点，因为普通的"9·11"真相寻求者不希望他们的观点与分界线另一边的"无稽之谈"联系在一起。

正好夹在中间的"'9·11'是内幕交易"的阴谋论是最常见的形式，也是你最有可能和朋友接触到的观点：世贸中心是控制爆破拆除的。这个观点认为，双子塔不是被飞机撞击后突发火灾摧毁的，而是从上到下被预先埋置了炸药，这些炸药被小心翼翼地依次引爆，目的是让大楼看起来更像自然坍塌。

控制爆破拆除的观点背后隐藏的根本原因其实很简单，那就是双子塔的倒塌看起来不正常。事实上，如果你看一看世贸中心双子塔（WTC1和WTC2）两次倒塌的视频，就会发现它们倒塌的画面确实很奇怪——看起来就像是一起持续的爆炸，自上而下蔓延；像是巨大的羽状烟柱物从侧面喷射出来，然后这波"爆炸"直接朝下袭来，建筑物在你眼前解体爆炸了。

对于控制爆破拆除阴谋论，有许多反对和反驳的声音，其中有些比其他的更具技术性。最重要的是，"9·11"这起非同寻常的事件是我们从未见过的，因此，我们很容易仅凭有限的个人经验说："建筑物根本不是那样倒塌的！"帮助你的朋友走出"9·11"兔子洞的困难主要在于向他们解释建筑物是如何做到这一点的。

在这条路上，你遇到的第一个挑战可能是你和朋友之间的感知对称。你认为你是对的。你认为是飞机撞上了大楼，大楼严重损坏，接着被烧毁。你知道钢材被火烧坏了，钢柱坍塌，下面的结构无法支撑震塌的碎块，从而加快了坍塌速度。也许当你开始向朋友解释这些事情时你就知道了，或者过一会儿你就会知道。不管怎样，总有一天，你会认为自己已经找到了答案。剩下的就是向你的朋友解释，他已经被洗脑了，形成了一些奇奇怪怪的观点。

不幸的是，你的朋友对你也有相同的看法。他们也做了功课，观看了许多视频，浏览了不少网页，甚至读过几本这个主题相关的书。他们深信自己的观点是有科学依据的。他们觉得控制爆破拆除这个结论是显而易见的，也是无可辩驳的，因为他们知道喷气燃料不能熔化钢梁，他们可以在视频中看到爆炸，看到混凝土被炸成粉末，大楼的多个部位被炸得掀到一边。他们认为你被洗脑了，而他们面临的挑战是向你解释"真相"。他们认为你在看到显而易见的"真相"时存在心理障碍，而正是你对犯错的后果的恐惧，使得你继续推动在他们看来明目张胆的虚假叙述。

以下是脸书上人们讨论"9·11"事件的一则评论：

> 这家伙知道真相，他只是想博人眼球。或者他不知道真相，在这种情况下，他在智商方面是有问题的，我就不取笑他了。我们中有些人在工地干过，用千斤顶锤打过混凝土，或者对这些常识甚为了解。最好的情况是这个人只是需要关注，并且对情况非常了解。那么多人在"9·11"事件中丧生，要像他那样为这些谎言争辩，那是脑子进水了。

这是在点评"9·11"阴谋论者吗？不是的，其实这些话说的是我，写这些话的人认为世贸中心大楼的倒塌明显是控制爆破拆除引起的。虽然我还是相当聪明的，掌握了基本的物理知识，但每次我质疑

"9·11"阴谋论的证据，总有人骂我是笨蛋。他们对我的辱骂不仅局限于"9·11"事件。有一次，我上电视谈论化学凝结尾。这次露面机会多亏了一个化学凝结尾信徒，他先于我接受了采访，并建议主持人采访我。他后来告诉我，这是因为我太蠢了，他希望我会给人留下不好的印象。

还有一点很重要，你要意识到你朋友对阴谋论的执念有多深，他们拒绝批评到了什么程度，并且你还要试着弄清楚他对你的看法。他认为你的动机是什么？他认为你只是被误导了，还是觉得你太蠢或者太疯狂？"9·11"真相论坛的某些人甚至提出，你拒绝他们的观点是因为某些心理问题，比如有精神病。在2012年的视频《9·11：爆炸证据——专家有话说》中，一些所谓的专家接受了关于炸药和物理学等常见问题的采访。他们也采访了心理学家，这些心理学家已经找到了进入兔子洞的方法（没有人能幸免）。心理学家弗兰·休尔说：

> 每个人（反对"9·11"控制爆破拆除阴谋论的人）都有一个共同点，那就是有恐惧情绪。人们害怕被排斥，害怕被疏远，害怕被回避。他们害怕感到无助和脆弱，害怕自己无法处理即将出现的情绪。他们害怕生活不便……害怕感到困惑……精神崩溃。他们害怕感到无助和脆弱。

此外，注册临床心理学家罗伯特·霍珀博士说：

> "9·11"真相挑战了我们对政府和国家的一些最基本的信念。当信念受到挑战或两种信念不一致时，就会产生认知失调。"9·11"真相挑战了我们的信念，即我们的国家会保护和保障我们的安全，以及美国是"好人"。当这种情况发生时，恐惧和焦虑就

产生了。作为回应，我们的心理防御会介入，保护我们不受这些情绪的影响。否认可能是最原始的心理防御，当我们的信念受到挑战时，它最可能首先开始发挥作用。

脸书上也有人发表过类似的观点，只不过措辞更加丰富：

> 说句题外话，我不会推测那些怀疑论者的动机。没有确凿的证据就称他们为骗子是没有意义的。我怀疑怀疑主义（也叫科学怀疑主义）是一种脑损伤，可能与自闭症有关。它使得怀疑论者依附于权威，对定义我们现实生活的真实存在的混乱局面做出简单的解释，这似乎是一种安慰。由此，又出现了像"阴谋论是不可能存在的"和"科学共识是不可动摇的原则"这样的假设。像宗教一样，怀疑论者将他们预先设想的结论放入了关于现实的一套基本假设中。它被称为科学主义——"所有的真理都是通过科学获得的"。通过各种虚张声势和令人费解的推理，他们操纵人们，改变人们的信仰。怀疑论者无法进行创造性思考。他们在看似安全的蜂巢思维中茁壮成长。这就是为什么他们的观点完全一致。那是右脑畸形的一种精神障碍。这是一个艰难的世界，你能做的就是专注于琐碎的细节，却无法把点点滴滴联系起来看清全局。毕竟，这是"阴谋诡计"。

这种认为怀疑论者有"精神障碍"的观点缘于"9·11"真相运动中的一个严重的问题：为什么没有更多的人相信他们？从他们的角度来看，这个阴谋是显而易见的。他们认为自己掌握了证据，而且证据是如此明显，以至于假如聪明人在审视过这些证据后加以否认，唯一的解释就是，他们要么参与了这个阴谋，要么有某种精神障碍，某种病态的潜意识恐惧扰乱了他们的世界观。

在这个过程的某个阶段，你的朋友几乎肯定会想到你。起初，他们只是假设你不知道证据是什么，假设没有人向你解释过，或者你自己没有做过研究。如果你坚持帮助他们走出兔子洞，那么在某个时候，他们要么给你贴上"托儿"的标签，要么被你洗脑，无法面对真相。

这个问题在所有的阴谋论中都存在，但在"9·11"阴谋论中尤为突出。很大一部分原因是他们觉得自己拥有科学权威，而这在很大程度上要归因于一个名为"寻找'9·11'真相的建筑师和工程师"的组织。

建筑师、工程师、专家？

"寻找'9·11'真相的建筑师和工程师"组织（简称"AE911真相"）由执业建筑师理查德·盖奇于2006年创立。该组织在其网站上声明的目标是"通过对世贸中心的破坏进行合理的科学研究，建立一个更美好的世界"。创立的年份（2006年）是在NIST发布关于双子塔倒塌的报告（2005年）之后，但远早于发布关于7号楼倒塌（这是阴谋论者宣扬的一个常见证据）报告的时间（2008年）。他们网站的一个早期（2007年）版本无意中最准确地总结了他们的核心问题。

自2001年"9·11"事件爆发以来，我们用六年的时间从袭击事件造成的恍惚状态中清醒过来，可以理性地评估现有的以及新出现的证据。

建筑师和工程师都接受过良好的培训，能够设计出性能良好、能承受潜在破坏力的建筑物。然而，世贸中心的三座高层建筑（双子塔和世贸中心7号楼）在"9·11"袭击中"倒塌"，为我们提供了大量的证据（即大楼是控制爆破拆除的），这些证据显然超出了我们的培训和经验范围。

对于大多数人来说，"AE911真相"是非常重要的，他们认为世贸中心的三座大楼是控制爆破拆除的。这正是理查德·盖奇确定的原因——撞击、火灾和坍塌本身的物理过程的类型和规模都是我们的经历中前所未有的。很少有人具备相关的科学知识，来理解这些事件的物理原理，所以他们求助于其他人来帮助他们理解。虽然盖奇一开始承认了这一点，但他很快在同一段文字中指出，他认为这项任务并没有超出他的培训和经验范围。

然而，越来越多的确凿证据表明，过去几年出现的这些"崩溃"，甚至在主流媒体上也开始流行起来。这个新证据对"9·11"建筑倒塌"专家"的观点以及"9·11"委员会、联邦应急管理局和NIST的官方报告提出了严重质疑。

它展示了建筑师和工程师乐意看到的极具说服力的案例：世贸中心的三座高层建筑被控制爆破拆除这种新旧结合的爆炸方式摧毁了。你可以在我们的网站以及链接的网站上找到证据。我们希望你能鼓起勇气，花必要的时间彻底审查每个环节。

"AE911真相"从哪里得到了这些证据？在2007年，前三组链接网站（911Truth.org、WTC7.net和911research.wtc7.net）是由吉姆·霍夫曼创建的——他是"9·11"真相运动历史上的一个关键人物，但并不是在控制爆破拆除方面受过培训和有经验的人。霍夫曼是一名软件工程师，他花了多年时间对"9·11"事件进行理论推定。在一篇文章中，他非常严肃地提出，隐藏在一百八十万块天花板内的一层薄薄的炸药，连同一层覆盖在核心柱上的炸药，以及隐藏在灭火器内的其他炸药，促成了双子塔的高速渐进式倒塌。

双子塔每隔一层都安装了嵌入了薄膜炸药和无线雷管的新天花板砖。总之，每座塔楼都有五十万块大瓷砖和四十万块小瓷砖。

每个工人以平均每分钟两块瓷砖的速度来更换新瓷砖，一个由四十名工人组成的团队需要187个小时来翻新整座塔楼。这项工作是在三个星期的工作日外加周末的夜班中完成的，每晚清空一卡车的货物，而卡车就在世贸中心地下停车场不显眼的地方停放着……

一旦塔楼顶部开始坍塌，（天花板砖上的）薄膜炸药就会通过无线控制系统在坠毁区下方以及下行建筑物上方的破坏波之前引爆。

这说明了两件事。第一，真相寻求者难以置信地固守着这样一种观点，即仅凭火灾和重力是不可能造成坍塌的。这种信念是如此强烈，以至于他们最终认为双子塔几乎是坚不可摧的，每层楼都需要用炸药才能炸毁。揭穿"9·11"阴谋论的一个重要举措就是要摆脱这种想法。在霍夫曼的案例中，这种信念非常坚定，以至于在他看来，要让观察到的坍塌现象看起来可信，需要数以百万计的炸药。

第二，霍夫曼是"AE911真相"的主要证据提供者，这一事实表明，他们诉诸权威的方式存在缺陷。你的朋友可能会向这群人提出这样的问题，比如："那么多科学家怎么就认为'9·11'袭击是控制爆破拆除呢？"言下之意，我们应该相信"AE911真相"组织，因为他们是专家，而且是很多专家。

然而，"AE911真相"的基本证据并非来自具有摩天大楼经验的结构工程师或爆破专家。它主要来自吉姆·霍夫曼、史蒂文·琼斯（已退休的物理学家），甚至是大卫·雷·格里芬（神学家）。如果我们看一下"AE911真相"组织成员的立场声明，就会发现声明里没有提到复杂的分析。相反，我们会发现，那些最初心存疑虑的人，他们会浏览网页，观看视频，并且在很大程度上和那些被吸进兔子洞的普通人没有什么不同。以下是"AE911真相"请愿书签名页上的一些代表性的声明。

　　"从第一天起，我就知道这些大楼是被内爆的，它们不可能也不会因为飞机撞击造成的损伤而倒塌。"

　　"我怀疑整个'9·11'事件被当局严重歪曲了，这是社会邪恶分子制造的狡猾骗局。我们必须在一切事情上寻求真相，否则我们的文化和所有教育机构都将变成教养所。为这个国家祈祷。"

　　"有哪个建筑专业的学生没有在建筑课上看过爆破的视频？很明显，前两座大楼是被爆破的。当媒体未能发现这种可能性时，就会发生这种脱节。我在了解了世贸中心7号楼的情况后，就确定它是被爆破的。"

　　"建筑物都是通过控制爆破拆除的方法倒塌的。火灾和撞击对这三座大楼造成的损伤是微不足道的，不足以使它们以自由落体的速度崩塌。除非另有证明，否则物理定律不会在'9·11'事件中暂时不起作用。"

　　"这些建筑物以自由落体的速度或非常接近自由落体的速度垂直倒塌！第二架飞机穿过大楼的一角，大部分燃料在大楼外燃烧。此外，飞机并没有击中结构核心，但它还是和第一座塔楼一样倒下了！！！这是不可能的！！"

"毫无疑问，倒塌是控制爆破拆除造成的，飞机撞击是有原因的诡计。"

这里存在的根本谬误是个人怀疑论点的谬误。几乎在每个案例中，签名者都是基于这样一个事实，即倒塌看起来很奇怪，而签名者不知道这种奇怪的倒塌是如何在没有炸药的情况下发生的。他们没有将自己的专业知识用于解决问题，没能用上这些专业知识，而是首先依赖于他们最初对异常事件的直觉判断和视觉感知，其次是通过YouTube上引人注目的视频来证实自己的判断。

即使"AE911真相"的信息提供者看起来像是真正的专家，如果他们接受了一个错误的结论，他们也很可能在这个过程中犯一些错误。例如，史蒂文·琼斯是个真正的科学家，他是一名物理学家。2006年，他声称在一座"9·11"纪念雕塑的残留物样本中发现了铝热剂的化学特征，这座雕塑是用一些遗址碎片制成的。"AE911真相"在其组织的整个生命周期中都将这个说法作为事实不断地重复。在十二年后的2018年，我研究了他的一个观点。仅用一天的时间，我就发现琼斯看错了图表。他看到的锰的峰值位置并没有锰，而这个样本可能只是用氧炔焊炬切割钢梁时留下的残渣。他声称识别出了某些元素，但那实际上是这种特定技术常见错误识别的教科书式的示例。

"AE911真相"的负责人理查德·盖奇在长达十年的演讲中使用了这种错误的分析。他还使用了一张照片，照片上，世贸中心的一根柱子从一个角度被切割。盖奇声称，它是在坍塌过程中被铝热炸药切割的。我找到了一组柱子的照片，包括切割前和切割后的，都是在倒塌六周后拍摄的。盖奇是一名注册建筑师，十年来一直在错误地使用它。"纳米铝热剂"假说的创始人史蒂文·琼斯也在继续使用这种方法。拥有专业知识并不表示绝对正确，尤其是在提出不同寻常的主张时。

你面临的挑战是向你的朋友展示"AE911真相"组织的这种易错性和犯错的倾向。这是一件棘手的事情，因为那些认为其他所有科学家都不称职或腐败的人往往也高度重视"AE911真相"。不要简单地告诉他们"AE911真相"没有任何可信度，而要集中精力向你的朋友展示"AE911真相"哪里出错了，他们有时会提出最荒谬的观点。告诉你的朋友"AE911真相"的历史，以及他们是如何没有通过任何特殊的调查就得出"'9·11'真相"的。他们最初是通过霍夫曼或格里芬等非专家阴谋推广者的工作来达到这个目的的。告诉他们，那些名义上的专家，如琼斯和盖奇，在哪里犯了十多年来未被注意到的错误。

钢水和纳米铝热剂

"AE911真相"运动中，真相寻求者和其他人犯下的一个基本错误是，他们认为大楼坍塌几周后在瓦砾堆里发现了钢水。大卫·钱德勒在"AE911真相"网站上写道：

> 在1号楼和2号楼（南北塔楼）以及7号楼的瓦砾堆里发现了大量钢水，这些钢水在大楼倒塌后的几周内仍处于熔化的状态，这表明存在一个持续的能量来源。

他指的是"9·11"真相寻求者持有的一个共同信念，即瓦砾堆下有大量的白热钢水。这不仅指的是炽热的钢梁，还指的是液态钢。这意味着熔融金属在坍塌后的几周内会像熔岩一样沸腾流动。

钢的熔点很高，达到1371摄氏度，远远高于建筑火灾能达到的温度，也远远高于建筑钢柱达到的温度（据NIST计算）。所以，熔钢池是非常可疑的。

这里的第一个问题是，没有物理证据表明这些熔钢池曾经存在过。当然，有目击者称，在瓦砾堆下的不同地方都看到过熔融的东西，但这些东西很可能是铝、铅或玻璃在地下大火中熔化了。撇开这一点不谈，如果有"熔钢池"，那么到了某个时刻，这些熔钢池就会冷却并凝固成巨大的固态钢。而这样的固态钢从未被发现过。

（在"9·11"纪念博物馆展出的一大块被称为"陨石"的碎片，有时也会以这种固态钢的形式展出。但它只是压缩了从未熔化的钢、混凝土和其他碎片。它里面包含纸片，所以显然不是熔钢池的一部分，熔钢池会把任何纸片都烧成灰烬。）

钱德勒说，这"表明存在一种持续的能量来源"，因为无论假设的熔钢池有多热，由于热量的辐射和传导，它在物理上都不可能保持完全熔化的状态超过几个小时。为了解决这个问题，钱德勒提出了一个同样不可能的想法——在瓦砾堆下持续燃烧着某种东西来保持钢水的熔化状态。这种东西究竟是如何在不被消耗的情况下燃烧几个星期的，又如何能够恰好在熔钢池旁边，这是一个难以置信的难题。

在"9·11"的错误观点中，这个特别的"东西"就是"纳米铝热剂"。

铝热剂是一种易燃物质，通常是铝粉和氧化铁粉的混合物。它在2204摄氏度的极高温度下燃烧，使其能够通过钢材熔化。燃烧的副产物之一就是铁水。如果你燃烧一吨铝热剂，就会从切割的任何东西中得到半吨铁水和半吨钢水。因此，如果你正在寻找一种能够制造"熔钢池"的材料，那么铝热剂是一个不错的选择。

纳米铝热剂的错误观点最早是在2003年6月22日之前提出的，我们的朋友威利当时最喜欢的新闻来源What Really Happened网站上有迈克尔·里韦拉写的一篇文章，其中有一段是这样的：

> "塔尖"的坍塌与铝热反应一致，该反应将铁水汇集到世贸中心地下室的中心区域，熔化核心柱，从而引发了几秒钟后发生的坍塌。

铝热剂错误观点的早期版本没有任何实际意义，因为熔化（世贸中心大楼的）核心柱需要一个真实的铁水湖。在世贸中心大楼的200英尺见方的地下室里填满1英尺深的钢水，需要40000立方英尺[1]的钢材。这个湖泊最终会凝固成一块重达5000吨的巨大铁板，这也是在清理过程中没有发现的。但这种疯狂的猜测正是纳米铝热剂传闻的源头。里韦拉实际上是一个铝热剂爱好者，在之前的阴谋论中，比如1996年导致罗恩·布朗死亡的坠机事件，以及TWA800航班爆炸事件中，他都暗示了这一点。

此时，真相寻求者认为这只是普通的铝热剂。后来，写手们将其升级为"超级铝热剂"，接着决定使用"纳米铝热剂"。纳米铝热剂听起来很奇特，实际上它只是普通的铝热剂，颗粒更细，所以燃烧速度更快，比起普通铝热剂更像是一种普通炸药。这大大减少了钢的熔化量。在"9·11"之前或者之后的十七年里，没有任何文献记录过它被用于爆破。

燃烧铝热剂如何使钢在数周内保持熔融状态？根本不可能。史上规

1　译者注：1立方英尺约等于0.03立方米。

模最大的一次铝热剂燃烧是由《流言终结者》[1]实施的，他们用半吨铝热剂将一辆汽车切割成两半，几分钟内就烧完了，之后很快就冷却到了可以接近的程度。即使是数百吨铝热剂，最多几个小时，也会被消耗掉——如果是燃烧速度更快的纳米铝热剂，那么耗费的时间则更短。

"熔融金属池"的证据说服不了"AE911真相"寻求者，他们陷入了困境。即使这些金属池不存在（物理上也不可能存在），他们也必须根据控制爆破拆除的观点为它们编造一个解释。一旦确定了铝热剂，他们就会寻找更多的证据来证实他们的观点。

在大楼的粉尘里，他们发现了两样东西：微小的铁球和一面红色另一面灰色的小碎片。他们声称这些都是铝热剂的证据。正如独立分析师李博士在对粉尘进行了广泛研究后于2012年解释的那样，这些铁微球实际上是火灾尘埃中肯定会出现的物质。

> 铁微球呢？铁球有一层薄薄的锈片，很容易用胶带去除。铁球被加热到了赤热或更高温度，并经受了飓风般的高炉风。铁片被释放为小颗粒，一部分铁水被蒸发。像水滴一样，铁片形成熔融球体，烟尘也凝结成球体，这是最有效的几何形……在石油或煤基燃料燃烧可达到的温度下形成铁球和其他类型的球体并不是一个全新或独特的过程。

但燃烧片状铁并不是制造铁微球的唯一方法。我做过几次实验，发现了其他的许多方法，许多科学家和研究人员也是如此。你可以很容易地用电弧焊接、角磨或锤击钢等常见的制造活动制造出数以百万计的微

1　译者注：美国科普系列节目，用科学方法结合实验，揭穿一个又一个广为流传的谣言，被誉为"最佳电视科普节目"。

球。由于受到了建筑物内部元素的保护，这些微球可以持续数十年，直到建筑物最终坍塌，将它们释放到灰尘中。微球是由普通物质制造出来的，比如打火机或者钢铁工人使用的火石点火器产生的火花。塌陷前和塌陷后的大火会燃烧小块的铁屑（你可以燃烧钢丝球来制造铁屑），也可以通过燃烧其他东西来制造铁屑，比如激光打印机碳粉和打印文件（碳粉中含有铁）。塌陷后，有大量的铁需要被切割才能移除，切割过程中产生了大量的铁微球，最终形成了常见的现场粉尘。

不仅铁微球是灰尘的必要成分，而且同样的灰尘也缺少铝热剂燃烧的必要产物。铝热剂燃烧时产生的氧化铝（按体积计算）是铁的两倍。在燃烧铝热剂时，我们会发现许多白色氧化铝球体和大量混合的"眼球状"球体，其中有一个深色铁球嵌在一个更大的白色氧化球体中。这些都没有出现在对粉尘的描述中。最简单的解释是，铁球的来源很普通，而且并没有使用铝热剂。

奇怪的红灰色碎片呢？它们看起来完全像是油漆碎片。我自己也发现了几块这样的碎片，只需要用锤子敲击一辆红色喷漆的钢制独轮手推车。一片片看起来一模一样的油漆碎片脱落下来，它们的正面是红色的，背面有一层灰色的铁锈，可以被吸到磁铁上。我把它们放在火里加热，它们会形成一些富含铁的微小而闪亮的球体（具有磁性）。这和"AE911真相"寻求者声称的铝热剂残渣完全一样。世贸中心使用的所有钢材都涂有红色底漆，就像我的独轮手推车一样。因此，你可能会在粉尘中发现数百万个这种底漆的微小碎片。

"AE911真相"寻求者声称，分析显示它不是油漆，但他们自己的测试并没有真正支持这种说法。他们确定灰色的那层是氧化铁，是生锈的铁——和我的独轮手推车上的碎片完全一样。红色的一面更复杂，但在化学和形态（形状和纹理）上与高岭土所含的油漆成分一致，都含有铝和硅。他们还发现了几种不同类型的碎片，具有不同的化学特征和化学行为——与不同类型的油漆一致。

你怎么把这个信息传达给你的朋友？也许并不容易，因为大多数人都很难理解化学分析这类的东西。你需要确定他们缺少哪些简单的信息。他们通常会将这种铝热剂的说法当作证据：发现了钢水，并且在含有铁微球和红/灰色碎片的粉尘中发现了铝热剂的明显特征。你需要传达的是：在清理过程中从未发现先前熔化过的钢水凝固池，铁微球是钢结构建筑燃烧后的必然产物，红/灰色碎片的外观和作用与数百万平方英尺的红色涂漆钢产生的油漆碎片相似。

要得到铁微球，你自己拿个打火机也能做到。把一张白纸盖在一块磁铁上，拿打火机在白纸上擦几次，就形成了铁微球。然后用显微镜观察它们。"AE911真相"寻求者喜欢引用专家R.J.李的话，说在粉尘中发现了多少铁微球（在一个有大量钢铁切割活动的地区塌陷几个月后进行取样），但是他们忽略或拒绝接受他对这些铁微球的解释。这种对专家证词断章取义的做法对于"AE911真相"寻求者来说并不新鲜，他们对丹尼·乔文科做了同样的事情。

丹尼·乔文科

"AE911真相"网的主页上有一份清单，列出了7号楼被控制爆破拆除的八大证据。第七条证据是：

来自欧洲顶级控制爆破拆除专家的权威证实。

这听起来很有说服力——如果欧洲顶级爆破专家认为这是控制爆破拆除，那它就是，对吧？这位顶级专家就是丹尼·乔文科，2011年不幸因车祸去世。2006年，他接受了荷兰电视节目Zembla的采访。主持人向他展示了阴谋纪录片《脆弱的变化》中7号楼倒塌的镜头。他以前从未见过这种情况，他当时的评估是，这看起来像是一场控制爆破拆除。

大多数"9·11"真相寻求者不知道的是，Zembla还就双子塔倒塌事件采访过他，他对该事件的评估几乎完全相反。他认为控制爆破拆除双子塔的观点基本上站不住脚。以下是采访摘录，真相寻求者几乎总是忽略或回避这些内容。

乔文科讲述了为什么第二座塔楼会率先倒塌：

你可以清楚地看到，首先被击中的大楼被击中的高度更高，它最后才完全倒塌，因为压垮它的重量较小。对于任何了解爆破的人来说，这都是基本的知识：你必须利用建筑物本身的重量。

乔文科解释了大楼为什么不是被炸毁的：

当然，你可以把炸药放在下面……是的，这样倒塌的重量就是整座大楼的重量。这种情况极少出现。这样的话，爆炸的次数就更少。但塔楼是自上而下倒塌的，开始倒塌的位置正好是飞机撞击并引起火灾的地方……不可能是炸药爆炸所致，因为当时还燃起了熊熊大火。如果是炸药爆炸，双子塔早就被烧毁了。更重要的是，在燃烧之前，炸药的点火器会在温度达到320摄氏度时爆炸，所以引爆的时间会更早。

乔文科还解释了为什么大楼侧面看起来像是发生了爆炸：

> 你还看到，可以说，螺栓在每次转弯时都会松动。它有一个非常坚固的内核，横梁相当长，但它们是连接在一起的，有410米高。力量非常不平衡。所以，可以说，每根竖直的柱子都必须与邻近的柱子在略微不同的时刻承载一定的重量。它承载不了，所以整根柱子、螺栓和所有东西都分解成了碎片。这些碎片一直往下坠落。侧边结构因为风应力而坚固，这也是大楼的建造方式，主要是向外挤压（正如视频中的消防员所说的）……它只是承受不了重量。每层的重量都太大了。

乔文科还谈到了用炸药炸毁大楼的不合理之处：

> 别告诉我他们在一百层楼里都安放了炸药。那是不可能的……（放置这些炸药）需要一年的时间，并做好准备，把它们和下面所有的电缆连接起来。

如果你接受这位专家对世贸中心7号楼倒塌的观点，那为什么不接受他对世贸中心1号楼和2号楼倒塌的意见呢？这是一个非常有力的论据，可以和你的朋友分享——主要是因为他们以前从未听说过这个说法。他们很可能一直在向所有人展示乔文科对7号楼倒塌的看法，但完全不知道这位专家对另外两座塔楼倒塌的分析。把这两个相互矛盾的观点摊在他们面前，他们必须从中选择一个观点，或者摈弃这两个观点，或者开始更深入地思考这个问题。同一位专家的不同言论播下了逃离兔子洞的种子。问问你的朋友为什么"AE911真相"组织会在他们最有力的证据中出现这两种明显矛盾的观点。这会不会说明他们的其他"最佳证据"也有类似的问题呢？

撞向五角大楼的飞机

2001年9月11日，美国航空公司AA77航班撞向了五角大楼的一侧。那天是个星期二，万里晴空，事发时间是上午9点37分。五角大楼是世界上最大的办公大楼之一，有超过2.5万人在那里工作。大楼外围是大型停车场，再往外就是几条主要的高速公路，挤满了通勤的车辆，很是繁忙。高速公路之外，有高大的办公楼、商场、公寓楼和酒店，都在两英里内。成千上万的人可以清楚地看到五角大楼，数百人看到飞机飞过395号州际公路，撞向大楼的一侧。

然而，仍然有许多人认为AA77没有击中五角大楼。他们还认为，虽然不可能在没有人注意的情况下实施，但五角大楼实际上是被导弹击中的。

在"9·11"阴谋论的世界里，关于五角大楼是否曾被飞机撞击的争论是一个颇有分歧的重要问题。对许多人来说，这是他们的底线。他们认为炸药炸毁7号楼是可信的（甚至是显而易见的），导弹在无人察觉的情况下击中五角大楼的想法却超出了他们的底线，属于"愚蠢的观点和虚假的信息"。

如果你的朋友也表示要和这个"愚蠢的观点"划清界限，那么你们可以就两件有趣的事情展开讨论。首先，你可以问他们为什么选择不相信。究竟是什么使得导弹击中五角大楼的场景，比偷偷带数吨炸药进入大楼，并在安排飞机撞向大楼使其剧烈燃烧一个小时后，以毫秒的准确度将其引爆的场景更失真？这两个场景都没有留下任何实物证据。他们对五角大楼倒塌的推理是否也适用于世贸中心呢？

其次，你们可以讨论为什么有那么多人对五角大楼没有遭到飞机撞击的观点深信不疑，或者至少是相信这个观点。这种观点更为极端，你会认为它比控制爆破拆除的说法更不受欢迎。这两种观点实际上非常接近，它们之间的连线也不需要移动太多。2006年，斯克里普斯·霍华德的一项民意调查显示，对于"五角大楼在2001年很可能是被一枚军事巡航导弹击中，而不是被恐怖分子劫持的客机撞击了"和"纽约双子塔的倒塌很可能是因为两座大楼里秘密放置了炸药"这两种观点，相同比例（6%）的美国人选择相信。

认为五角大楼没有遭到飞机撞击的群体，似乎包括大多数"9·11""控制爆破拆除"真相寻求者。其中有"9·11"真相运动的创始人，比如大卫·雷·格里芬（迄今为止最受欢迎的"9·11"阴谋作者）、凯利·大卫（"AE911真相"网站的首席运营官）、克雷格·麦基（"AE911真相"网站的撰稿人和播主）和尼尔斯·哈里特（"9·11"阴谋科学家，推广了在瓦砾堆里发现纳米铝热剂的观点）。

如果你的朋友认为AA77航班撞上了五角大楼，那你就问问为什么他认为这些"专家"都搞错了。难道不该相信专家的专业知识吗？难道就连建筑师和工程师，以及形形色色的科学家，也可能被吸进兔子洞了吗？

如果你的朋友认为AA77航班肯定没有撞上五角大楼，罪魁祸首是一枚巡航导弹，那么你就有必要解释为什么这种想法是错误的。细节太过复杂，无法详细介绍，但以下几点你必须向你的朋友简要说明：

目击者证词：阅读所有目击者的报告。美国航空公司的一架喷气式飞机撞上五角大楼的记录是可以查到的。这些报告来自几十位目击者，他们的陈述相当一致。不仅要查看这些报告，还要观察、倾听袭击当天这些目击者接受媒体采访时的陈述。

目击者周围的情况：向你的朋友指出五角大楼的位置在高速公路旁边，再给他们展示从高速公路上拍摄的五角大楼的谷歌街景图像。告诉他们，如果不是飞机撞击，或者那架飞机飞走了，那么肯定有成百上千的人能看到。

撞击洞口的实际大小：他们经常会看到一些照片，要么是五角大楼内环上的一个小洞，那里有一些碎片穿过；要么是飞机尾部形成的入口洞上方的缺口。给他们看一下第一层真实的下洞，它与飞机的大小相匹配。

飞机残骸：五角大楼内外散落着许多飞机碎片——在袭击发生几分钟后拍摄的照片中清晰可见。还有一些灯柱被撞倒了，其中有一根撞到了一辆汽车。难道这一切都是在没有人注意的情况下安排的吗？

机翼造成的损坏：在底部洞口的左侧和右侧是被机翼损坏的柱子。这些场景在撞击后立即拍摄的照片以及随后拍摄的照片中清晰可辨。

机动飞行的相对容易性：飞机撞击五角大楼需要下降并转弯300度，然后直线撞击南墙。这听起来很难（阴谋论者会告诉你这很难做到），实际上是一个标准的降低飞行高度的方法，简称为"下降转弯"。你要做的就是稍微降低功率，向右转动机身，直到转弯完成。只有几个小时经验的飞行员也能做到。

ASCE报告：美国土木工程师学会（ASCE）发布的五角大楼建筑性能报告非常详细地描述了发生的一切，逐条展示了飞机机身、发动机和机翼的损坏情况。

"9·11"真相寻求者报告：更多尊重科学的"9·11"真相寻求者在"五角大楼未遭遇飞机撞击"观点的左边划定了分界线，并投入了大量精力解释为什么这种说法是错误的。向你的朋友展示由七名学者为"9·11"真相（和正义）撰写的论文《五角大楼事件》，他们在报告中对上述证据提供了详细的解释。这些人都认为世贸中心大楼是被控制爆破拆除的。

还有其他的很多细节，这些都是错误观点的重要内容。给你的朋友一些时间，对他们多加关心，一起讨论这些细节有助于让他们的想法更接近现实。等他们逐渐接受现实后，你可以问他们，当他们的首席运营官和许多成员都认为没有飞机撞击五角大楼时，他们为什么要相信"AE911真相"网站的相关知识。

消失的2.3万亿美元

阴谋论者认为，五角大楼遭受精确导弹或炸弹袭击是为了掩盖五角大楼失踪的2.3万亿美元资金。以下是大卫·雷·格里芬的观点：

> 官方公布的（AA77撞击五角大楼的）轨迹是不可能实现的……那么，为什么五角大楼的官员会选择在五角大楼的那个区域引爆炸弹，然后声称那是被劫持的客机撞击的呢？……有个参考答案综合考虑了两个事实：第一，"9·11"事件爆发的前一天，国防部长拉姆斯菲尔德在新闻发布会上称五角大楼有2.3万亿美元不翼而飞；第二，受损最严重的其中一个区域就是军队的财务管理/审计部门。

就像五角大楼的导弹问题一样，2.3万亿美元的问题也是一个绝佳的机会，可以给你的朋友带来一些看法。几乎所有"9·11"真相运动的参与者（以及相当一部分圈外人士）都认为五角大楼凭空消失了2.3万亿美元。这笔巨额资金从未消失过，它甚至从来没有真正存在过。拉姆斯菲尔德将五角大楼会计系统记录的所有交易总额相加，得出了2.3万亿美元的数字，这些交易并不符合会计标准。

你要做的第一件事就是告诉你的朋友一些关于大数据的观点。2.3万亿美元是一个非常庞大的数字，实际上超过了美国当年的全部预算支出，也是全部国防预算的十倍（1999年，也就是我们讨论的那个会计年度，是2740亿美元）。五角大楼失踪的钱根本不可能是他们实际支出的十倍。

他们是怎么得到这个数字的？试想一下，如果你把写在你的工资单、银行存款单、W2税单、从支票到储蓄的转账单、ATM取款单、新车贷款、支票簿记录、信用卡收据、实际收据、账单、抵押贷款单、抵押贷款支付记录、抵押贷款税单、信用卡付款单、每月银行对账单、旧车销售收据、旧车销售存款单、旧车产权过户单、新车付款时间表和纳税申报表上的所有美元金额加起来，会发生什么。也许你一年赚6万美元，但这些加起来就是60万美元，甚至更多！现在假设你把其中一些记录藏在床下的鞋盒里，剩下的都丢了。你丢失了总计30万美元的记录。这是否意味着你损失了30万美元？显然不是。五角大楼也是如此。

国防部于2001年4月对此进行了解释：

在1999财政年度的财务报表中，审计人员得出结论，在7.6万亿美元的财务报表条目中，有2.3万亿美元的交易是"未经证实的"。国防部指出，其中许多条目包括军人养老金精算负债等项目的期末概算，以及合同应付账款、财产和设备价值等项目的人工记录。国防部进一步指出，"未经证实的"条目"不一定是不恰当的"，而且在许多情况下确实存在文档，尽管对于所实施的审计标准来说这还不够。

美国军方过度消费和浪费开支的情况的确属实。问责制仍然存在重大问题。然而，这些问题被说成是经费"失踪"，却与事实不符。"今日俄罗斯"电视台（RT）在2013年重申这一说法，发布了8.5万亿美元失踪的不实报道。实际上，8.5万亿美元是美国十六年（1996年至2012年）的全部军费开支。他们编造的故事也是跟支出的会计标准有关，而与失踪的实实在在的金钱无关。RT电视台几乎每年都在不断推出这个虚假故事的新版本，最近一次是在2017年12月，这一次，涉及的金额飙升到了21万亿美元。

这个观点可能很难向你的朋友传达，但它很重要，值得花时间慢慢渗透。一旦你理解了正在发生的事情，这个错误就很容易识破了。但在"9·11"真相和整个阴谋圈子的各个层面，这个错误持续的时间非常久。一旦你的朋友把这个特殊的观点转移到了他们的分界线的右边，你就可以问问他们还有什么事情可能会出错。问问他们，消息提供者是否犯了真正的错误，或者是否误导了他们？鉴于这么多人声称五角大楼确实失踪了2.3万亿美元——尽管多年前就有人解释过——或许应该对这些人多年来一直在宣传的其他"事实"采取谨慎的态度。

有用的信息

大多数认同"9·11"控制爆破拆除观点的人都对证据有一个粗略的了解。像"AE911真相"这样的网站上就有这样的列表，但他们接受这些证据是基于两件事。首先是基于"AE911真相"网站的"权威和专业知识",正如我们所看到的,这个网站上发布的内容并不总是经得起推敲。其次是基于对列表上项目的实际含义的不完全理解。这种不完全的理解源自信息的缺乏,因此,为了帮助你的朋友更好地评估这些列表,你需要向他们提供有用的信息和理解这些信息的必要背景。

对阴谋论者声称的证据、有用的缺失信息的详细解释以及解释本身,我将另写一本书进行阐述。此处我只列出一些项目和信息来源。如果你想了解更多的细节,可以查找揭穿"9·11"谎言的在线资源。

NIST报告。经常遭到诋毁的NIST报告非常详细地描述了对世贸中心大楼倒塌事件的调查。报告有很多份,如果你只想先看一份,那么我推荐你去看《NCSTAR1-9,世贸中心7号楼的结构火灾反应和可能的倒塌顺序》。报告很长,你可以试着让你的朋友粗略地浏览一番,了解其中的细节和涉及的工作量。

NIST常见问题解答。常见问题是公众和"9·11"真相寻求者经常提出的关于NIST调查的相对简短的几个问题。其中一个问题与双子塔有关,还有一个与7号楼有关。如果你的朋友有问题要问,可以先在这里查找。这里面有很多令人惊讶的信息,是大多数真相寻求者不知道的。

千斤顶。在没有炸药的情况下进行拆除,需要使建筑物的顶部往下掉,以摧毁整栋建筑物。这类似于世贸中心大楼的倒塌。如果你的朋友确信只有炸药才能摧毁一栋建筑,那么他们可能不知道千斤顶是什么。他们还应该了解一下"哑炮"(喷出的空气,真相寻求者声称是炸药)和"火山碎屑状云"(膨胀尘云,真相寻求者认为这一定来自空中爆炸)。

用炸药控制拆除。响声会很大!可以去现场听听控爆拆除的声音。那是一连串震耳欲聋的巨响,会在整个城市回响,在半英里外也很容易就能用录像机捕捉到这些声音。相比之下，世贸中心大楼倒塌的录音带里并没有这样的爆炸声。

岩石瀑布。当岩石、混凝土地板或满是干墙的建筑物等巨型物体坠落并撞击到其他物体时，首先会产生大量的灰尘，其次灰尘会像花椰菜形状的云一样向上翻腾。"AE911真相"组织称，这个现象疑似火山爆发后产生的"火山碎屑流"。但是，看看约塞米蒂国家公园的巨型岩石瀑布（没有炸药）的视频，你会看到同样的效果。这只是碎石（或者像世贸中心大楼那样的混凝土和干墙）。云的形成是由于一个大的下落物体使空气发生了位移。由于大火，有些地方温度很高。

弱化钢。钢在常规火中受热会变弱。有两个例子很好地说明了这一点。一个是炼狱钢铁厂[1]加热铁棒，另一个是国家地理频道用喷气燃料加热结构梁。在这两个例子中，炼钢都失效了，就像在世贸中心一样。如果你有喷灯，可以自己尝试一下，这个实验挺有意思的。

黑烟。一个常见的误解是，黑烟表示"不完全燃烧，低温火灾"。如果你看看旷野中燃烧的喷气燃料，你会发现有大量的黑烟，而明显有足够的氧气，火仍然能将钢梁加热到1100摄氏度以上，直至熄灭为止。

细长柱屈曲。高大的柱子需要加固，以最大限度地增加强度。世贸中心大楼的柱子是用楼板加固的。如果楼板倒塌，柱子的强度就会大大降低。给你的朋友看一些加固和不加固的细长柱屈曲的视频，这是导致世贸中心大楼全部倒塌的一个重要因素。

静态力VS动态力。一个常见的误解是，既然建筑物的下部可以正常支撑上部，那么下部应该能够在建筑物倒下的时候起到阻止作用。这种误解产生的前提是不知道移动的动态负载比非移动的静态负载产生的

1　译者注：佐治亚州西南部的一家现代铁匠铺。

力要大得多。即使是短至几英寸的下落也会使力成倍增加。给你的朋友看一些静态力和动态力的对比案例。

世贸中心的瓦砾堆。关于瓦砾堆，有意思的是，完全没有任何证据表明世贸大楼是被控制爆破拆除的。你会看到照片中大楼断开的地方基本上已经裂开或折断了。芯柱没有割断的痕迹，只是在楼板剥离后于浅焊缝处断裂。有很多不同阶段的瓦砾堆照片。看看这些柱子。它们是怎么倒塌的？

揭穿虚假阴谋论的网站。你的朋友可能会在宣扬虚假阴谋论的视频和网站上花很多时间。试着让他们扩大查看的范围。你可以承诺，如果他们浏览911 Myths等网站，你就去看他们的网站。

普拉斯科大楼。"9·11"真相运动的口号是"没有任何钢框架建筑会仅仅因为火灾而倒塌"，所以，当伊朗的普拉斯科大楼因火灾而倒塌，导致20名消防员丧生时，"AE911真相"组织的选择只有被迫撤回那项特定证据，或者加入普拉斯科真相寻求者的行列。他们选择成为普拉斯科真相寻求者。奇怪的是，他们选定了伊朗一栋不起眼的古老商业建筑，作为第四栋被神秘的纳米铝热剂秘密摧毁的建筑。

"9·11"事件的摘要和资料

传达给你朋友的要点

· 你已经做了研究，并且愿意倾听他们的意见。

· "9·11"真相组织的建筑师和工程师似乎与普通的"9·11"真相寻求者没什么不同，他们只是被吸进了兔子洞的建筑师和工程师。

· 在残骸中没有发现凝固的钢水池，物理上也不可能在几周内保持熔融状态。纳米铝热剂也不能燃烧几个星期。

· 他们至少应该去看看NIST的常见问题解答。

· "AE911真相"组织精选了他们的专家证词。R.J.李发现了微球，还对此进行了解释。乔文科说7号楼是被控爆拆除的，但他坚称双子塔不是。

· 一架飞机撞上了五角大楼，但许多真相寻求者认为根本不存在这种情况。

· 2.3万亿美元并没有丢失，但很多真相寻求者都认为的确丢失了。

· 当看到一栋钢框架建筑因火灾而倒塌的例子时，"AE911真相"组织只是轻描淡写地说，那也是纳米铝热剂的杰作。

· 大部分真相寻求者的证据都可以用谷歌搜索到答复。在接受一方意见之前，至少要考虑另一种解释。

其他资源

Metabunk网站的"9·11"论坛（metabunk.org/9-11.f28/）——广泛的讨论。

国际怀疑论者"9·11"论坛（internationalskeptics.com/forums/forumdisplay.php?f=64）——更广泛。

911 Myths网站（911myths.com）——主要误解的全面报道。

"9·11"事件指南（sites.google.com/site/911guide/）——很多有趣的信息。

揭穿"9·11"（debunking911.com）——仍然有用的旧网站。

NIST网站的世贸中心大楼倒塌研究（wtc.nist.gov）——包含所有的相关报道、常见问题解答及视频。

第十章

卡尔——短暂的真相寻求者

卡尔是一名喜剧演员，也是YouTube的内容创建者。他制作了一些精彩的视频，来解释世贸中心7号楼是如何倒塌的。他用"爱德华·柯伦特"这个网名发帖。在他第一部揭露真相的视频（我强烈建议你观看，并试着让你的朋友观看）的评论中，他简要提到他曾经是一个"被蒙骗的'9·11'真相寻求者"。我联系了他，问他是如何对真相运动产生兴趣的。

大约是在2007年或者2008年的时候。我不想说这个阶段持续了多久，因为这有点儿可笑，可能有一个星期的时间吧。我了解了7号楼的相关情况，我看了他们通常展示的东西。全世界最后一座没有顶层公寓的高楼坍塌了，我想："哦，我的上帝！"接着我看到了这一页，内容好像是"九件不合理的事情"。然后，我开始投入其中，甚至给我喜欢看的美国公共电视网（PBS）节目《前线》写了一封信，这是一档很不错的节目。不过，这封信我一直没有寄出。

大约过了一个星期，我问了我哥哥这件事。他只是耸了耸肩，说这好比"奥卡姆剃刀原理",最简单的解释很可能是对的,原因就是火灾。

然后我问他:"为什么大楼会笔直坍塌?"他只是耸耸肩,说:"重力是垂直向下的。"我心想:"这个解释有道理。"

起初,卡尔的经历让我很惊讶,因为我从未听说过"9·11"阴谋论者如此快速地进出兔子洞。他掉进兔子洞的路线很常见——和许多人一样,看过一段他们无法理解的视频,然后开始观看其他视频,于是受到蛊惑掉进了兔子洞。但之后发生在卡尔身上的事就不一样了。他很幸运有一个他信任的哥哥。就在他彻底掉进兔子洞之前,他的哥哥抓住了他。卡尔在洞里待的时间还不够长,没有被卡住。

我可能会被吸进洞去。我认为我是那种乐于被人证明是我错了,然后改变主意的人。他们都这么说,但这有点儿像邓宁-克鲁格效应。虽然我不会说我是最持怀疑态度的人,但我想很多阴谋论者会说:"我真的很怀疑,我也不愿相信政府对我们做了这些事,但这确实是一个客观的观点。"不过,我更喜欢反省自己的缺点,这些缺点可能会导致我的思维误入歧途。

邓宁-克鲁格效应是一种常见的心理偏见,我们都有这种偏见,我们往往会高估自己的能力。我们的能力越低,我们就越高估自己。几乎在每个领域,都有90%的人有这种偏见,他们认为自己的能力"高于平均水平"。在陷入阴谋论的短暂日子里,卡尔做了大多数过度自信的阴谋论者都会做的事情:自己做研究。

我只是在看视频和阅读文档之类的东西。我当然只查看了宣扬阴谋论的资料，我当时只查找这类资料。我没有去查找相反观点的资料。我想要相信阴谋论，所以我只看相关的资料。接下来我就体验到了"回声室效应"[1]。

他在与资深阴谋论者的交流中看到了这一点：

我认为，你投入的情感越多，你就越不可能抽身而出，因为你在这上面倾注了太多的时间和精力。有些人只是不喜欢被人发现自己做错了而已。他们以愤怒回应，他们拒绝承认。而其他人的态度则不同，他们也许会自嘲"我就是个笨蛋"。

卡尔的另一个优势是，他周围几乎没有人真的对阴谋论感兴趣。

唯一对阴谋论有点儿兴趣的是一个非常聪明的家伙，他收听KPFA电台，这是"9·11"阴谋论的重要信息渠道。他看了我制作的一段（揭穿谎言的）视频，突然给我发了一封邮件，上面写道："你怎么能相信这些东西！"他痛斥我居然相信那些住在兔子洞里的手持美工刀的家伙（指的是奥萨马·本·拉登）。他喋喋不休地说了很多话。我们交换了几次意见，然后达成了各持己见的共识。除此之外，我真的想不出还有谁对这些东西感兴趣。

现在，卡尔用一些空闲时间来制作揭露虚假阴谋论的视频，然后放

1　译者注：回声室效应从媒体方面来讲是指，在一个相对封闭的环境里，一些意见相近的声音以夸张或其他扭曲的形式不断重复，让处于相对封闭环境中的大多数人认为这些扭曲的故事就是全部事实。

到YouTube上，接着在YouTube的评论区花更多的时间来回复网友们对视频的反馈。我们讨论了他的动机。

让我感兴趣的是回过头来查看评论。我看到了一种学术上的不诚实。我只是想告诉人们，他们的想法是有缺陷的。部分原因是我是一个男人，而男人往往是勇士，他们想让人们知道他们是对的。有趣的是，很少有女人会这么做，总是男人之间互相攻击。

这也是一种智力练习。我真的很喜欢寻找逻辑谬误之类的东西进行类比，寻找事物之间的相似之处，等等。这在心理学上很吸引人，工程物理学也很吸引人。

以"爱德华·柯伦特"的身份，卡尔也花了一点儿时间戏弄"9·11"真相寻求者。他制作了一个虚假视频，似乎显示的是7号楼的特写镜头。与其他已经公开的视频不同，这段视频显示窗户被炸开了，爆炸声不断。"9·11"阴谋论者最初欣然接受了这段视频，对控制爆破拆除阴谋论新出现的"100%的证据"感到非常兴奋。但人们很快就发现了视频的一些问题。首先，如果你把它翻转过来，放慢速度，你会发现它实际上只是真实世界的片段，并添加了一些爆炸声。视频中还出现了UFO，当建筑物倒塌时，这个小型飞碟迅速从镜头前飞过。对此，人们的反应喜忧参半，颇为复杂。

（看了我的视频的）人似乎完全被分成了两派。当你告诉有些人他们被愚弄了时，他们会说："我是个笨蛋，哈哈哈，被你发现了。下次我会更小心的。"但剩下的那些人会很生气，他们会大发雷霆，然后跑掉。

这种情况导致了阴谋论者群体的分裂。直到今天，仍有一些人认为我是个骗子，我没有恶搞那段视频，它根本就是真实的。他们要求我把源文件放上去。即使我把飞碟和隐藏的信息加进了视频，我把它弄得荒谬可笑，让大楼的倒塌比自由落体还快，即使这与人们看过的其他任何视频完全不同，他们也仍然坚信这是真实的。

预防是好的。我的目标不一定是将真相寻求者转变成非真相寻求者，但有些人刚开始接触阴谋论，如果他们能看到合理的解释，也许就不会走上通往兔子洞的那条路了。

最终，卡尔只在兔子洞里待了很短的时间，大约一个星期——他的哥哥阻止了他在兔子洞里越陷越深。他从兔子洞里出来后就成了反阴谋论者，就像那些在洞里待了多年后才找到出路的人一样。去兔子洞旅行一次就像给你接种疫苗一样，可以防止你再次被吸进洞去。一旦你认识到自己有认知缺陷，并着手去改变，那么就没有回头路可走了。接触阴谋论会让你陷入其中，一旦你看到了（真实的）光明，你就会看清兔子洞的真实面目，你就不会再想继续待下去了。

卡尔的哥哥阻止他在兔子洞里越陷越深相对较容易，因为与斯蒂芬妮的情况相比，卡尔没有花太多时间来强化自己的信仰。但起作用的策略基本上是一样的——一个朋友告诉他一些他不知道的信息。同样的方法也适用于其他人，不管他们在阴谋论的泥潭里陷了多久。卡尔的哥哥以一种不加评判的态度给了他一些简单的回答。斯蒂芬妮的朋友给了她一些简单的答案。卡尔比斯蒂芬妮更快地接受了新的观点，但他们都在朋友的帮助下逃了出来。

* 第十一章

假旗行动

2017年10月1日晚上10点刚过，64岁的斯蒂芬·帕多克打碎了曼德勒海湾酒店32楼他住的那间套房的两扇窗户，并向拉斯维加斯大道另一边参加乡村音乐节的人群开枪。他在两扇窗户间来回射击，用不同的武器连射了几分钟。这些武器都是他在过去的三天里带进套房的，一共有23把枪。事件造成58人死亡、近500人受伤。这是美国历史上最严重的一起单人作案枪击事件。

大屠杀引发了一场史无前例的阴谋论猜测浪潮。人们似乎不愿意接受帕多克单独作案的说法。这让人们想起了与肯尼迪遇刺案有关的阴谋论，即臭名昭著的"从草丘开枪的神秘枪手"的说法。有报道称，当时还有一名"四楼的枪手"。就像对待肯尼迪遇刺案一样，人们以警方录音为突破口，着手分析音频，试图证明案发现场有多名枪手。从未去过拉斯维加斯的人问，帕多克怎么能顺利通过安检，将枪支偷运进他的房间（枪支放在手提箱里，酒店里没有金属探测器）。他们问，他怎么会有这么多把枪（都是从内华达州的枪支商店合法购买的）。他们问，为什么会有人做出这样的事（我们可能永远无法理解，但我们知道有些人是疯狂或邪恶的）。

除了这些或多或少有些道理的问题，有些人甚至问，这件事是不是真的发生过。人们只是假装被枪杀吗？为什么尸体的照片这么少？事件发生后，为什么有些人还在笑？为什么有些人在跑，而另一些人只是站在那里？这些问题荒谬可笑、似是而非、没完没了，但它们都是基于一种特定的怀疑（有时是信念）：拉斯维加斯枪击案是一起"假旗事件"。

假旗事件是指企图将不可告人的动机归罪于第三方的事件，通常是间接攻击第三方的一种方式。一个国家可能会利用假旗事件作为入侵另一个国家的借口，先利用本国的资源发动攻击，但装备得像敌军。例如，在1953年的"阿贾克斯行动"中，中情局雇用间谍冒充共产主义人民党成员，帮助安排在伊朗发动一系列袭击。其目的是增加民众对共产主义革命的恐惧，为推翻民选政府创造条件。

假旗的构想在阴谋文化中有着悠久的历史。珍珠港事件促使美国加入第二次世界大战，虽然这是一次真正的袭击，但长期以来人们一直怀疑美国政府事先有所了解。假旗的一面被认为是捏造了"偷袭"的观点，这在美国民众中引发了更强烈的愤怒，导致人们更加支持参战，更加遵守征兵制度。

同样，"9·11"事件前后也出现了一些低级别的阴谋论。在"LIHOP"（故意纵容）的场景中，那些渴望再发生一次"珍珠港事件"的人不采取行动，任由美国遭到攻击。更进一步的"9·11"阴谋论（MIHOP理论）在很大程度上也是假旗理论。这两起事件的本意都是为美国"反恐战争"寻找借口，限制公民自由，并允许在海湾地区采取更多行动，以推进大型石油公司和军工复合体的目标。

这个词在21世纪头十年的阴谋文化中并不常见。

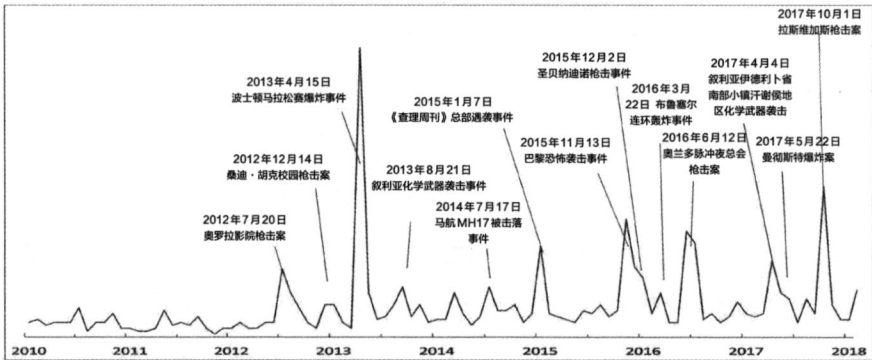

图12：谷歌趋势中的假旗事件，显示峰值出现在每次大规模伤亡事件发生时

　　直到2012年7月的奥罗拉影院枪击案、2012年12月的桑迪·胡克校园枪击案以及2013年4月波士顿马拉松爆炸事件陆续发生，假旗事件的搜索量出现最大峰值后，阴谋论者才开始条件反射性地使用"假旗"这个词。随后，在叙利亚化学武器袭击事件以及马航MH17航班在乌克兰上空被击落事件发生后，搜索量出现了小幅上升。2015年，法国发生了两起恐怖袭击（《查理周刊》总部遇袭和巴黎恐怖袭击），阴谋论者亚历克斯·琼斯曾经发表过评论，接着是圣贝纳迪诺枪击事件和佛罗里达州奥兰多脉冲夜总会枪击案。

　　除了波士顿马拉松赛爆炸事件，拉斯维加斯枪击事件发生后的阴谋论狂热地掩盖了以上这些峰值，很快就可以看出，拉斯维加斯枪击案将成为"假旗"阴谋论的目标。虽然脉冲夜总会枪击案的死亡人数与此案相当，但人们的反应似乎非常不同。

　　这可能是由于人们对行凶者不熟悉。公众已经习惯了认定杀人如麻者都是些心理变态的年轻人，或者像最近一样认定他们是圣战恐怖分子。一名年轻的极端分子在一家同性恋夜总会里杀害了49人，这很可能是一起假旗事件——这么说也不是全无道理可言。一个白人老头儿单独行动，没有明显的作案动机，这似乎是令人费解的。而阴谋论者极度厌恶这种莫名其妙的行为，他们急着为这种行为找到合理的解释：一起假旗事件，目的是加强对枪支的管控。

当你和你的朋友讨论为什么他们相信假旗阴谋论时——不管它们是否与"9·11"事件相关，不管它们是LIHOP还是MIHOP，或者是以"剥夺我们的持枪权"为目的的虚假的大规模枪击案——有一个问题需要认真考虑："在美国本土制造假旗行动是政府会做的事情吗？"

简单来说，答案似乎是肯定的——在阴谋论者的心目中，政府是一个腐败、邪恶的实体，它会不择手段来达到统治世界的目标。如果你不同意，你的建议就会引起"不要告诉我你信任政府"和"他们以前也这样做过"这样的反应。

对于前者，你可以跟他们解释你对政府的信任程度（可能像我一样，不太信任）。"他们以前做过"的说法值得研究。他们究竟什么时候这样做过？他们到底做了什么？那时候是怎么回事？在美国执行假旗事件的决定有哪些考虑因素？风险是什么？奖励是什么？这么做值得吗？

到目前为止，当你向你的朋友询问政府做这类事情的证据时，他能举出的最常见的例子就是诺斯伍兹行动。

诺斯伍兹行动

诺斯伍兹行动不是真正的行动，而是一份文件。这是一份1962年的报告，长达十几页纸，暗示了一些可能存在的"假旗"行动，这些行动可能是为了证明美国入侵古巴是正当的。它指出：

执行这一计划的预期结果将把美国置于明显因古巴政府的轻率和不负责任而合理抱怨的境地，并在国际上树立古巴威胁西半球和平的形象。

该报告经常被视为美国政府计划假旗行动的证据，因此也被当作证明"9·11"袭击是"内幕交易"的证据。更极端的解释是，它被用来证明"9·11"袭击实际上是假的。诺斯伍兹行动存在于真相与幻想的混乱交会处。

我们没有什么可说的了——有一份长达15页的诺斯伍兹行动文件，题为"对古巴进行军事干预的正当理由"，其中包括几份备忘录和一份列有九个建议的清单。

1.骚扰古巴境内的古巴人，直到他们做出反击，以"合法挑衅作为军事干预的基础"。

2.在关塔那摩美军基地或附近发动佯攻。

3.伪造一艘被古巴人炸毁的船只，随后组织假的营救行动，并造成虚假伤亡。

4."在迈阿密和其他美国城市开展古巴共产主义恐怖活动"。

5.蓄意入侵多米尼加共和国领空，用苏联制造的燃烧装置焚烧多米尼加的部分甘蔗田。

6.用一架假的米格飞机高速逼近一架真实的美国民航飞机以示威胁，并杜撰目击者的口供。

7."劫持民用飞机和水面舰艇的企图似乎应继续作为古巴政府纵容骚扰措施的证据。"

8.虚构古巴击落一架民用飞机，造成虚假伤亡。

9.制造古巴击落一架军用飞机并造成伤亡的现场。

除了这份清单，几乎没有关于这项提议的记录。这并不能阻止人们提笔写下这项提议，就好像它是我们的历史上有记载的事件一样。没有人就参与此事件接受过采访，文件中列出的大部分高层人物现在都已经去世。这些文件是2001年5月在詹姆斯·班福德的《秘密机构》一书中曝光的。请注意，这是在2001年"9·11"恐怖袭击之前，这也许可以解释为什么有些人很快就把两者联系起来了。

阴谋集团对这些文件有各种各样的解释。

杰西·温图拉：军方（和参谋长联席会议）想利用我们的中情局和军方来攻击美国的某些地区，使其看起来像是卡斯特罗干的，这样国家就会武装起来，支持入侵古巴。

詹姆斯·班福德：让中情局在美国秘密制造恐怖主义。人们会在美国的街道上被枪杀，炸弹会被引爆。

这些言论指的是第四个想法，它的全文是：

我们可以在迈阿密地区，在佛罗里达的其他城市，甚至在华盛顿开展古巴共产主义恐怖活动。恐怖活动的目标可能是在美国寻求庇护的难民。我们可以击沉一艘满载着古巴人前往佛罗里达的船只（真实或伪造的均可）。我们可以制造几起攻击在美古巴难民的事件，对他们的伤害要达到广泛宣传的程度。在精心挑选的地点引爆几枚塑料炸弹，逮捕古巴特工，并公布准备好的证实古巴参与了的文件，这些也将有助于宣扬古巴政府不负责任的观点。

迄今为止，这是九项建议中最严重的一项，因为它确实会"伤害"古巴难民。更令人担心的是，虽然没有具体细节，但它建议击沉一艘"真的""满载着古巴人的船"——尽管它没有说是否会营救他们。

温图拉的描述准确吗？从表面上看，最初似乎确实如此。然而，该计划并不是要"攻击某些城市"，而是要以古巴难民为目标。温图拉试图将诺斯伍兹与"9·11"事件联系起来，但这个计划与谋杀数千人、摧毁价值数十亿美元的大楼相去甚远。少数古巴难民可能受到的伤害与"9·11"事件的大屠杀大不相同。

亚历克斯·琼斯提出了一个更为极端的解释：

> 联邦政府提议炸毁满载美国人的客机，称美国报纸上的伤亡名单将引发一波对他们极为有利的愤怒浪潮。
>
> 在该计划中，他们详细阐述了如何"轰炸华盛顿特区"，并嫁祸给古巴；如何利用装扮成古巴人的美军士兵袭击关塔那摩湾的海军陆战队；或者，就像"缅因"号的沉没可以使他们借机发动美西战争一样，他们可能再次炸毁一艘船！

琼斯接受了发动袭击的提议，并把它们说得好像真的在杀人一样。这是虚假的信息。当时并没有杀死美国人的计划——炸毁船只和飞机的提议只涉及无人机。第八项建议更为复杂，具体内容是：

> 可以制造一次事件，令人信服地证明一架古巴飞机袭击并击落了一架从美国飞往牙买加、危地马拉、巴拿马或委内瑞拉的包机。选定的目的地要使计划的飞行路线穿越古巴。乘客可以是一群外出度假的大学生，也可以是任何一群为了共同利益支持包租

非定期航班的人。

a.恩格林空军基地的一架飞机将被涂色并编号，成为迈阿密地区属于中情局专有组织的民用注册飞机的精确复制品。在指定的时间，这架飞机将取代真实的民用飞机，并将载有选定的乘客，所有乘客均以精心准备的化名登机。而实际注册的飞机将被改装成一架无人机。

b.无人机和载客飞机的起飞时间将被安排妥当，确保它们在佛罗里达南部会合。从会合点开始，载客飞机将下降到最低高度，然后直接进入恩格林空军基地的一个辅助场地，在那里安排疏散乘客，并使飞机恢复原来的状态。与此同时，无人机将继续执行飞行计划。在古巴上空，无人机将以国际遇险频率发送一条"呼救"信息，表明它受到了古巴米格飞机的攻击。无线电信号将因飞机遭到"破坏"而"中断传输"。这样一来，西半球的国际民航组织无线电台就会向美国通报飞机发生了什么，而不是美国试图"兜售"该事件。

由于诺斯伍兹行动经常出现，了解它的历史、背景、相关人员以及文档的实际内容对你来说非常重要。关于诺斯伍兹，有两件重要的事情需要记住：

1.这是一系列初步提案，甚至从未进入最初的规划阶段。
2.这些事件中没有一起是计划让美国公民故意受伤或死亡的，虽然古巴国民可能会受到伤害——当然，对古巴的入侵就可能导致成百上千人丧生。

在列表开头有一条说明，表明这只是一系列初步提议：

注：以下行动方案只是初步提交，仅适用于规划目的。它们既不是按时间顺序排列的，也不是按升序排列的。它们与其他机构的类似信息一起，旨在为制订单一、综合、分时段的计划提供出发点。这样一项计划将允许在累积的相关行动的范围内对各个项目进行评估，这些行动旨在不可避免地达成美国以充分的理由对古巴进行军事干预的目的。

基本上，这是一系列旨在为制订实际计划提供出发点的想法。这些想法似乎都没有超越最初的猜测。参谋长联席会议不赞成实施这些想法，他们只是同意将这份文件作为讨论的出发点。

我们知道这些想法从未实施过，因为它们描述的事件从未发生过。如果其中任何一条建议（除了"散布谣言"等比较平庸的建议之外）得以实施，那么它们就会成为新闻。但是没有关于客机被古巴的米格战机拦截的报道，没有青少年失踪，也没有海军飞机在古巴上空"失踪"。

要理解任何一种主张的优点，关键是要了解其背景。让我们来看看"诺斯伍兹行动"文件前后的事件时间表。

1961年4月17日——猪湾事件——中情局协助逃亡美国的古巴人对古巴发动的一次失败的军事入侵行动。该计划由艾森豪威尔总统制订，并得到了后来的肯尼迪总统的批准。

1961年11月——决定实施"古巴计划"，又称"猫鼬行动"，这是一项破坏和宣传计划。

1962年3月5日——古巴计划的负责人写了一份名为"猫鼬行动"的备忘录，要求列出美国入侵古巴的理由。

1962年3月7日——参谋长联席会议表示希望挑起古巴的挑衅行为。

1962年3月9日——诺斯伍兹行动备忘录和建议清单的日期。

1962年3月13日——参谋长联席会议建议，将包括九项建议清单在内的"诺斯伍兹行动""作为适合规划目的的初步建议提交"，并假设"其他机构也将提交类似的提案"。

1962年5月——有人提议驾驶U2侦察机故意飞越古巴上空，以挑起古巴的进攻。

1962年10月14日——高空照片证明苏联制造的导弹出现在古巴，导致古巴导弹危机的开始。

请注意，古巴计划和诺斯伍兹行动的文件是以猪湾事件和古巴导弹危机为背景的。肯尼迪一直以来都在竭力避免与古巴发生冲突，以免升级为与苏联的战争。猪湾事件被设计为一场反革命，目的是让美国做出似乎合理的否认。这次努力失败后，重点是寻找足够的借口，允许美国入侵古巴，而不让苏联以同样的理由做出回应。诺斯伍兹行动是其中的一个借口，但最终无疾而终。

为什么诺斯伍兹行动没有继续？这些文件没有提供多少细节，但在许多方面都存在明显的担忧。我们可以将可能的原因总结为：

· 有被抓的重大风险。美国想要推翻古巴的共产主义政权，但又不想与苏联开战。除非有把握成功，否则他们不会贸然行动。被抓住把柄的话，会在国际和国内产生巨大影响。

· 政府和军方有许多人根本不想入侵古巴，不管入侵的理由是否合理。因此，为他们实际上不想做的事情制造虚假的借口是没有意义的。

· 人们担心可能会伤及古巴难民的道德问题。这种担忧也可能以一种次要的方式表现出来，在这种情况下，人们担心的是，如果计划真的被揭露出来，会让他们看起来太邪恶。

·10月，古巴导弹危机的爆发使这个想法黯然失色。由于存在威胁佛罗里达的核导弹，入侵古巴现在不需要任何真正的借口。然而，人们更不希望采取任何可能引发核事件的行动了。

看了当时的官方文件，我们可以汲取很多重要的教训。首先，政府和军方的权力结构过去（和现在）不是体现某个人的想法。权力结构是由拥有不同经验、技能、意识形态和动机的人（当时都是男性）组成的，他们提出并讨论了许多不同的破坏和宣传计划。虚假的借口（假旗事件）被提出的事实表明有些人愿意考虑它们。军方和政府有许多人可能愿意实施这些措施，如果他们能够逃脱惩罚的话。

重点是"如果他们能够逃脱惩罚的话"。如果你只需要点击一个按钮，就能百分之百地逃脱惩罚，不会有任何后果，你的银行账户里还会多出1000万美元，不会有人问你任何问题，那么你会去银行抢劫1000万美元吗？

很多人的答案都是"会"，即便如此，他们仍会犹豫不决——出于类似的原因，参谋长联席会议也可能会对诺斯伍兹行动犹豫不决。真的百分之百没有风险吗？虽然被抓住的可能性很小，但你知道，若是被抓就会失去一切，还得在监狱里待上几年。除非上帝他老人家亲自作保（即使如此……），你真的能确定会起作用吗？风险未知。后果很严重。

不同的人可能还有其他的顾虑。这种情况的道德性会使许多人望而却步。甚至这么做的后果也可能会使有些人望而却步——我们都听过彩票中奖者在获得巨额奖金后生活被毁掉的故事。"不要破坏现状"这句话对很多人都适用。

但很多人会接受这1000万美元。为什么肯尼迪没有实施诺斯伍兹行动？与其说是因为他认为这是不道德的（大部分计划不会造成人员伤亡），倒不如说是因为他希望避免与苏联开战。他知道没有风险是不可能的，最重要的是，他不想入侵古巴，挑起战争。

风险与回报不匹配。这是你能从诺斯伍兹行动中学到的关键一课，也是我们可以把你朋友认为是王牌的东西认定为假旗事件，然后扭转局面的关键方法。当然，你可以（非常诚实地）告诉他，如果人们能够逃脱惩罚，如果回报丰厚，他们会做很多事情。但是诺斯伍兹行动没有被实施，因为他们不能保证自己能够逃脱惩罚，风险大于回报，甚至成功的回报本身就带有风险。

问问你的朋友与他们最喜欢的"假旗"阴谋论相关的问题，比如，风险是什么？奖励是什么？这个目标可以用一种更简单的方法实现吗？许多"9·11"阴谋论的风险是巨大的。如果一位总统无法掩盖水门事件（一项相对简单的盗窃和窃听工作），那么另一位总统又怎能用数以百万计的炸药掩盖三栋大楼的秘密布线，然后组织劫持四架飞机呢？你究竟是如何创造一场无风险的假旗校园枪击案，让整个社区的假演员都参与进来的？这么做是为了什么呢，为了让公众对枪支管制的看法发生微妙的转变？这种转变实际上并没有发生，反而导致了枪支销售的增长。哪位总统，哪个位高权重的人，会不惜一切代价，只为了让这个无关紧要的小插曲进入公众舆论的视线？

如果他们提起诺斯伍兹行动，那就抓住这个机会，和他们一起回顾一下，看看计划是什么、风险是什么，为什么他们没有去实施，然后直接与你朋友信奉的阴谋论进行比较。

虽然诺斯伍兹行动从未付诸实施，但在美国和世界各地的政府最高层，肯定有人建议并实施了使用假旗事件或虚假借口来采取行动的做法。可以肯定的是，在美国军事干预的历史上，虚假借口已经被使用过了，还可能被多次使用过。正如序言中提到的，阴谋是非常真实的。许多人认为，这方面的一个重要的例子是引发越南战争的北部湾事件。就像诺斯伍兹行动一样，这是一个被严重误解的事件。这副纸牌中的一张牌可以再次翻转过来，让人们真正了解哪些类型的假旗事件是可信的。

北部湾事件

两次北部湾事件似乎相对简单。据报道，1964年8月2日，美国海军驱逐舰"马多克斯"号遭到北越[1]船只的袭击；两天后，即8月4日，"马多克斯"号和另一艘驱逐舰（"特纳·乔伊"号）遭到了第二次更大规模的袭击。这些被报道的侵略行为导致美国在8月5日对北越发动了报复性攻击，并于8月7日通过了《北部湾决议》，随后导致全面军事介入越南冲突，进而引发越南战争，成千上万的美国人和越南人因此丧生。

但实际情况要复杂得多。人们认为，8月4日发生了真正的袭击。驱逐舰采取规避行动，向被他们认为是敌人的鱼雷快艇开火。情况很快变得明朗起来，人们对事情的真相产生了严重的怀疑。后来，更清楚的是，根本没有真的发生攻击。向美国公众和国会提供的情况并不能准确地反映这两天发生的事情，尤其是第二天。

---

1 指1945年至1976年越南北方建立的一个共产主义政权国家，俗称北越。

就连约翰逊总统也没有完全了解到底发生了什么。8月4日晚，他向全国发表讲话时说：

> 作为总统和总司令，我有责任向美国人民报告，今天在北部湾公海上针对美国船只的新的敌对行动要求我命令美国军队采取行动作为回应。
>
> 8月2日，"马多克斯"号驱逐舰遭到首次袭击。今天，数艘敌方船只又用鱼雷袭击了两艘美国驱逐舰。在首次遇袭后，驱逐舰和支援飞机立即按照我下达的命令行动了。我们相信，至少有两艘攻击船只被击沉了。我方没有损失。

虽然约翰逊语气坚定，用"数艘敌方船只"和"鱼雷"等细节来描述事件，但他对发生的事情远没有把握。这在一定程度上是因为"战争迷雾"，即很难从前线获得准确的信息。最主要的是因为最初的攻击报告是错误的，约翰逊直到后来才发现这一点。

要了解这些事件，我们需要了解约翰逊政府的国防部长罗伯特·麦克纳马拉，他是越南局势升级过程中最有影响力的人。麦克纳马拉是深得约翰逊信赖的顾问，约翰逊依靠他提供有关越南局势的情报简报。他们经常通电话，其中很多对话都有录音，现在可以公开获取。这个阴谋可以归结为"麦克纳马拉向约翰逊汇报了什么或者隐瞒了什么"。

来自北部湾海军舰艇的第一批报告明确指出，袭击正在发生，他们正遭到北越鱼雷快艇的攻击。麦克纳马拉一直在了解最新战况，因为"马多克斯"号的赫里克船长最初认为船只受到了攻击，所以麦克纳马拉也这样认为。

麦克纳马拉认为，进攻越南的最佳行动方案是轰炸北越，削弱他们的军事和工业能力，迫使北越解决冲突。约翰逊不愿单方面迈出这一步，坚持要等到北越主动发起攻击。8月2日，一艘小船发动了非常有限的袭击，挑衅的规模还不够大。但是现在，有两艘美国驱逐舰被鱼雷快艇攻击了。显然，这是麦克纳马拉希望发生的更大规模的挑衅。

在"袭击"发生五个小时后，赫里克上尉回顾了这次事件，并开始对真实情况产生了严重怀疑。他给华盛顿发了一封电文，华盛顿时间下午1点27分，电文送达，内容如下：

> 对行动的回顾使得许多被报告的交火和鱼雷发射的情况疑点重重。反常的天气对雷达和过于急切（的声呐操作员）的影响可能导致许多报告有误。在"马多克斯"号上并没有发现遭到攻击的迹象。建议在采取进一步行动之前进行全面评估。

这基本上是一条意思为"哎呀，我们搞错了，没有攻击，你们什么也别做"的信息。是接下来发生了这样的一幕——麦克纳马拉无视了这条信息，假装自己从未见过它。他没有立即向约翰逊汇报，而是继续组织并执行了约翰逊总统签发的对北越实施报复性空袭的命令，从而引发冲突，并为《北部湾决议》奠定了基础，导致了越南战争的全面爆发。

公众几乎立刻对这个故事产生了怀疑，许多当代文章都在质疑"8.4事件"是否发生过。重要的是，对于8月2日发生的第一起事件，从未有过任何真正的怀疑。阴谋论者犯下的一个常见的简单错误是把"北部湾事件"描述为一个单独的事件，实际上，这是两个独立的事件。许多阴谋论者对细节非常不熟悉，可能会对第一次袭击感到惊讶。

1969年，约瑟夫·古尔登的《真相是第一个牺牲品》一书引起了读者广泛的关注。古尔登从目击者的陈述中找到了令人信服的证据，证明第二次袭击从未发生，而且第一次袭击的细节多少有些被夸大了。

有关实际情况的最详细的披露最终来自美国国家安全局（NSA）——负责拦截和解读外国通信的政府机构。长期以来，美国国家安全局一直坚持当时的官方说法，声称有良好的SIGINT（通信情报，通常是无线电通信和编码通信）证据支持第二次攻击的计划和实际事件。2006年，因为有了根据《信息自由法》发布的一份1998年的内部文件，官方立场发生了变化。

该文件由美国国家安全局的历史学家和情报分析员罗伯特·J.汉约克撰写，标题为"臭鼬、幽灵、沉默的猎犬和飞鱼：北部湾之谜，1964年8月2日至4日"。它不仅详细描述了在船上观察到的情况，而且详细描述了北越在那些天和之后被截获的通信情报。

结论是，当时所有人基本上都知道，第二次袭击，也就是约翰逊在呼吁采取行动、导致越南战争爆发时提到的那次袭击，并没有发生；认为那次攻击是真实的，是"分析错误和不愿考虑相反证据的综合结果"（美国国家安全局在实际事件发生很久后才得出这一结论）。第二次袭击不仅没有发生，而且汉约克得出结论，情报部门的成员故意隐瞒了暗示第二次袭击并非真实的信息。

我们这里看到的是IHOP（有意策划的事件）级别非常低的一个阴谋——也许比简单的"这件事能发生真是太好了"这样的解释略高一点儿。没有什么是捏造的，汉约克的分析显示，错误的雷达回波和假想的交战被当时在场的人信以为真。这些情况太过真实，以至于许多人在多年后仍然坚称自己确实目击了一些真相。事情似乎是这样的，麦克纳马拉利用了围绕这一事件的混乱，在报告的确定性上故意误导了约翰逊。

面对那个把北部湾事件当作"假旗事件"的阴谋论者朋友，你怎么跟他说呢？你应该抓住这个机会来谈论政府中真正的腐败和两面派现象。的确，美国对越南的军事介入在本质上是一个虚假借口的严重升级。但这不是一个人为的事件。麦克纳马拉知道，在8月2日的事件之后，还需要再来一次袭击。也许他是故意派遣船只进入危险地带的，他显然希望会有第二次袭击。但8月4日的事件是一个真正的错误，而不是一个伪造的事件。当麦克纳马拉认为这次袭击真的发生了时，他立即把握住了这个机会，然后无视了建议和越来越多的足以证明此次袭击并非真实的证据。他歪曲事实，拖延时间，误导总统。他利用了一个错误，但他本身并没有制造虚假事件。

政府内部权力派系的这种歪曲和误导并不是什么新鲜事，也不是什么特别令人惊讶的事情。人们想要特定的结果，如果对事件的某种解释有助于导致那个结果，那么他们就会试图以魔鬼代言人的魄力来编造那种解释。

这种杜撰正当理由的例子最明显的要属"9·11"恐怖袭击发生后的一系列事件。"9·11"恐怖袭击显然是一个真实的事件，但小布什和切尼想要入侵伊拉克，而不是阿富汗，当然也不是沙特阿拉伯（大部分劫机者来自沙特阿拉伯，基地组织的部分资金也很可能来自沙特阿拉伯）。虽然"9·11"事件给了他们反击的权利，但他们无法立即入侵伊拉克。要解决这个问题，还需要进行大量的编造和歪曲，最显著的是放大任何有关大规模毁灭性武器的证据，而忽视任何表明这些武器不存在的证据。这种谨慎的选择与麦克纳马拉在1964年8月4日的袭击事件中的做法类似，只是规模更大、进展更慢。

在对实际发生的事情缺乏清晰了解的情况下，阴谋论大量滋生。出于显而易见的原因，我们通常无法对有关国家安全的高层讨论有一个清晰的认识，但这种神秘感会随着时间的推移而减弱。北部湾事件的历史足够悠久，而且已经解密了，这让我们对"香肠是如何制作的"有了独特的了解。正常情况下，事发的房间里没有其他人。但我们有麦克纳马拉的真实录音，他刚开始没有告诉约翰逊，后来又告诉了他，然后约翰逊因为没有被告知而生气。阴谋论者对掌权者的实际阴谋了解得越多，他们的错误解释就越不可能站得住脚。你应该鼓励你的朋友在这个问题上"做自己的研究"。让他们知道8月2日和8月4日发生了什么，约翰逊知道了什么，麦克纳马拉知道了什么，以及他们是如何知道的、什么时候知道的。

甚至有一种情况是，在YouTube上做研究，可能会收获颇丰。搜索"麦克纳马拉、北部湾"等关键词，你会发现一些有趣的视频，包括对麦克纳马拉就此事和更广泛的越南局势进行的几次深入采访。小心那些只有简短的通话片段的视频，完整版本的准确的通话录音可以在国家档案馆找到。如果可能的话，和你的朋友一起听听完整的录音，查看完整的录音文本。

注意麦克纳马拉急于轰炸油库，注意他是如何假设在某个时刻会发生第二次袭击的，并且他已经在为这次袭击制订计划了。然后了解这方面的背景资料，阅读汉约克的文章，并理解为什么麦克纳马拉预料到了第二次攻击——是通信情报错误地预测了第二次攻击。那些阴谋论视频经常强调这样一个事实，即麦克纳马拉在第二次袭击发生之前就说过"第二次袭击"。从表面上看，这似乎是麦克纳马拉策划第二次袭击的证据。然后，（阴谋论的逻辑是）既然没有真正的第二次攻击，那么麦克纳马拉肯定策划了一次假的第二次攻击——"假旗事件"。但他指的是情报报告得出的结论，即会发生袭击，这一点在汉约克为美国国家安全局撰写的分析报告中有详细解释。

当你的朋友提到北部湾事件时，他可能会认为你从未听说过。他把北部湾事件和诺斯伍兹行动等看成只有他才了解的特殊知识。你的第一个挑战是建立共同点。你必须了解他知道多少，然后你必须让他了解你知道多少。如果你们面对面地讨论问题，效果是很好的。给他看一份诺斯伍兹事件的打印文件，或者北部湾事件中约翰逊或麦克纳马拉的录音文本——最好突出显示关键部分。即使你没有亲自去见朋友，有时给他看一张你手持真实文件的照片也挺管用的。提供文档的链接也是可行的，但在谈话中并无用处。你可以获得世界上最好的链接内容，但是你需要去点击和阅读。给他看真实的文件，然后问他："我看过了，你呢？"

最好的共同点是共同对付共同的敌人。从诺斯伍兹事件和北部湾事件的历史案例中，我们看到，当权者愿意利用事件作为行动的借口，有时甚至是挑起战争的借口。我们在诺斯伍兹行动中看到了一种意愿，那就是考虑利用虚假和捏造的借口——非常真实的假旗事件。我们知道权力的殿堂里存在腐败现象。我们知道，当权者有他们自己的利益和意识形态，这是他们的主要驱动力，而且这些利益和意识形态往往（但并不总是）与普通民众的利益和意识形态不相吻合。

在这些历史实例中，我们也看到了虚构事件的局限性。参谋长联席会议在诺斯伍兹事件中的态度非常清晰，他们更希望看到入侵古巴的真正理由。他们的第一个想法是刺激古巴采取行动，而不是假装古巴已经采取了行动。

既然把合法挑衅作为美国对古巴军事干预的基础似乎是可取的，（一项计划）可以作为挑起古巴反应的初步努力来执行。强调用骚扰和欺骗行为使古巴人相信入侵迫在眉睫。如果古巴的反应合理，我们在整个计划执行过程中的军事姿态就可以从演习迅速转变为干预。

捅马蜂窝，直到黄蜂愤怒得蜇人为止，然后理所当然地把它烧掉——可以说这就是麦克纳马拉在越南的所作所为。他可能想让北越在某个时候发动进攻，但他希望的是一次真正的进攻，一个"真正的借口"。也许他安排巡逻队是为了最大限度地增加这种袭击发生的可能性，实际上发生的是一场意外，他利用并被迫接受了这个错误。

虽然人们常说真相比小说更离奇，但在阴谋论的世界里，小说通常比真相离奇得多。事实仍然复杂而混乱。我们永远无法确切地说出北部湾究竟发生了什么，我们也永远无法知道肯尼迪总统拒绝诺斯伍兹行动时的想法。但是，对于这两种情况，我们可以了解很多，尤其是北部湾事件。有很多阴谋论者根本不知道的事情，正是通过揭示这些关于战争迷雾、编造事实、利用事件的普通真相，我们才能对实际发生的事情有一个最清晰的认识。诺斯伍兹行动是一个随便抛出的没有结果的想法。北部湾事件是一场对抗雷达幽灵的错误战斗，被利用来推动一项议程。一旦你的朋友看到了这些实情，看到了真实的细节，他就不那么需要阴谋了。

如果你努力地展示了历史上那些假旗事件的真实情况后，你的朋友仍然转过身来说："看看政府都做了什么。"千万不要沮丧，这些事情需要时间。不要急着试图改变他们的想法，而要尽可能多地用事实信息填充他们的大脑。很少有人是因为突然的领悟而从兔子洞里出来的。这是一个逐渐认清现实，并最终抛弃幻想的过程。那些认为桑迪·胡克枪击案和拉斯维加斯枪击案都是精心策划的骗局的人已经深陷兔子洞了。他们对世界的理解存在巨大的偏差和扭曲。仅仅揭穿一件事并不能使他们摆脱困境，还需要大量的"照明"以及大量的时间让他们环顾四周，思考他们新获得的知识。如果你只是让他们诚实地听取你的意见，并查看共享的事实信息，那么你和你的朋友就正在朝着正确的方向前进。

假旗爆炸案和枪击案

2013年4月15日，我在一家五金店里收到了一位朋友的短信，他之前从未给我发过短信。短信上说：

> 我知道成千上万的人参加了波士顿马拉松赛，如果你还没有听说不久前终点线上发生的一些事情，那么不妨了解一下。

随后我收到了妻子发来的短信：

> 马上回家！

我岳父每年都参加波士顿马拉松赛。两枚炸弹刚刚在终点线附近爆炸，造成了人员伤亡。我们无法与他取得联系。接下来的几个小时，我们一直盯着电视，试图在不同的镜头里找到他的身影。我们知道他快要跑完全程了，一开始我们还担心他会不会就是在爆炸发生时摔倒的那个倒霉的参赛者。

灾难、大规模枪击和爆炸对每个人都有不同程度的影响。这对那天在场的人来说是非常真实的，对那些参加比赛并目睹了悲剧的人来说也是如此。比赛结束时，我岳父距离终点线只有五分钟的路程。警方把参赛者围在了安全区一段时间，最后他找到了一部电话，告诉我们他很安全。这件事对他来说是真实的，对我们来说也是真实的。

大多数观看了爆炸视频的人并没有在现场，但他们毫不怀疑事件的真实性。他们可以看到成百上千的人在路上排队，成千上万的人已经跑过了终点线。爆炸声，剧烈的震动，人们的反应，鲜血直流的画面，一切都是那么真实。

然而，有一小撮人坚称事实并非如此。他们仔细观看视频，寻找漏洞，寻找任何无法立即得到解释的细节，并将其作为整个事件都是伪造的"证据"。

这些人还认为桑迪·胡克小学大屠杀事件是伪造的，后来又认为拉斯维加斯枪击案也是假的。我们之所以知道他们是同一帮人，是因为这种"假旗"阴谋很快就变成了一种心理陷阱。一旦有人承认某件特定的事情是假的，那就意味着其他事情都可能是假的，（在他们看来）很有可能是这样。这是兔子洞深处的一个黑暗角落，掉进去了就很难逃脱。

尤其困难的是，这些阴谋论的追随者变得善于将新信息融入他们的叙述。虽然有些人可能会被通常指出他们错误的方法（聚光灯揭穿术）所左右，但问题往往是更重要的——一种基于一切都是幻觉的完整世界观。

我们需要的更多的是泛光灯。他们必须获得一些关于世界如何运转的真实视角。讨论诺斯伍兹行动和北部湾事件的世俗现实可能会有所帮助，但你也必须试着让他们对其他事情有一个更广泛的视角。关于这些事件的荒谬说法层出不穷，但是有一些关键的事情会以各种形式反复地出现，并且（有时）可以用适当的视角来解决。

事件最初版本的变化

在混乱的事件中，媒体和执法部门了解的情况迅速变化，而且往往是基于第二手或第三手的资料。随着时间的推移，对事件的描述变得更加准确，但这意味着随着清晰度的提高，描述也会发生变化。对一些人来说，这一点似乎很可疑。

最常见的说法是，有报道称，单一枪手的案件其实都是多名枪手作案。在桑迪·胡克枪击案中，有一个"树林里的男人"（至少有两个男人，后来经确认是一名家长和一名不当班的警察）。关于拉斯维加斯枪击案，有报道称有人从另一个地方开枪（远处的闪光反射到窗户上）。关于脉冲夜总会枪击案，网站上也有匿名帖子声称有第二个枪手在场，后来被证明是假的。关于肯尼迪遇刺案，也有各种各样的第二个（第三个，甚至第四个）枪手的说法。

这些坊间传闻流行的主要原因是警方最初不知道有多少枪手。他们总是在默认情况下寻找其他枪手，即使主要嫌疑人已经死亡或被捕。媒体报道说警察正在寻找，这个虚假的报道有一些现实支持。

你可以指出这一点，你也可以指出这些关于第二个枪手的报道没有一个是真实的。但是，也许最有价值的观点是通过观察目击者的可信度来获得的。研究和实践经验一再表明，骚乱和暴力事件的目击者通常对细节的记忆存在很大偏差。

假伤及流血

波士顿马拉松爆炸案造成了多种伤情——双腿被炸断，骨头断裂，弹片嵌在四肢里，到处都是血。人们对自己看到的画面提出了各种似是而非的反对意见：血液"太红了"，有人在不该走动的时候走动了，伤口看起来和后来的照片上的并不一致，四肢看起来角度不对。

其他事件也出现了类似的反对意见。当一名电视台记者被枪击后逃跑时，人们提出疑问，她被枪击后怎么还能跑？当肯尼迪被人从背后开枪击中时，人们觉得困惑，因为他的头猛地向后一扭，又向左一扭。

这些类型的说法仅仅是基于对人体工作原理的误解，以及那些相信这些说法的人有限的个人经验。手指上的一个小伤口流出来的血是暗红色的，但由于含氧量高，刚从动脉里流出来的血实际上是鲜红色的。在许多动作片中，当人们被枪击时，他们只是倒地而亡；但在现实中，枪击往往不是致命的，人们可以带着重伤四处走动。后来的外科手术（例如修复受伤的膝盖）往往会使人暂时丧失行动能力，其严重程度甚至超过造成伤害的事件本身。

不恰当的情绪

桑迪·胡克枪击案中，一名年轻受害者的父亲在女儿的葬礼上稍微笑了笑，人们就说他忘了自己本应表现得悲伤。一名收留了几个逃离学校的孩子的男子讲述起这个故事时，突然号啕大哭起来，人们又说他的表演过火了。

相信这些说法似乎是缺乏生活经验导致的，尤其是人们处理损失或创伤事件的各种方式。人们确实会在葬礼上大笑和微笑。显然不是一直都这样，但确实会这样。我最近参加了一位挚友的葬礼，那是我一生中最悲伤的一天，但也充满了友谊的喜悦和快乐的回忆。有泪水，有撕心裂肺的悲痛，但也有玩笑、微笑和开怀大笑。人类是复杂的——关于应该如何对创伤做出情感上的反应，并没有任何明确的规定。人就是这样。

你如何证明这一点？你可以讲述自己的经历，你可以播放葬礼的视频，你可以给他们看书面记录，还可以展示心理学家对处理悲伤的研究。希望你能接触到这些资料，但对有些人来说，他们可能只是随着年龄的增长，不可避免地获得了某些生活经验。

长相相似的人

一个常见的说法是，"危机演员"被用来表演这些事件，而且同样的演员不断地出现。这种说法总是附带照片对比，照片显示两个人长得很像。要揭穿谎言，需要通过从不同角度展示这两个人的高分辨率的图像，来证明他们不是同一个人。

你可以从两个方面来看待这个问题。首先，如果你努力搜寻，找到长相相似的人并不难。即使是在一个人数相对较少的群体中（比如名人），也有很多人在某些照片中看起来几乎无法区分。凯蒂·佩里长得像佐伊·丹斯切尔，鲍勃·萨吉特长得像史蒂芬·科尔伯特。网上有很多与名人极为相似的照片，把它们拿给你的朋友看看。

其次，这些说法总是被证明是错误的。如果你的朋友认为有些是同一个人，那么他们可能会相信一些经典的例子，这些说法实际上已经被高分辨率的照片彻底推翻了。找出它们是哪些，查找它们，并展示给你的朋友看。

事件发生之前的网上报道

有时你会看到一些新闻报道、筹款活动或推特上的帖子，似乎是在实际事件发生之前就被贴上了时间戳。这些异常现象通常有非常合理的解释，但也可能很难解释得清，因为它们偶尔会涉及技术问题。最好的办法是展示它们发生在没有争议的事件中的例子。

一个常见的错误是将推特在不同时区的时间戳报告成它发生的时间。波士顿马拉松赛爆炸案（发生于当地时间下午2点50分）发生后，东海岸和西海岸的两条推文看起来并不一致。

图13：波士顿爆炸案发生后的推文，来自两个不同的时区。从西海岸来看，这条推文看起来像是爆炸发生前的推文，实际上它是爆炸发生后的推文

这张标着12点53分时间戳的西海岸图片被广泛传播，作为此次事件被误传为受控爆炸案的证据。最简单的方法就是向他们展示如何在推特上更改时区，并在原始时区向他们展示这条推文（或者他们怀疑的任何一条推文）。

时间和日期还有其他误导人的方式。当你登录谷歌搜索某个事件（比如"桑迪·胡克枪击案"）时，经常会搜到该事件发生之前的信息。这只是谷歌的一个小故障，你可以通过搜索一些中立但独特的报道来向你的朋友证明这一点。例如，你可以查阅2016年的电影《疯狂动物城》，其中有几十个网页展示的都是2010年以前的消息。登录谷歌，点击"工具"，再点击"随时"，再点击"自定义范围"，并在"收件人"框中输入"2011年"即可。所谓的预先出现的页面将会出现。迪士尼和谷歌没有协调着掩盖《疯狂动物城》的真实上映日期，这只是一个技术故障。这只是众多似是而非的说法中的一小部分，这些说法充斥着虚假的大规模伤亡阴谋论。即使是对这样一种阴谋论的全面揭穿，也可以轻而易举地写进自己的书里。但阴谋论者都有一个共同点，那就是他们的主张经不起调查。向你的朋友展示这些常见的错误，然后让他们在他们的网络搜索中添加"揭穿"或"Snopes"，这样做只是为了得到反对意见。让他们看到足够多的错误，最终平衡将从自动接受替代叙述转向更加谨慎和合理的事实核查。这可能需要一些时间。

"假旗"的摘要和资料

传达给你朋友的要点

· 他们不应该盲目相信政府或任何强大的组织，你也不相信政府。

· "假旗"指的是真实类型的事件，但这并不意味着所有提出的"假旗"阴谋论都是正确的。

· 每次大规模伤亡事件发生后，都会有人提出"假旗"阴谋论。这更像是一种自动反应，而不是基于证据的理论。

· 诺斯伍兹行动不是一项行动，而是一系列从未实施的建议，也是这类事件的唯一案例。

· 北部湾事件突出了一个真实存在的容易引起误会的杜撰事件，但这是一个被利用的错误，而不是一次被捏造的袭击。

· 迄今为止，所有关于虚假的大规模伤亡事件的证据都经不起详细的审查。这些说法很多，而且都是错误的。下次再遇到这种情况，请记住这一点。

其他资源

Metabunk 网站上的桑迪·胡克枪击案和波士顿爆炸案论坛——metabunk.org/sandy-hook.f24 and metabunk.org/boston.f27

Snopes 网站上对"揭露桑迪·胡克枪击案真相"的分析——snopes.com/fact-check/sandy-hook-exposed

Snopes 网站上对拉斯维加斯枪击案的分析——snopes.com/fact-check/las-vegas-shooting-rumors-hoaxes-and-conspiracy-theories/

"诺斯伍兹行动"文件——nsarchive2.gwu.edu/news/20010430/

"北部湾事件"录音档案——nsarchive2.gwu.edu//NSAEBB/NSAEBB132/tapes.htm

第十二章

理查德——与桑迪·胡克阴谋论划清界限

理查德是一个来自芝加哥的年轻人。他在大学时陷入了阴谋论的困境。

当我回过头来看所有让我深陷其中的事情时，我想这可能只是一个年轻人特有的遭遇。就像你在大学校园里看到的那些场景一样，所有人都在寻寻觅觅，希望在某个组织或团体里找到归属感。我一生中也经历了一段相当愤怒的时间。高中时，我父亲去世了，我母亲在那之后消沉了很久，那是一段艰难的时光。我的成绩受到了影响，虽然我还是考上了大学，但情况并不太好。

我沉迷于网络，凌晨两点掉进了兔子洞。刚开始，我偶然发现了一些视频，是一些纪录片。它们就像是一部部真实的惊悚悬疑片，你知道，我的多巴胺开始分泌了。这就像在看一部充满了曲折和神秘的电影。但这是真实的生活，我坐在笔记本电脑前，进入了兔子洞，我点击了很多视频，越来越被吸引。

"9·11"恐怖袭击发生在理查德10岁的时候。对他来说，这是一个非常痛苦的事件，在电视上看到这件事的记忆仍然挥之不去。他很自然地被吸引到了"9·11"真相论坛的兔子洞里。没过多久，他就看到了亚历克斯·琼斯制作的视频，一个个全新的兔子洞被打开了，他开始觉得自己是一个重要群体的一员。

你开始觉得"我们才是清醒的人"，它以"你被骗了，你被洗脑了"的假象吸引你，并且让你觉得亚历克斯·琼斯这类人想要告诉你真相。现在你在那里，你是"清醒"群体的一员，你现在是特别的。有趣的是，他们确实有一些关于过去发生的奇怪事情的真相。他们撒了一张大网，就像信息超载一样，咆哮了三十分钟，一时间，有太多的信息要处理。然后一些小事情的真相击中了你，让你觉得这些事情全都是真的，这就把你拖走了。它会让你不假思索地掉进陷阱，因为你不可能认为自己也是被你指责的不诚实的群体的一员，所以你并没有真正看到它的发生。

理查德深陷兔子洞，但和大多数人一样，他或多或少地在阴谋论的光谱中确定了自己的位置。他相信许多"9·11"阴谋论、"化学凝结尾"阴谋论和某种"新世界秩序"阴谋论，当然，肯尼迪遇刺是既定事实。但他与更极端的阴谋论划清了界限。他从小就喜欢太空和天文学，这也许帮助他避开了"登月骗局"和"地平说"阴谋论。

人们常常通过质疑更极端的阴谋论来摆脱兔子洞，理查德也不例外。但是，让他开始质疑的是在阴谋论光谱中级别非常低的疫苗事件。亚历克斯·琼斯是反疫苗阴谋论的大力倡导者，所以，理查德自然认为疫苗只是政府和制药公司的阴谋。后来，他的姐姐考上了医学院。

她在医学院待了有几年了，有一天，我们在家里吃饭，她提起了这件事。我不想讲太多，但确实说了些什么，然后她就真的把我对疫苗的一些想法彻底否决了。这就触发了第一次警报。我想，哇，我姐在过去的几年里勤勤恳恳地钻研这个东西，而她所知道的恰恰粉碎了我以为我知道的。她甚至不是专业人士，她只是个医科学生。

他的姐姐提供的关于疫苗的信息引起了他的思考，但是，真正让他开始逃离之旅的话题在他的分界线的右边。他以前相信假旗枪击案的阴谋论是可信的，后来，在姐姐的启发下，他有了新的想法，并更仔细地研究了证据。

桑迪·胡克事件，也就是发生在康涅狄格州的针对一年级学生的枪击事件，非常令人震惊。那是我第一次百分之百地认识到亚历克斯·琼斯和那个群体非常不诚实。他们说，联邦调查局从未记录桑迪·胡克枪击案的死亡人数。后来，我发现不是这样的。在一个名叫"FBI其他资料"的单独文件中，死亡人数被清楚地记录下来。所以，亚历克斯·琼斯和那帮人显然没说实话。

理查德经常登录一些讨论假旗事件的在线论坛。但是，当提出这个"死亡档案"的错误时，他就遭到了排斥。那些人要么不理他，要么侮辱他，批评他是重复政府宣传（替政府发声）的"小绵羊"。没有人真正处理他提出的问题，大家都拒绝做出回应。

这样的经历开始映入理查德的脑海，开启了他所说的"多米诺骨牌效应"，一件事导致了另一件事的发生。他意识到"9·11"真相寻求者群体中存在一种"帮派"心态，并看到了更多人们不加考虑就拒绝了解证据的例子。

　　这些人在这件事上的做法让我很恼火。我之所以卷入这场阴谋，是因为我想成为一个思想开放的人。我怎么能像他们那样思考问题呢？我至少要考虑到其他方面。所以，我开始留意他们不诚实的地方，比如"9·11"事件中关于钢梁的争论。我永远不会忘记那段锻工制作的视频，视频里的人解释了钢梁如何在大约800摄氏度的高温下松动，还在钢梁上做了演示。

这在某种程度上为理查德打开了一个反阴谋论的新世界，他开始接触到更多关于世贸中心大楼内部结构的"9·11"揭露视频，以及显示7号楼内部熊熊燃烧的视频，这一切都开始变得有意义了。多米诺骨牌开始倒下，不久，他就不再关注分界线两边的任何信息，不想完全承认自己被骗了。没过多久，他彻底清醒过来了。

　　我坐在车里，收音机里讨论起了"9·11"真相，我立刻就被吸引住了。这些真相寻求者不停地打电话到节目中来，他们滔滔不绝地说出来的"事实"和我以前听到的一模一样。而此时我知道，他们中的大多数人完全是在胡说八道。没过多久，我就想，一切都结束了。

理查德并没有"顿悟"的时刻，正如他所说，他的情况是"这里领悟一点点，那里领悟一点点"。这个过程中有一些关键时刻，比如他的姐姐解释了疫苗，桑迪·胡克阴谋论者忽视了实际证据，以及反复出现的关于"9·11"事件的不实观点。最后，在和"另一边"接触了足够长的时间后，他意外地以一种更清晰、更明智的心态重新审视了"9·11"真相阴谋论，并看到了那些说法的真实面目。

理查德认识到，像亚历克斯·琼斯这样的人存在政治偏见。在他看来，琼斯很快就把所有美国人制造的校园枪击案或其他枪击事件称为"假旗"事件了。圣战恐怖主义行为出现时，琼斯却承认它们是真实的事件。

真正触动我心弦的是桑迪·胡克枪击案受害者的父母被说成是骗子、演员。有一个父亲的举动令我心碎。他想证明他女儿的死是合法的，他以为只要出示死亡证明就可以了。于是，他把死亡证明公布在网上。而那些人却挑剌说："哦，字迹的颜色不对。"他们就是在挑这些小毛病，作为前后矛盾的证据。

理查德现在没有太多时间来研究阴谋论了，但他还是花了一点儿时间来揭穿他从未真正相信过的阴谋论——"地球是平的"。

我是那些笨蛋中的一员，曾经试图去"地平说"协会留言。我认为，"地平说"完全是无稽之谈，我只是出于好奇才去打探一番的。我想我可以进去问问他们一些关于科里奥利效应或日食的事情。我发现，相信"地平说"的人把科学理论拿来修剪成他们自己的理论。他们甚至想把最近发生的日食现象当作"地平说"的证据。

我问了理查德有关在线资源的问题，这些资源可能会对这个过程有所帮助。

这很困难，因为当你抱着那种心态时，你在网上可以找到很多很棒的信息，但你可以选择只看你想要的见解，并且只听取那些见解。上网和研究确实有助于多米诺骨牌倒下，但我认为必须有参与这项研究的意愿。

那时我并不是真的赞同"每个人都是拿报酬的托儿"之类的说法，但是我确实认为，在揭发虚假阴谋论的网站上的人要么是被洗脑了，要么就是错误地歪曲了事实。他们的思想以某种方式固定下来了。

（在遇到揭穿谎言的人时）我记得听到信息后，我的直觉告诉我，这可能是挑战的开始。我会跑向我的"安全区"，比如在Truthers网站上搜索信息，这会让我感觉更好。我不赞成另一方的观点，我选择用符合我个人观点的信息来掩饰自己。

有时候，当我在读或者看一些东西时，出于沮丧，我会对这些内容感到愤怒。然后我就会去YouTube上看一段视频，或者只是漫无目的地输入任何被提出的阴谋论，并添加"揭穿"二字，然后找到一些可以跟上真相寻求者活动轨迹的信息。

我现在总是试图寻找最合理的解释。根据我的经验，我真正领悟到的一件事是，所有这些阴谋都需要信仰的巨大飞跃。但我发现最简单的解释通常是正确的，你可以找到A＋B=C，而无须信仰的飞跃。

理查德在朋友们（特别是他的姐姐）的帮助下逃离了兔子洞，但这用了好几年的时间。如果你的朋友陷进了兔子洞，不要放弃。也许这需要几年的时间，也许你在很长一段时间内看不到任何进展，但是人们会在其他人的帮助下找到出路，所以还是继续施以援手吧。

第十三章

地球是平的

"地平说"阴谋论本质上是一个简单的观点：地球是平的，这个事实被强大的精英阶层所掩盖，他们声称地球是圆的。"地平说"有不同的版本，但最常见的观点是，地球是一个以北极为中心的扁平的圆盘；南极洲不是南极的一个大陆，而是一道围绕着圆盘边缘的"冰墙"。

这个观点坚定地站在阴谋论光谱的极端位置。这是一个极端的阴谋论，因为它要求你承认整个太空计划都是假的，是为了掩盖数百年来一个更深层次的科学阴谋，这个阴谋骗人们相信地球是圆的。你还必须承认，全球定位系统（GPS）不是通过卫星而是通过无线电发射塔工作的；澳大利亚和南美洲之间的飞行都是假的；太阳通过对"透视"的奇异解读而落下；宇航员都是骗子，他们从太空传回来的地球图像全是伪造的。

对于第一次研究这个阴谋论的人来说，很难相信支持者真的会把它当回事。他们中有许多人都是这样的想法。许多"地平说"的推广者只是为了好玩，或者是为了提出人们过度依赖科学权威的哲学观点。但也有一些人对此非常认真。许多人这样做是出于宗教原因，他们觉得从字面上解读《圣经》（有时是《古兰经》，或者其他宗教文本），可以看出地球是平的。越来越多的人——通常是年轻人或者其他容易被说服的人——相信地球是平的，因为他们在 YouTube 视频中看到了他们认为有说服力的证据。

出于宗教原因相信"地平说"的人主要是基于信仰，因此不容易受到理性的影响。如果你的朋友相信地球是平的，只是因为他觉得那是《圣经》告诉他的，那么很遗憾，你不太可能取得很大的进展。即使是宗教思想较浓厚的"地平说"阴谋论者，也试图为他们的理论找到科学证据。有些非常虔诚的人甚至声称在这个话题上没有宗教动机，而是从一个纯科学的角度来看待它。你通常可以通过研究科学来取得一些进展。

虽然真正相信这个阴谋论的人相当少，但它仍值得研究。那些对不太极端的阴谋论（比如"9·11"控制爆破）感兴趣的人会对我把它写进书中感到不安。我的意图不是要把两者的极端程度等同起来，因为它们通常都不是极端的阴谋论。但是，揭穿"地平说"的方法与你揭穿其他虚假阴谋论的方法是相似的。我希望，如果有"9·11"真相寻求者或"化学凝结尾"阴谋论的信徒看到这一章，以帮助揭穿朋友的"地平说"阴谋论，那么他们至少可以考虑一下，对一些站在他们那边的观点进行类似的审视。

要认识一个阴谋论，了解它的历史是非常有用的。为此，我强烈推荐克里斯汀·加伍德的《地球是平的：一个臭名昭著的想法的历史》一书。

这本书首先详细介绍了对地球形状的不同认知的历史，可以追溯到古代。它关注的焦点是 19 世纪末兴起的"地平说"运动，这一运动与我们目前由 YouTube 推动的运动惊人地相似。故事的一个重要组成部分是当时试图解决这些问题的怀疑者和揭穿者所扮演的角色。书中有很多地方让我会心地大笑起来——不仅有最近在揭露"地平说"的过程中反复出现的情况，更普遍的是，围绕着"地平说"的辩论发生的事件反映出对"化学凝结尾"等更现代的阴谋论的争辩。

这本书的序言是"哥伦布的愚蠢错误"，描述了哥伦布证明地球是圆的这一"错误想法"的起因。

即使在1492年，"地圆说"也已经为人所知数千年了，很少有受过教育的人对此表示怀疑。现代的错误想法来自华盛顿·欧文（《睡谷传说》的作者）在1828年对哥伦布生活的精彩描述。

哥伦布的故事为第一章"勘测地球"提供了背景，在这一章中，加伍德详细介绍了对地球形状认知的演变。从"地平说"到"地圆说"的转变被认为发生在大约2500年前，那是毕达哥拉斯时代，然后是柏拉图和亚里士多德的时代。要向你的朋友解释的一件重要的事情是，地球的形状是在几千年前被发现（并被证实）的。

接下来的章节是人物肖像，是"地平说"运动关键人物的小型传记。加伍德详细描述了那些自称信徒的人所做的努力——有些是真诚的，有些是开玩笑的，有些可能是江湖骗子。交织在一起的是19世纪80年代那些反对散布错误想法的人的故事，那些怀疑和有趣的公众的故事，那些揭穿谎言的人的故事，那些试图向朋友解释事情的人的故事。

真实的故事始于塞缪尔·罗博瑟姆，他是英国剑桥郡一个社区的社会主义管理人员。罗博瑟姆看起来是一个独立思考、好与人作对的人，他利用当地运河的长度和直线度来确定地球的曲率。根据他自己的说法，他无法探测到任何东西，他很快就确信地球实际上是平的。与此同时，他确信这也正是《圣经》所描述的。

罗博瑟姆发现自己有说服别人的天赋。他开始兜售宣传他的"地平说"思想的小册子和图书，还举办付费讲座，以此作为谋生手段。他详细阐述了"探究"思想，这是了解新老"地平说"信徒心态的关键。纯粹的探究思想本质上是一种科学怀疑主义，只有当你能够亲自验证这些想法时，才会相信它们。这可能是"自己做研究"的终极形式，你不仅要研究一个想法的证据，还要研究科学本身的基础。

自罗博瑟姆时代以来，"地平说"的舞台几乎没有什么变化。他最受欢迎的书《考究的天文学》提到了许多关于"地平说"的证据和"证明"的主张，这些主张在今天出版的其他关于"地平说"的书中也能看到，这些书的作者是埃里克·杜贝，据说他是更现代的支持者。在教堂大厅里举行的讲座，就相当于YouTube上目前仍在制作的有关"地平说"的视频。

甚至在1864年，就有了类似于互联网的油墨和纸张。这样的沟通方式要慢得多。那时没有电子邮件，只有真实的邮件；没有论坛和评论区，只有报纸的信笺页。当地报纸经常报道"Parallax"（罗博瑟姆的笔名）的功绩，Parallax举办讲座后的信件与杜贝上传视频后的评论帖子有着惊人的相似性。加伍德这样描述这些信件：

（1864年）报纸的信笺页上塞满了愤怒的普利茅斯市民的来信，他们中的许多人对自己的城市出现的"探究"思想感到厌恶。其中最震惊的是天文爱好者和当地海员，他们陆陆续续地写信抱怨Parallax的愚蠢断言，指责他试图在最基本的科学事实上误导公众。为了纠正错误，他们还提供了一系列证明"地圆说"的证据，从环球航行到月食时地球的弧形阴影，不一而足。一名来自海军和航海学校的水手甚至觉得有必要补充说明，在二十年的航海生涯中，他从未见过环绕圆盘状地球的冰障；Parallax声称能在河流和海洋上远距离观测到船只，这是不可能的，除非他的眼睛一直远高于水位升高。天文爱好者詹姆斯·威利斯对此表示赞同，他认为，由于

Parallax 已经让自己成了一名教师，他应该愿意公开地重新演示自己的实验，让所有人都能看到。Parallax 对此做出了回应，他在 10 月 6 日宣布，他已经做好了准备，愿意并且能够"一步步地"和信奉牛顿学说的对手"在他们自己的地盘上展开战斗"。

罗博瑟姆就这样坚持了好几年，后来也有人跟着做同样的事。得到的反应是一样的——大众媒体的怀疑和嘲笑。不可避免的是，有足够多的人认为他说得有道理（或者他们只是得到了足够的乐趣），一场运动由此形成。

加伍德描述了 19 世纪和 20 世纪的各种追随者。比如约翰·汉普顿，他以拒绝接受与著名科学家阿尔弗雷德·拉塞尔·华莱士打赌的结果而臭名昭著，并在 19 世纪 80 年代以一种主要通过信件进行的跟踪形式骚扰了他多年。然后是布朗特夫人，她是个精力旺盛的家庭妇女，她在 1893 年成立了"宇宙研究学会"，成了 Parallax（1894 年）的主人。这本书的结尾提到了美国国际地平说研究协会的创始人查尔斯·肯尼斯·约翰逊。因为太空计划、从太空拍摄的地球照片和从月球上拍摄的电视直播镜头，以及国际航空旅行带来的其他问题和公众对时区的普遍了解，"地平说"运动明显受阻，它必然走向对现实更深层次的否定，他们现在声称整个太空计划都是假的。

"这不过是一种有人精心策划的科幻诡计罢了。"美国国家航空航天局和世界各国领导人都知道地球是平的，但是他们发起了这个价值 240 亿美元的太空骗局，作为"欺骗公众的科学阴谋"。在约翰逊看来，别的解释根本行不通：环绕平坦的地球飞行是不可能的，火箭也无法穿透天空，而这样的壮举是没有必要的，因为有关宇宙及其创造的信息已经在《创世记》中写得明明白白的了。

随着约翰逊的去世，"地平说"运动进入衰落的尾声，最终在科学和现实的重压下逐渐消失。但在约翰逊去世四年后，传播"地平说"和历史上其他无稽之谈的最重要的工具YouTube出现了。

现代"地平说"

虽然YouTube在2005年问世，但它并没有立即成为"地平说"的重要工具。如果你看一下2004年的谷歌搜寻趋势线，你就会发现，人们对"地平说"的兴趣在缓慢下降，从2004年到2014年，人气下降了一半。

谷歌趋势："地平说"（2004—2018）

图14：在2015年之前，人们对"地平说"的兴趣在持续下降

约翰逊去世后，"地平说"在互联网上苟延残喘。他的组织以丹尼尔·申顿领导的"地平说学会"的形式重获新生。当时他们有一个网站和一个相当受欢迎的论坛，但普通民众仍然知之甚少。当人们偶然发现它的存在时，通常会认为这只是一个大笑话。

转眼到了2015年，它的受欢迎程度开始上升。具体原因尚不清楚，但YouTube上似乎有大量视频。有几个人制作了相当高质量的视频，重复了19世纪的说法。现在也许这方面的视频已经足够多了，更容易把人们吸进这个特别的兔子洞。

在过去三年中，人们对"地平说"的兴趣迅猛增长，超过了"化学凝结尾"的受欢迎程度。其中大部分显然是非信徒的一种时尚——只是对"疯狂的地平说信徒"身份的迷恋。也有很多人似乎真的相信地球是平的，大多数人是通过YouTube被吸引进去的。

"地平说"在2016年1月真正成为主流。就像任何一个非常有趣的兔子洞一样，它吸引了很多名人，比如说唱歌手B.o.B和真人秀明星提拉·特基拉，他们都公开表示了对地球形状的怀疑。娱乐媒体对此进行了报道，这引起了尼尔·德格拉塞·泰森等人的回应，他们解释说地球实际上是圆的。这些名人的辩驳只是提升了大众对这些话题的关注度，现在我们确实还在探讨这个问题。

"地平说"阵营主要集中在YouTube，有几个YouTube名人将其作为他们关注的焦点。他们是否真的相信自己的理论，这一点并不清楚，但他们确实花了很多时间来推广这些理论。以下是按订阅数排列的前五大热门视频频道（截至2018年3月）：

罗布·斯基巴（Rob Skiba）　　　　　　　订阅数：12.8万

杰拉尼斯主义（Jeranism）　　　　　　　订阅数：9.4万

庆祝真理（Celebrate Truth） 订阅数：6.6万

马克·萨金特（Mark Sargent） 订阅数：5.2万

繁荣与生存先生（Mr Thrive and Survive） 订阅数：4.2万

就YouTube上数以百万计的名人用户而言，这些数字并不算大，但它们与主要的"化学凝结尾"频道如Geoengineering Watch的Dane Wigington（6.4万订阅数）或最大的"9·11"阴谋频道Architects and Engineers（4.3万订阅数）处于同一水平。Flat Earthers的观看次数超过了其他同类视频，"罗布·斯基巴"自2013年以来的观看次数为1600万次，"杰拉尼斯主义"自2015年以来的观看次数为1500万次，而"AE911真相"自2008年以来的观看次数仅为700万次。自2014年以来，戴恩·威灵顿的视频的观看次数更多，达到了750万次。

这些数字很重要，因为它们有助于为兔子洞里的人们提供视角。你的朋友可能认为"地平说"阴谋论非常重要，可能是当今最大的问题，很多人都感兴趣。

事实并非如此。YouTube上有数万个频道可以获得更多的浏览量和用户。有些频道专门播放一些奇怪的视频，比如把一个红色的热球扔到不同的东西上，或者用液压机压碎东西，或者玩磁铁。一个滚烫的红色球落在花卉泡沫上的视频，其观看次数超过了罗布·斯基巴的整个频道的观看次数。

现代"地平说"运动的视频通常由两部分组成，要么是一长串证明地球是平的的"证据"，要么是对某一项主张的更详细的讨论。从一个揭穿者的角度来看，当你第一次看到这些言论的时候，你会很容易就跳进去解释一番。揭穿"地平说"本身就是一个兔子洞。有成百上千的"证据"可以证明地球是平的，它们都是基于对几何和光学的简单误解，因此，通过纠正错误来反驳是相对简单的。这也很有趣，有点儿书呆子气。几何和光学相对简单，还有一些有趣的问题需要解决，比如"地平线有多远……"。问题是，大多数人不懂几何和光学，即使你能向他们解释清楚一件事，也还有几百件事是他们无法理解的。

最好的策略是专注于少数几个核心理论，并通过提供不可否认的证据来详细阐明这些理论要么是错误的，要么只有相信"地球是圆的"才解释得通。这和对待"化学凝结尾"的信徒是一样的策略，把你的精力集中在核心理论上，压制住立刻反驳他们所有论点的冲动。"地平说"的信徒从根本上反对来自权威的任何形式的争论，所以你必须让他们亲眼看到证据。

已露端倪

自19世纪以来，"地平说"的主张几乎没有改变。现代"地平说"只是在重复一百多年前被提出和驳斥的主张。例如，综合格斗教练、YouTube"地平说"名人埃迪·布拉沃在2017年11月表示：

> 我们生活在一个球体上的第一个证据是，当船只在海上航行时，它们会从地平线上消失，先是船体，然后是桅杆，所以它看起来是在一条曲线上运动。所以，如果有什么东西经过一条曲线……你能用变焦镜头把它放大吗？

布拉沃认为，当一艘船消失在地平线上时，如果你放大地平线，它就会再次出现。这是"地平说"信徒的一个基本观点，也是你首先要解决的问题之一。这种观点最初是罗博瑟姆在1865年提出的：

> 一艘出海的船，向外驶去……船体先消失了，接着是桅杆……如果那段距离在望远镜放大的范围之内，你就可以再次看到那艘船……
>
> ……如果一艘船被观测到仅仅是"船体下沉"，那么用功率强大的望远镜观测就能看到船身。

注意布拉沃的描述，先是船体消失，接着是桅杆消失，然后用变焦镜头观看时船只又重新出现，这与罗博瑟姆的描述极为相似。这很可能是因为现代"地平说"只是在复制罗博瑟姆的观点。例如，埃里克·杜贝在《"地平说"阴谋》中提到：

> 如果你用肉眼观察一艘船驶进地平线，直到它的船体在所谓的"地球曲率"下完全从视野中消失，然后用望远镜观测，你会发现整艘船迅速地缩回到视野中——船体和所有的一切。这证明消失是透视定律造成的，而不是一堵弯曲的水墙造成的！

这种观点的根本问题在于，它根本不是真的。YouTube上声称能展示这种效果的视频无一例外地显示，船只离得太远，无法用肉眼观察到细节。放大图像会让船只变得更大更清晰，的确如此，但无法恢复地平线隐藏的任何细节。这是一个你可以用足够强大的变焦来验证自己观点的东西，对你朋友来说也是一个非常实用的演示。

图15：这艘船局部隐藏在地平线的曲线下面。放大并不能改变这一点

上面的图15显示了几英里之外的一艘船。插图显示，船体被海洋地平线遮住了。海洋地平线是平直、静止的，所以这告诉我们这不仅仅是一个波浪（我看到船只以相同的方式停留了几分钟）。这里有一个重要的事实：这是一个"功能强大"的望远镜（2000毫米焦距，83倍变焦），能够看到船只的细节以及船上的人。这艘船用肉眼是看得见的，而且看上去和放大时一样。除了外观尺寸外，缩放没有改变任何细节。

1865年，塞缪尔·罗博瑟姆错了；2014年，埃里克·杜贝错了；2017年，埃迪·布拉沃也错了。毫无疑问，将来人们还会继续犯错。但是像这样的实际演示是向人们解释事情的一种强有力的方式。

观察一艘小船可能有点儿棘手，有一种更实用、更不容易出错的方法——可以观察小船后面的远山。这个演示的理想场景是在30~40英里外的一个多山的岛屿或岬角上，可以看到海滩上的景色，以及附近比海滩更高的地方。南加州的海岸是这方面的理想之地，尤其是从数千万人可以到达的海滩上能够看到卡特琳娜岛。这个过程非常简单：你从海滩上拍摄卡特琳娜岛的照片，然后从一个更高的地方（比如海平面以上

20英尺处）拍摄，接着从附近的最高点拍摄，比如圣莫尼卡的悬崖顶部（或者理想的是站在一栋高楼的顶部）。

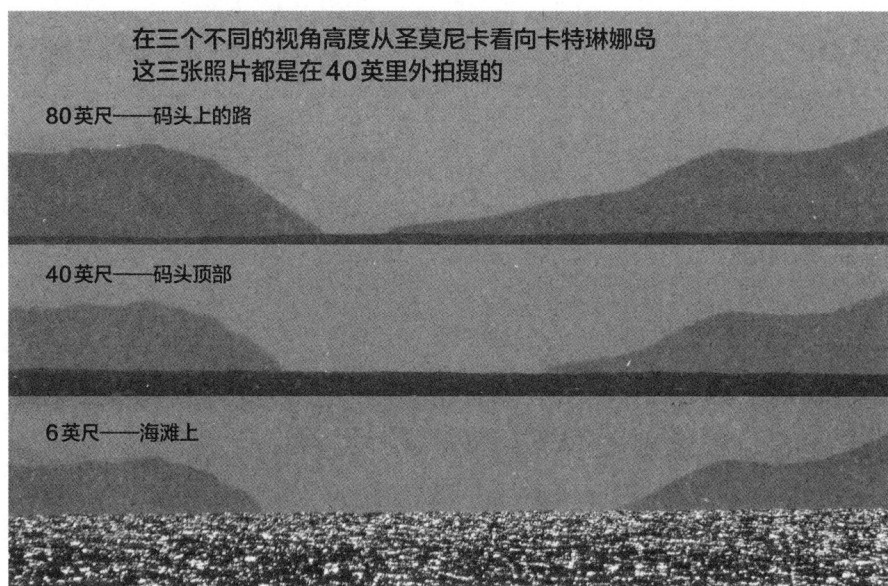

图16：从圣莫尼卡看卡特琳娜岛的三种景色。你站得越高，看到的东西就越多，正如你在地球上所期望的那样

　　结果显而易见。从圣莫尼卡海滩上方的悬崖上俯瞰，卡特琳娜岛的两半看起来几乎是连在一起的（该岛中部仅高出海平面80英尺，两边各有一座山）。从海滩上看，该岛的底部已经看不到了，两半之间有一个巨大的缺口。中间的视图显示了介于另外两者之间的景象。我们走到海滩上，是看不到几百英尺开外的卡特琳娜岛的，也就是说，它被什么东西挡住了。圣莫尼卡海滩和卡特琳娜岛之间唯一的东西就是海洋。所以，卡特琳娜岛在海洋后面，这意味着海洋，也就是地球，是弯曲的。

　　看山而不是看船的最大好处是，关于山的能见距离与它变小有关还是与它越过地平线有关，这一点非常直观，不会混淆。这也避免了考虑船只是否由于波浪而移动位置的模糊性，因为山脉的位置和海拔往往是固定的。你可以用肉眼看到卡特琳娜岛（如果天气允许的话），即使是手机摄像头也能拍出这种效果的照片。

这里的挑战是，如果你碰巧有一个相信"地平说"的朋友，就让他们去看证据。希望去海边旅行的诱惑力足够大。带上变焦相机，带上双筒望远镜，去海滩，看看那些被地球的曲线部分遮住的岛屿。

曲线在哪里？

"地平说"的信徒常常会问："曲线在哪里？"他们问，如果我们生活在一个球体上，难道我们不应该看到地平线从左向右弯曲吗？简单的回答是"不是这样的"，因为我们生活的球体与我们实际看到的球体相比要大得多得多。如果你飞向太空，你会看到曲线，但在非常低的高度，它太平缓了，无法用肉眼看到。在更高的高度，曲线通常会被云层和大气中的薄雾遮住。

但是，你可以看到地平线上的曲线。兰斯·卡拉乔利以"Soundly"的名字在YouTube上发帖，过去几年，他的任务就是收集这条曲线清晰且无可辩驳的图像。

图17：庞恰特雷恩湖堤道展示了地球的曲线

上面的图17是最好的例子之一。这是庞恰特雷恩湖上的堤道，就在路易斯安那州新奥尔良的北边。堤道（其实就是一座很长的桥）是一条没有坡度的直道。正因为如此，再加上它在水面上的高度是恒定的，所以它描绘出了地球的曲线。忽略中间的两个驼峰，沿着堤道的左边走。请注意，它在上下起伏，展示了地球的曲线。

你可以把这张照片给你的朋友看，但在现实生活中这是一张问题多多的照片。中间的驼峰之所以看起来如此引人注目，是因为极端的角度透视收缩。你需要找到一条几英里长的完全笔直的堤道，将自己定位在一个较小的角度，然后使用一个强大的变焦镜头。如果你能做到这一点，那就太好了。如果你做不到，就去看Soundly的帖子。他不仅发布了许多不同的例子，而且记录了他创建这些图像的所有步骤。

太阳的大小

在真实的宇宙中，地球是一个球体，它围绕太阳运行，太阳也是一个球体。太阳非常遥远、非常大，所以，即使你从地球上相隔数千英里的地方（比如伦敦和纽约）看它，太阳在天空中的大小看起来也是完全一样的。你可以通过在日出、中午和日落时拍摄的太阳的照片来验证这一点。大致地说，当太阳在你头顶上空的时候，对有的人来说，它是在地球四分之一的东边落下，在地球四分之一的西边升起。纽约的正午恰好是欧洲的日落时间，是夏威夷的日出时间。

对你的"地平说"信徒朋友来说，问题在于，这种现象在地球是平的情况下是不可能出现的，这也为解释提供了绝佳的机会。他们觉得脚下的地球应该是这样的：

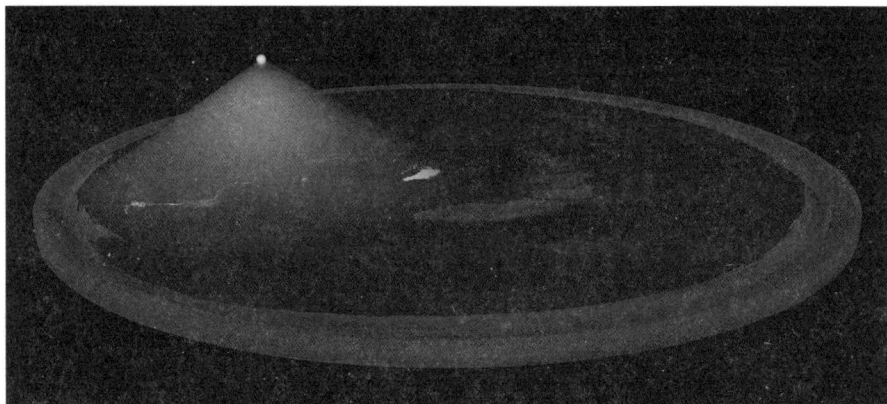

图18："地平说"认为，太阳像聚光灯一样运行。这和我们看到的并不一致

在这个模型中，地球是平的，太阳在它上面绕一圈。它使用某种"聚光灯"效应，只照亮其下方的区域，从而创建了白天、夜晚和时区。地球的边缘是一圈冰（"冰墙"），没有人知道冰墙之外是否有空旷的空间、一片无限的冰面，或者在几千英里之外是否还有一个更平坦的世界。

这种解释显然有许多问题，让我们来关注两个最容易理解并且很容易通过观察来验证的问题。

首先，如果你看上面的平坦地球模型，在地球表面的所有地方都能看到太阳。南非在暗处，但是如果有人站在那里，那么太阳和那个人之间并没有什么遮挡。他应该能看到太阳，太阳应该还高高地挂在遥远的空中。

这通常被解释为透视的某种奇怪的功能，然而透视会使远处的事物看起来更小。

这直接把我们带到了下一个问题：太阳的表观尺寸在一天中没有变化。假设位于赤道的某人中午站在太阳下，也就是说，太阳在他头顶上方3000英里的地方（估算值存在误差，但对这个问题没有明显影响）。现在，如果某人站在这个平坦地球表面距离赤道那个人4000英里远的地方，向着太阳光锥的边缘，那么他和太阳的实际直线距离就为5000英里。

这意味着太阳（在平坦的地球上）一整天的距离在3000~5000英里之间。一般的透视法则是，如果某样东西的距离是原来的两倍，那么它看起来只有原来的一半大小。你可以在十步远的地方给一辆车拍照，然后在二十步远的地方再拍一张照来验证这一点。这个定律不会随着物体变大和距离增加而改变。你也可以分别在一英里和两英里远的地方给一座房子拍照，或者分别在十英里和二十英里远的地方给一座山拍照，来验证这个定律。

实际上，太阳（和月球）一整天都保持着完全相同的表观尺寸，这意味着它不会明显地变得更近或更远。因为它在地球上方运行，这意味着它的距离一定是地球本身大小的许多倍——它一定是在几百万英里之外。因此，地球不可能是平的。

这可能很难沟通。大多数人对基本几何体不是很熟悉。尽量简单说明，最好是指着平坦地球的示意图进行解释，表明这种情况下太阳在中午时离我们更近，在日落时离我们更远。让他们自己验证太阳不会改变大小——我在Metabunk上解释了一些技巧。还是那句话，实际的演示胜过口头的解释。

恒星的真相

有些人很容易被吸进"地平说"兔子洞的一个原因可能是光污染导致通俗天文学的衰落。古代的天文学家在几千年前就对太阳、月球、恒星和行星进行了详细的观测，对于任何一个抬头能望到黑暗夜空的人来说，地球似乎都位于围绕它旋转的恒星球体的中心，这一点非常明显。这个球体（称为天球）看起来很遥远。即使你移动了数千英里，星座中恒星的相对位置也不会有明显变化。

地球的运动使得天球的恒星看起来和地球围绕同一轴线旋转。如果你把相机对准北方，可以在延时摄影中看到这一点。这些恒星都围绕着靠近北极星的一个点旋转，我们称之为北天极。在地球上进行的观测效果相当不错，你甚至可以对它勉强套用平坦地球模型，想象它是一个由在地球上旋转的恒星组成的圆顶。

平坦地球模型不适用的地方是南半球。在现实世界中，南半球（澳大利亚、南美洲、非洲南部、南极洲）表现为北半球的镜像。这些恒星似乎围绕着南天极旋转。

但在平坦地球上会是什么情况呢？如果这些恒星在一个圆顶上，那么从澳大利亚观察南方的恒星时，它们看起来不会围绕着一个南方点旋转，而是以极快的速度几乎笔直地飞驰而过。

和往常一样，你最好让你的朋友亲自观察这一点。对环绕北天极旋转的恒星进行延时拍摄相对容易。你甚至可以用 NightCap 之类的手机应用来做到这一点，它自带自动记录恒星路径的模式。从北美洲可以很容易地拍摄到北天极。南极仍然可以被探测到，即使它远在南方地平线之下，你仍然可以将相机对准南方，在它们向上拱起并越过天极时看到恒星轨迹——这完全不同于它们在圆顶上的情况。

有一种方法比在寒冷的室外、在黑暗中摆弄你的相机更容易。你可以使用夜空模拟器应用程序，在温暖的室内获得同样的视角。我最喜欢的是 Stellarium，不但免费而且功能非常全面。它可以让你随时在地球上的任何地方看到天空的样子。你还能加快时间，这样你就可以把相机定位在澳大利亚，向南看，看到恒星围绕着南天极旋转；向北看，看到轨迹在北天极上方呈弧形。

这里要提出的反对意见是："为什么要相信计算机程序而不相信自己的眼睛呢？"答案是，Stellarium从来没有出过错，全世界有数百万人在使用它。他们中甚至没有人报告，Stellarium产生的天空图像和他们实际看到的有任何不同。

这是一个被称为"地面实况"的概念——通过在地面的实际观测来验证远距离的观测或模型。Stellarium有很多基本的事实，所以你可以放心地使用它，你所看到的就是你自己在特定时间去特定的地方所看到的。

不仅仅是Stellarium，还有其他的许多程序，还有许多简单的手机应用，比如Pocket Universe。你把相机对准天空，它们会告诉你它们看到了什么（让你形成自己的地面实况）。你点击几下，这些应用程序还可以改变时间和地点。

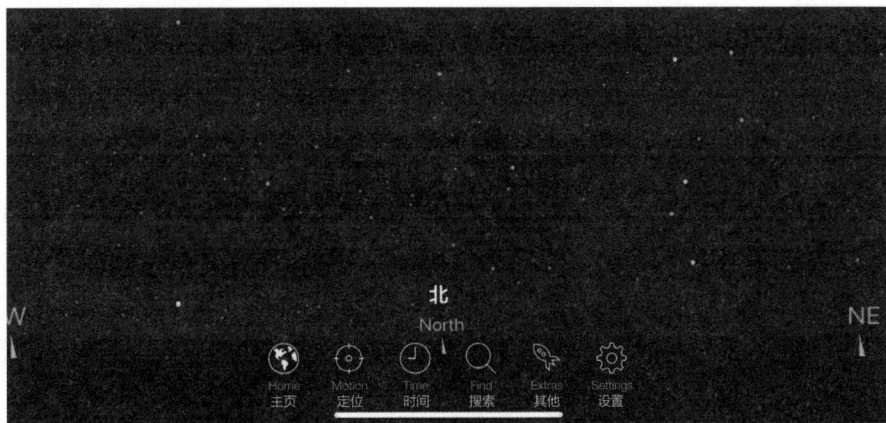

图19：经典的iPhone应用"Pocket Universe"，有了它，你可以再次证实地球是圆的

让你的朋友去澳大利亚旅行，看看那些南北旋转的恒星，然后再去南非和智利，与北方的类似点进行对比。这种旋转的对称性只有当我们

在天球的中央时才能起作用。

很容易看出，早在19世纪80年代，人们是如何被吸进"地平论"兔子洞的。那个时候的世界并没有很强的连通性，有很大的局限性。那时没有航空，更不用说太空飞行了。那时沟通缓慢，关于地球形状的说法很难核实。今天我们可以看到从太空拍摄的地球照片，可以通过高分辨率的相机观察船只驶入地平线以下，可以与南半球的朋友即时交流，还拥有大量可验证的知识。我们再没有任何合理的借口可以相信地球是平的。

"地平说"的摘要和资料

传达给你朋友的要点

- 现代"地平说"阴谋论只有大约150年的历史，而我们早在两千多年前就知道地球是圆的。

- 大多数"地平说"的要点只是在重复19世纪所写的和被揭穿的东西。

- 你可以去海滩，看船和岛屿消失在曲线后面。即使放大也看不到它们的踪迹。

- 如果你找到一条又长又直的堤道或者一排电缆塔，你就能看到它们在地平线上蜿蜒上升。

- 太阳在一天中不会明显地改变大小。太阳也会落在地平线以下。这两种现象在"地平说"的观点里都是不可能发生的。

- 恒星围绕地球形成一个"天球"，在澳大利亚和在美国看到的景象都是一样的。而在平坦的地球上，情况就完全不同了。

其他资源

Metabunk 网站上的地平说论坛——metabunk.org/forums/Flat-Earth/

通俗科学——十个简单方法告诉自己地球是圆的。popsci.com/10-ways-you-can-prove-earth-is-round

大卫·雷德利的《地平说揭穿可视化》——地球到底是什么样子。youtu.be/uexZbunD7Jg

从太空拍摄的高清地球图像——整个星球每15分钟高清拍摄一次，看起来就像一个球。metabunk.org/.t8676/

幻影模拟器——这个工具非常有用，可以演示为什么你可以看到通常隐藏在湖中的东西。metabunk.org/mirage/

第十四章

鲍勃——逃离"地平说"

鲍勃是一个来自加拿大的年轻人，他曾经认为地球是平的。他第一次对这个想法产生兴趣是在15岁左右。像许多刚步入成年的年轻人一样，他同时也在探索宇宙的意义，并感受到了自己的智慧在决定这个意义到底是什么的过程中所具有的潜在力量。

像那个年龄的大多数人一样，他有点儿高估自己的能力。

我当时处于一种想要脱离社会的心理状态。我想感觉自己很特别，所以我在科学和哲学上投入了大量的精力和兴趣。只可惜，我的判断力很弱，所以我开始相信并"加入"许多运动。我主要通过YouTube发现了"地平说"。这种感觉很好。我觉得这是我的目标，我是独一无二的。在我加入"地平说"运动后，我觉得自己比其他人都重要。

我那时候真的认为地球是平的。我认为"球体地球"的想法没有任何真实性。我相信政府总是在撒谎——虽然现在我仍然在某种程度上相信这一点，但我已经有了更好的判断力。那时候我就像个反叛者。那是我一生中一段愚蠢的时光。

像近年来的大多数人一样，鲍勃通过YouTube被吸进了兔子洞。像理查德一样，这一切都发生在他还年轻的时候，那时他还在寻找新的世界观。

在对我影响最大的YouTube视频里，他们说"你自己看不到曲率"和"因为他们从小就教导我们相信地球是圆的，即使大家都无法确定"。我接受了"地平说"的观点，因为我拒绝了所有从地球全局的角度出发的传统逻辑。我认为这都是谎言，因为我认为那些相信地球是圆的的人都是愚蠢和狭隘的。现在我意识到情况恰恰相反。

鲍勃并没有被"地平说"证据的准确性或论据的逻辑所左右。相反，他只是假设传统的思想家是一些思想封闭的人。他有一种觉悟的感觉，一种"觉醒"的感觉，而且现实中清醒的事实不会妨碍到他。就像威利有着太阳神（逻辑）和酒神（本能）的思维一样，鲍勃已经在分界线的一边扎下了根——那边的感觉更好。

这个决定不是凭空出现的。鲍勃认识了一些似乎真的相信"地平说"的人——而不是十几岁的同龄人，这些人的观点完全相反。

是的，我认识相信"地平说"的人。这些人通常比我年长，或者是宗教人士。我有三个长辈都是信徒。他们相信耶稣、上帝、《圣经》以及"地平说"。他们从未试图改变我的信仰，但在我成为信徒后，我们确实进行了一些讨论。

"地平说"是少数几个宗教能利用其产生令人难以置信的强大影响的阴谋论之一。相信"地平说"而对科学的排斥是如此强烈，以至于它需要某种类似于深刻的宗教信仰或教义的东西。你可能会遇到许多年长的"地平说"信徒，他们都有着强烈的宗教信仰。就鲍勃而言，这种影响是间接的，因为他不是特别虔诚的教徒。虽然他那些年长的亲戚并没有试图让他直接皈依，事实上，他在成长过程中受到的来自这些深陷兔子洞的亲戚的潜移默化的影响，可能会让他更容易掉进兔子洞。如果没有这个基础，YouTube视频可能永远也无法奏效。

　　鲍勃没有和家人讨论他的想法，但他和朋友们讨论过。

　　　　我对家人隐瞒了这件事，因为我知道他们经常批评我。我确实和我的朋友谈论过这件事。起初他们以为我在开玩笑，但后来我一直在争论。他们想让我知道是我错了，但他们提出的每个证据我都认为是假的，是阴谋的一部分。我觉得我的朋友不够聪明，不能理解是他们自己错了。我很固执，不肯听他们的话。

　　　其实能帮他的正是家人和朋友。可惜，他害怕挨家人的批评，所以从来没有和家人探讨过自己的想法。他的朋友有机会和他交流，甚至试着提供一些证据和逻辑，但被他断然拒绝了，他根本不听朋友的话。最后，他终于意识到了自己在做什么。

　　　　我开始发现，"地平说"运动没有真正的论据。他们没有给这场辩论带来新的东西，他们只是驳回了所有"球体地球"的论点，说它可能是假的，或者它可能是阴谋的一部分，并且"我们不能确定"。

有人告诉我，有些人就像失去理智的被忌妒蒙蔽了双眼的妻子，总是认定你在撒谎——如果你说你和一个朋友在酒吧，她会说这绝对是男人出轨的惯用伎俩。这种想法会越来越疯狂，也就会越来越不相信某个人。

我意识到故事里那个发狂的妻子就好比那些相信"地平说"的人。这让我觉得我应该听"球体地球"的观点，最终我开始明白这个观点更有意义。

鲍勃的转折点似乎不是一个特别的证据。相反，在他朋友的故事的激励下，他意识到，他一直以来的思考和争论的方式并没有他想象的那么明智。关于证据的传统论点似乎对他不起作用。

网上那些试图说服我的人是在浪费时间。我只是无视了来自像我这样的普通人的论点和证据。它没有奏效。

我看了一段关于太空探索阴谋的视频。这不是揭穿虚假阴谋论的视频，而是解释了为什么这些想法对这么多人有吸引力。幸运的是，我不是那种一根筋的人，只看自己相信的视频。如果没有这段视频对我的影响，我可能仍然是一个思想封闭的"地平说"信徒。我看了一些类似这样的内容，慢慢地产生了怀疑，最终回到了现实世界。

现在鲍勃走出了那个兔子洞，对其他阴谋论提出了更为严厉的批评。

我仍然在看一些看起来可信的阴谋论。我不相信"化学凝结尾"阴谋论。关于"9·11"事件，我想也许小布什做了内幕交易，也许没有，我不能肯定，因为没有足够的证据。但对于有证据的阴谋论，我能做出判断。比如登月这件事，我们确实登上了月球。很明显，根本就没有蜥蜴人在统治这个世界。

我有时试着帮助别人。但我真的认为有些人无法走出他们的舒适区，他们永远不会改变自己的想法。他们不寻找真相，他们寻找的是一些容易被他们接受或者让他们感觉特别的东西。我对"地平说"信徒不抱太大的希望。我重新相信"地圆说"之后，就不再和年长的亲戚谈论这个话题了。我知道他们一辈子都抱着这个想法生活，所以我无法让他们意识到自己的错误。如果我加入了一个脸书"地平说"群组，那更多的是为了找乐子。如果我看到一条"地平说"信徒的评论，我会留下另一条评论。这么做或许能让他们动动脑子，用逻辑思考问题。

不要嘲笑他们。这会使情况变得更糟，会让人感到更加孤立，并产生信任问题。如果我的朋友以为我说相信"地球是平的"是在开玩笑，这无助于我了解他们的观点。这让我想要摆脱他们，去找其他能理解我的朋友。

如果你想帮助陷入困境的人，你真的应该让他们觉得你没有因为他们的信仰而看轻他们。让他们觉得你对他们说的话持开放态度，即使你知道他们是绝对错误的。你可以为他们打开一扇理性之门。

"地平说"处于阴谋论的最远端，这种极端对人们如何进入和离开兔子洞都有影响。鲍勃的故事表明，给人们时间是多么重要。他一开始甚至不加考虑就拒绝了所有反对他立场的论点。让他重新审视自己的是，他对自己的想法以及它与别人想法之间的关系有了一些看法。这需要时间，因为他必须在自己的行为中建立一种模式，然后才能将其识别为一种模式。在某种程度上，他必须在兔子洞里钻得足够深，才能意识到自己深陷其中。

他之所以没有卡在兔子洞里，在一定程度上是因为他还年轻，思想没有僵化，有韧性和适应性。这也是因为他有朋友愿意和他交流，而不会完全疏远他。不是所有的朋友都这样对待他。他也曾被几个朋友嘲笑过，这几乎让他想完全脱离正常的社会。最后，是一个朋友打破了这个僵局，这个朋友给他讲述了一个多疑妻子的故事。这个故事来得正是时候，因为当时他开始看到"地平说"阵营的缺陷，这成了他逃离兔子洞的开始。

鲍勃的故事展示了揭穿虚假阴谋论的复杂性。围绕"地平说"阴谋论的各种证明和争论很快变得非常有技术性，包括几何、正弦和余弦、平方根等。普通人很快就会发现这一点无法理解，所以他们就像鲍勃一样，开始在更简单的基础上判断论点，比如他们的感受，或者是谁提出的。

另一个复杂的问题涉及家庭。在长辈的影响下，鲍勃接受了"地平说"。等他走出这个兔子洞，他发现，要让这些长辈转而相信"地圆说"，并没有什么好处，反而会有一些损失。他的直系亲属扮演了另一个角色，他因为害怕被嘲笑而不敢和他们讨论他的信仰。家庭关系需要进行特别考虑。

在下一章，我将讨论这些复杂性和其他问题。

第三部分

第十五章

揭穿虚假阴谋论的复杂性

2017年，查理·辛主演了一部名为《9·11》的电影。辛之前与"9·11"真相主义有过牵扯，《好莱坞报道》曾就此事采访过他。他回答说：

> 我知道我的观点引起了很大争议，这不仅仅是我个人的观点，我不只是关心"9·11"事件。我的观点都来自那些比我更聪明、更有经验的人，他们有非常相似的问题……我更关心的是向前发展……我们绝不能忘记，但仍有一些事情仅仅根植于简单的物理学，需要一定程度的探究。

"简单的物理学"是一个矛盾修饰法。没有简单的物理学。如果它看起来很简单，只能说明你把一些复杂的东西删除了。伟大的物理学家理查德·费曼曾经被一位采访者发问：磁铁的工作原理是什么？他的回答是："我可以告诉你，但你不会明白。"然后，他解释了为什么采访者会听不懂：

我无法用你熟悉的其他知识来解释这种吸引力。例如，如果我们说磁铁像橡皮筋一样有吸引力，那我就是在骗你，因为它们不是用橡皮筋连接的。我很快就会有麻烦了。其次，如果你很好奇，你会问我为什么橡皮筋会再次拉在一起，我最后只能用电的力量来解释，而这正是我想用橡皮筋来解释的原理。所以我不擅长骗人，是不是？所以，除了告诉你磁铁相互吸引之外，我无法告诉你磁铁相互吸引的原理。

　　费曼这是在恳请你相信他。他告诉你这真的是你唯一的选择，因为要了解磁性背后的物理原理，你至少需要修几门本科课程，很可能还不止几门。这个问题有一个更复杂的答案，如果没有经过刻苦学习，你现在还无法理解它。

　　但有些人想不付出努力就得到答案。为什么世贸中心大楼会像那样倒塌？他们可能会引用牛顿运动定律，告诉你除非使用了炸药，否则坍塌违反了定律。他们要求你解释这一点，遗憾的是，像许多完全理性和聪明的人一样，他们发现自己难以理解答案。你告诉他们，牛顿定律只适用于抽象的质点质量，他们会说你那是胡说八道。你试着告诉他们一些物理知识，比如质点质量VS刚体物体VS铰接体、弹性碰撞VS非弹性碰撞、动量守恒VS能量守恒、建筑物中的势能VS炸药的化学能、静态力VS动态力、垂直支撑截面以及正方体缩放比例定律。他们告诉你，这是在故弄玄虚，因为他们认为"每一个作用力都有一个相等的反作用力"，证明了建筑物不可能像那样倒塌。

　　像这样的对话是一个挑战。这个挑战不是对你朋友的智力或教育水平的反映。费曼教授并不是侮辱采访者，他解释了为什么采访者无法理解完整的解释，他指出这个解释比他们想象的还要复杂，需要接受一定的教育才能理解——或者至少需要投入一定的时间和精力。

如果像大多数人一样，你自己无法真正理解这些解释，那么这个挑战就会被放大。在物理学的基本原理和计算方面，我是相当专业的，但和其他人一样，我也有自己的局限性。在学校里学过的大部分高等数学知识早就还给了老师，我只记得多年来我在为视频游戏编写3D物理程序时每天使用的强大、实用的子集。在某种程度上，当我们帮助朋友理解某件事情时，我们不得不接受自己在理解上的极限，我们无法告诉朋友某件事情为什么会发生，只能告诉他们这件事情确实会发生。

查理·辛认为，"简单的物理学"提出了一些问题，但他同时又听从那些比他自己"更聪明、更有经验的人"代表他提出这些问题。如果问题如此简单，为什么没有简单的答案呢？辛选择信任一小群"更聪明"的人，他们认为这些"简单"的问题的最佳答案就是炸药；而忽略了另一群（更多的）人，这群人认识到这个问题有些复杂，需要考虑到重力、火灾、力学、材料物理以及相当复杂的事件序列来确定答案。

说，不如做

要向你的朋友解释他不能理解的事情，最好的办法不是解释，而是直接演示给他看。例如，那些认为地球静止不动的人可能会争辩，如果地球在运动，那么当我们从空中跳起来时，我们就会落到别的地方。对于这种情况，你不需要通过科学细节来揭穿。无论是讨论重力、速度矢量还是惯性，都于事无补。你要做的就是指出，如果你在行驶的火车上跳上跳下，你会在同一个地方落下。让他们去试一试。

"跳起和落下"的问题当然不是直观的。我还在游戏行业时，有个朋友告诉我，他曾为一款名为Blasto的PS游戏工作过。在这款游戏中，玩家的角色会在小小的浮动平台上四处骑行。其中一名游戏设计师希望它被编程，这样当玩家在移动平台上直接跳起来时，他们就不会再落回到平台上。

这本身并不是不合理的，因为电子游戏具有各种奇怪的物理特性，但是设计师希望这样做，是因为他认为这样做可以使游戏显得更加逼真。我的朋友和那个设计师争论了一番，最后决定打个赌，他会站在一辆卡车的底盘上，以每小时15英里的速度沿着小巷行驶，然后笔直地跳起来。如果他落在卡车上的同一地点，那么他们就按这样的结果设计游戏。如果卡车从他身下开走，他落在了地上，那就按这个结果编程。

他的行进速度和卡车一样快，所以，他就像你所预料的那样落在了卡车上。要理解这一点，最好的办法就是进行一次实际的（尽管很危险）演示。

实际演示是我经常做的事情，也是揭穿虚假阴谋论的乐趣所在。敲击键盘，试着向别人解释一些错误，是很容易做到的。如果你能当面演示给他们看，通常效果会好很多。不要总是想着用语言来解释物理学的某些知识，而要花时间去好好演示。

虽然这些演示很有趣，而且通常效果不错，但实际的演示还是要小心谨慎。毕竟，网上有许多视频声称为虚假的阴谋论提供了证据。"9·11"控制爆破拆除阴谋论尤其如此。在一段视频中，理查德·盖奇（"9·11"真相运动网站的负责人）将一个纸板箱放在另一个纸板箱上，然后声称这证明了为什么世贸中心大楼的倒塌如此可疑。许多人对此深信不疑，甚至自己也重新演示过这个"实验"。因此，你需要确保你的演示是基于正确的原则和假设。在发布视频之前，最好先咨询一下专家。

家庭揭穿术

几年前，有个亲戚给我发了封邮件，提到一件事，我当即反应过来，这件事就是个骗局。一开始，她告诉我，她打算利用退休的机会自己做生意。而且，她已经迈出了第一步，向朋友和家人推销天然产品，这是一个很好的机会，可以抢占先机。

这个亲戚名叫贝蒂，她在参加当地的一个活动时结交了一对友善的夫妇。见过几次面后，这对夫妇问贝蒂是否有兴趣赚点儿外快。贝蒂礼貌地表示"有兴趣"，于是他们邀请她到家里吃晚饭，以便讨论具体事宜。晚饭后，他们拿出一个箱子，里面装满了护肤液、牙膏和洗发水等产品的样品瓶。他们告诉贝蒂，市面上的大多数产品都含有危险的化学物质，比如十二醇硫酸钠（SLS）。他们拿出一管高露洁牙膏，让她看成分表（包括SLS和其他化学物质），然后又给她看了美国疾病控制与预防中心（CDC）证明SLS有毒的文件。

这让贝蒂有点儿担心，她通常喜欢纯天然的东西，反对有毒的东西。她能做什么呢？这对夫妇告诉她，她应该改用这些天然产品。他们给她看了不含SLS的成分表。所有产品的价格都非常合理。更重要的是，她的运气太好了！非常凑巧的是，他们的销售任务超负荷了，他们正在寻找可以为他们卖产品的人："看看这张图表，了解你可以赚多少钱。如果你能签约雇用其他人来为你销售，你会赚到更多的钱！"他们让她认真考虑这件事。这个骗局并不新鲜，叫作多层次传销（MLM）。多层次传销是一种金字塔式骗局，简单产品的销售并不是真正的赚钱之道——真正赚钱的是签约雇用销售产品的人。公司和顶级销售人员通过销售这些样品包和收取签约费赚钱，其他人几乎不可能真正赚到钱。那些赚到钱的人最后往往会因为不断地要求别人签约而失去身边人的支持。这个古老的骗局把人们骗得团团转。

我查了一下这家公司，果然有一大堆说它是传销骗局的投诉。与以往一样，有许多真正的信徒认为传销是一种很好的谋生方式。然而，统计数字并没有撒谎，根据美国联邦贸易委员会的统计，超过95%的传销参与者最终都赔了钱。

我很喜欢贝蒂，我该怎么帮助她呢？我知道她是个聪明的女人，但也许她比我更喜欢"自然"疗法（比如芳香疗法）。我知道她喜欢这对夫妇，不想冒犯他们，我也不想让她觉得我在批评她对生意的选择。我知道她尊重我，很可能会听我的，但我也知道，如果我直接说出自己的想法，让她不要上当受骗，成功的可能性非常小。

于是，我采取了一种循序渐进的方法。首先是调查有关SLS有毒的说法。是的，SLS确实有毒，材料安全数据表清楚地标明了它的毒性。那为什么牙膏里有这种成分呢？就像所有的化学物质一样，产生毒性的是化学物质的用量，而不是化学物质本身。例如，盐有剧毒——一汤匙盐足以让一个小孩丧命，但我们仍然把它撒在食物上。

要说服贝蒂可能有点儿棘手，所以我也看了她打算出售的产品中的"天然"成分。有意思的是，材料安全数据表上也明明白白地写着这些成分的毒性。最有用的是，其中一些成分比他们认为有毒的SLS毒性更大。第二天，我把这个情况告诉了贝蒂，我没有做任何评判，只是指出了事实。贝蒂想通了，说要把样品箱退回去。"我会对他们说，是米克逼我这么做的。"她说。我俩都笑了。

她把样品箱退还给了那对夫妇，他们还试图说服她不要这么做。"这个米克知道什么？"他们问，"他可能只是在网上看到了一些虚假的信息。你就试一个星期吧。"但是贝蒂最终意识到我告诉她的可能是对的，于是她拒绝了。很遗憾，他们之间的友谊也到此为止了。

告诉别人是他们错了，这在很多层面都是一件很困难的事。如果你爱着那个人，你知道你排斥他的信仰可能会伤害你们之间的关系，也可能伤害他与别人的关系，事情就可能会变得更加糟糕。在这种情况下，通常的建议仍然是有效的：促进有效的沟通，提供有用的信息，给他们时间。但个人因素也会造成一些复杂性。

　　首先，这么做真的值得吗？需要考虑利弊。他们相信阴谋论是否在一定程度上是他们自己或他人的问题？许多人相信一些奇怪和不合理的事情，比如超自然现象，但并不会对他们产生负面影响。你想冒险为一些不那么重要的事情制造冲突吗？在贝蒂的案例中，这个阴谋论是低级的（"大型制药公司"被认为掩盖了有毒成分），但是她认为这个阴谋论的经济后果是非常真实和消极的。

　　如果你认为值得，那就继续小心应对。你们之间的亲密关系可能有个好处——你能更好地理解他们的动机。但这也会产生一个问题，因为你的朋友（配偶、爱人、伴侣）希望你能理解、接受和支持他们。以建设性和积极的方式进行讨论显得尤为重要。确认他们真正关心的问题并建立共识，要比指出他们的错误和错误来源更为重要。行之有效的揭穿不是为了凸显自己。

　　如果你要指出错误，（一开始）只能摆出最中性和无可争议的事实，比如化妆品的成分列表。要揭穿"化学凝结尾"阴谋论，你可以避免主观上的争论，比如"我认为凝结尾一直都是持久的"，而将注意力集中在中性的信息上，比如关于云的旧书。

　　最后，照顾好自己。记住，你的朋友可能会像你看待他们的观点一样看待你的观点。他们可能会对你失望，他们可能会因为你似乎不把他们当回事而感到沮丧，他们可能会开始攻击和批评你。不要把这些事放在心上。试着把这些事作为谈话的基础。如果没有效果，那就放弃。认真考虑你们之间关系的重要性以及草率回应的危险性。当你帮助别人走出兔子洞时，你必须慢下步子，小心应对。除非你需要快速阻止一些不明智的投资，否则你应该充分给予时间。认识到这可能是一件你必须长期处理的事情，但也不要放弃。

莫吉隆斯症

"莫吉隆斯症"这个词对不同的人有不同的含义。对于那些认为自己得了这种疾病的人来说，莫吉隆斯症是一种有许多症状的疾病，其中最显著的症状就是皮肤上长出小纤维。对大多数医学专业人士来说，莫吉隆斯症只是一个名字。当一些人因医生找不到自己的病症所在而心有不满时，就会给自己得的各种病症起这个名字。如果有病人确信自己的皮肤上长出了纤维，医生可能就会把这个问题描述为"寄生虫妄想症"。

莫吉隆斯症是一百多年来有记录的类似情况的最新版本。这个现代术语是玛丽·莱托在2002年发明的，当时她正在寻找困扰儿子的皮肤问题的答案。她在网上做了一些研究，从国家不明皮肤寄生虫协会复制并扩展了一些症状列表，莫吉隆斯症研究基金会就这样诞生了。

莫吉隆斯症的主要问题是，患者确信自己得了什么特殊的病，但医生不确定是什么问题，往往怀疑患者得了某种程度的精神疾病。这造成了病人和医生之间的冲突。

我花几年时间写了关于莫吉隆斯症的文章，并在网上与莫吉隆斯症的患者进行交流。这并不完全是一种阴谋论（尽管许多信徒会将矛头指向"大型制药公司"，也有一些更极端的说法将莫吉隆斯症与纳米机器和"化学凝结尾"联系在一起），但信徒们对这个话题的思考方式有一些相似之处，尤其是带有确认性偏见。每个病例都不一样，如果你想和莫吉隆斯症的患者交谈，我可以给你一些常规建议。

遵从医生。你（想必）不是医生，所以不要给别人看病。问问你的朋友医生是怎么说的。如果他们问你觉得他们应该怎么做，就建议他们去看医生。如果医生开了药，就鼓励他们按处方服药。以一种非评判的方式来处理这件事情。

不要提及精神病。让莫吉隆斯症的患者对你产生敌意的最快方法就是让他们认为你在暗示他们有精神病。虽然有些患者确实存在精神问题，但将精神疾病作为症状的原因进行讨论是没有意义的。你可以讨论这种情况会带来精神方面的问题，例如，皮肤瘙痒会让人失眠、情绪焦躁。

不要过度关注纤维。纤维无处不在，所以你会在皮肤上发现它们。你可以解释这一点，但是你的朋友主观上认定这些纤维和他们的疾病有关。与其驳回他们，不如提出至少有一些纤维只是服装纤维，老实说，你并不了解所有的纤维。

讨论症状缓解治疗。如果他们皮肤发痒，那就治疗瘙痒。如果他们情绪焦虑，那就治疗焦虑。承认引起他们症状的原因是不可思议的，并试着通过处理这些症状，将注意力转移到尽可能从生活中得到更多的收获。"治愈"当然最好，与此同时，让我们利用现有的方法。治疗这些症状并不丢人，即使你对这些症状的起因有争议或者毫无头绪。

谈论其他事情。许多自我诊断患有莫吉隆斯症的人都有一定程度的疑病症或"疾病焦虑"。健康问题已经成为一种困扰，这可能意味着他们会花几个小时在网上查找资料。鼓励你的朋友查看并参与其他事情，不要让他们沉迷其中。如果他们不停地和你讨论健康问题，那么尽量不要卷入其中，把话题引到其他事情上。

给点儿时间。像任何涉及坚定信念的问题一样，改变需要一段时间。在这段时间里，你可能会觉得毫无进展。记住，这是一个累积的过程，变化可能会随着时间慢慢发生，也可能在几个月后突然发生。进展可能是局部的，也可能是非常小的。

虽然这些都是我与那些认为自己有莫吉隆斯症的人交谈时的心得，但它们也很符合针对疑病症和强迫症的常见建议。你可以查看有关这些话题的文章，并将其中的大部分内容应用到得了莫吉隆斯症的朋友身上。

精神疾病

大多数相信阴谋论的人不是精神疾病患者。我个人的经验和目前的科学研究都表明，阴谋论者只是普通人。正如卡斯·桑斯坦和阿德里安·沃缪勒所说：

> 阴谋论通常不是源于非理性或任何类型的精神疾病，而是源于一种"残缺的认识论"，其形式是（相关的）信息源数量极其有限。持有阴谋论的人这样做归因于他们读到和听到的信息。

桑斯坦和沃缪勒在 2008 年写道，十年后可能会扩展成"阅读、聆听和观看"。普通的阴谋论者并不比普通的足球迷或物理学教授更容易得精神病。仅仅因为一个人认为世贸中心是被炸药炸毁的就给他贴上精神病的标签是一个严重的错误。他们通常是理性的，只是他们掌握的信息有限。

就像莫吉隆斯症一样，真正的精神疾病在阴谋论思维中发挥了作用，它既是问题的根源，也让问题复杂化。有些人确实因为得了精神病才相信阴谋论，有些人则因为相信阴谋论而使精神病恶化。

一般来说，真正偏执的阴谋者与普通的阴谋者之间的区别在于他们卷入阴谋的程度。前者可能认为自己被跟踪了，或者他们的房子被搜查是因为他们从事的阴谋活动。他们可能会觉得自己是"有组织的跟踪"的受害者，周围的每个人都在以某种微妙的方式试图迫害他们。这些类型的幻觉被称为"关系妄想"。

我偶尔会在网上碰到有潜在精神疾病的人，也有几次是面对面的遭遇。当我和疑似有精神疾病的人打交道时，我的一般策略是以平常心对待他们，就好像他们没有精神疾病一样。往好处想，看看会发生什么。一旦他们看上去真的患有精神疾病，我就不会继续和他们争论阴谋论。

我不是医生，也不是精神病学家。我是一个揭穿虚假阴谋论的人，一个事实核查者和沟通者。我不知道如何治疗精神或身体方面的疾病。我的尝试很可能会使情况变得更糟。如果我在网上和你辩论过，那么你可以放心，我认为你没有精神疾病。

如果你的朋友表现出精神疾病的迹象，或者他们被诊断出患有某种精神疾病，又该怎么办呢？如果你不能一走了之，那么针对你朋友的情况，你应该如何应对阴谋论所起的作用呢？

情况可能会有所不同，最好的方法可能是不要讨论阴谋论。这里的问题不是对物理或化学的一些误解，甚至不是你可以用大量正确的信息来修复的"残缺的认识论"。这里的问题是精神疾病。阴谋论可能是这种情况的结果，也可能只是让情况变得更糟。讨论他们着迷的事情可能对你的朋友没有帮助。

你要做的是承担一个好朋友的责任，与他们多交流一些中性的事情，鼓励他们听从医生的建议，引导他们远离阴谋。给他们一些时间。

如果你想多做些事情，那就向心理健康专家寻求建议。

政治揭穿术

众所周知，政治话题非常棘手，是感恩节餐桌上的一个雷区话题。人们往往建议，为了家庭和睦，我们要完全避免讨论政治（和宗教）。

人们对政治的争论在很大程度上是低级的阴谋论。保守派认为，自由派正密谋使他们被遗忘，剥夺他们的枪支和财产权，并通过使非法移民合法化来操纵大选。自由派则认为，保守派正密谋让富人变得更富有，限制少数族裔的投票权，与俄罗斯暗中勾结，并让环境科学家噤声。双方都认为对方正在散布错误信息和阴谋论。

第五章概述的揭穿术在这里有直接的相关性，只是做了一些修改。有效的沟通、寻求共同点、尊重他人、确认真正的担忧以及提供缺失的信息，这些都是值得去做的事情。但是，政治讨论有其独特性，这使得它不同于"化学凝结尾"等阴谋论。

首先是感知的对称性。就像"9·11"阴谋论一样，你的朋友经常会比你知道更多与这个话题相关的事实。他们可能坚信你就是那个被误导的人，他们的任务就是向你解释相关事宜。

这种感知的对称性通常伴随着知识的不对称性。你对事实会有一种看法，他们会有另一种看法。你们通常在知识方面存在很大差距，特别是在理解对方的观点及成因方面。展开讨论前必须先弥合这些差距。

许多极端的政治阴谋论都有不同程度的合理性，比如"比萨门""风暴""QAnon""通俄门"。你不太可能通过深入研究这些令人费解的例子取得多大进展。在处理这类事情之前，试着关注一些你至少可以看到的隐藏在阴谋论背后的事实。

例如，2015年11月，唐纳德·特朗普（当时的共和党总统候选人）似乎嘲笑了记者谢尔盖·考瓦里斯基的残疾。特朗普以一种奇怪的角度挥舞着双手，说道："呃，这个可怜的家伙，你必须看到这个家伙。'嗯，我不知道我说了什么。嗯，我不记得了。'"考瓦里斯基患有关节挛缩症，这是一种限制他双手姿势的疾病，特朗普似乎是在模仿和嘲笑考瓦里斯基的身体缺陷。

很多人把特朗普的镜头与考瓦里斯基的镜头放在一起看，发现这个结论显而易见。然而，特朗普的支持者会告诉你，这是一个阴谋，是自由派媒体传播的虚假新闻，这种指控已经"被揭穿"。

这怎么可能？在这种截然相反的解读被揭示后，对话又如何能继续下去呢？通常情况下，讨论会立即演变成愤怒，因为自由派会厌恶他们的保守派朋友纵容特朗普嘲弄残疾人却不受惩罚，而保守派会反感他们的自由派朋友盲目相信虚假新闻。

在揭穿阴谋论的过程中，我建议你在继续提供缺失的信息前，先努力建立共同点。在政治讨论中，这两个步骤需要合并成一个步骤，那就是相互分享信息。

为了达成共识，你需要了解对方是如何形成他们的观点的，他们也需要了解你是如何形成自己的观点的。关于考瓦里斯基事件，保守派认为嘲笑残疾人的指控已经被揭穿，因为特朗普之前嘲笑他当时的对手泰德·克鲁兹时使用了完全相同的手势，而泰德没有身体残疾。

特朗普的对手可能不愿意承认这一点。重要的不是为特朗普的行为开脱，而是理解为什么特朗普的支持者相信他们对当前局势的态度。这是特朗普的对手所缺少的信息，他们通常会以厌恶的态度直接拒绝"那已经被揭穿了"之类的说法，他们也不会展开调查，因为他们觉得特朗普嘲讽残疾记者的事实是证据确凿的。

但Snopes和PolitiFact（被认为是自由派偏见的堡垒）等网站对这种形势的看法更为微妙，Snopes称这是"一个有争议的话题"，而PolitiFact则称特朗普的行为"是在嘲弄，不管涉及的是不是残疾"。这可能是特朗普的支持者所缺失的信息，也可能是特朗普和考瓦里斯基多年来一直关系熟稔的信息，考瓦里斯基确信特朗普记得他的情况。

不受阻碍的真相在政治上是罕见的。政客及其支持者的言论目的是左右公众舆论，以赢得大选并获得或保持权力。不管你站在哪一边，如果你只从你认为符合你意识形态的来源获得信息，你就不太可能对一个话题的相关事实有一个清晰的认识。

至少，如果你的信息来源受限，你就会错过那些让你的朋友对他们所做事情深信不疑的导向性信息。没有这些信息会阻碍你找到共同点，而找到共同点对于以一种富有成效的方式推进对话来说是至关重要的。

在辩论中简单承认"事实介于两者之间"是一种谬论。地球不是一半平面一半球形的，喷气式飞机喷洒的东西不是一半有毒的，世贸中心也不是一半被炸药炸毁的。政治不同于这些传统的阴谋论，因为它是对中心的诉求，而不是对极端的诉求。

双方都试图利用每种情况。美国彭博社在2016年8月进行的一项民意调查发现，可能投票的选民认为，嘲笑考瓦里斯基是特朗普做过的最糟糕的事情。特朗普的对手不会让任何细微差别挡了这个宝贵工具的道。

同样，"假新闻"的观点是一种有力的修辞，在特朗普的支持者中引起了共鸣。自由派媒体对考瓦里斯基事件谈论得越多，保守派媒体就越能指出他们已经"揭穿"了这件事，从而支持自由派媒体存在偏见的观点。

双方不会立即找到共同点。当你和你的朋友向对方解释你们为什么会形成各自的想法，以及当你们互相提供自己认为对方缺失的信息时，你们才会建立第一个共同点。你甚至不必同意信息的有效性，只要承认它的存在，承认它是你朋友信奉的阴谋论的基础。

这样一来，你可以了解事实调查的真相。你可能希望后退一步，将讨论的重点重新放在更重要的话题上。一旦你们对基本事实没有异议，那么像考瓦里斯基事件这样的话题可能就不值得继续探讨了。

相反，你要利用讨论来鼓励你的朋友寻找其他话题的信息来源，并承诺自己也这么做。看看另一方面的说法，但也要看看更加中立的信息源，比如那些认同你的意识形态，但现在基本上已经退出公众生活的人。看看那些曾经被认为是政党英雄的人，比如罗纳德·里根或约翰·肯尼迪，他们对这个话题有什么看法？他们的看法又有什么变化？

这似乎是一项不可能完成的任务，但是要有礼貌，要懂得尊重人。政治之所以两极分化，是因为政客们希望它两极分化。他们不希望他们的追随者被拉到另一边。为了在感恩节期间与你的亲戚进行富有成果的政治讨论，你必须避开两极分化、带倾向性的说法和阴谋论，而要关注相互理解，关注事实，关注你们之间的真正差异，以及真正的相似之处。

第十六章

制造阴谋和揭穿谎言的未来

詹娜·艾布拉姆斯在2016年总统大选期间是推特上的热门人物，拥有七万多名粉丝。2014年，艾布拉姆斯以@Jenn_Abrams的昵称入驻推特，不断地发推文，反映了某个群体的民粹主义右翼政治理念，而这个群体最终将成为唐纳德·特朗普阵营的核心组成部分。她撰写的热门推文被唐纳德·特朗普和凯利安妮·康威（特朗普当时的竞选经理）等当权派人物转发的次数越来越多。

问题是詹娜·艾布拉姆斯这个人并不存在。国会调查人员称，该账号实际上是由俄罗斯政府支持的一个名为互联网研究机构的实体创建的。该机构总部设在俄罗斯圣彼得堡，雇用了数百人，目的是散布会损害美国、促进俄罗斯利益的信息和错误信息。

这些工作人员创建了数千个所谓的"灰色出口"或"巨魔"的社交媒体账号和网页，乍一看与普通美国人和其他西方人的页面颇为相似，实际上是由讲英语的俄罗斯人或受雇于俄罗斯人的西方人运营的。

这是对旧策略的全新的改变。这些虚假账号是俄罗斯人进行的一种政治斗争的延续，这种政治斗争有时被称为"积极措施"。积极措施计划旨在通过各种形式的媒体操纵来影响世界大事。早在20世纪20年代，它就以各种形式出现过。

1998年1月，CNN采访了退休的克格勃少将奥列格·卡卢金，他描述了"颠覆"在苏联情报中的作用：

> 苏联情报部门的核心和灵魂不是情报收集，而是颠覆：削弱西方势力的积极措施，在西方社会各种联盟中（特别是北约）制造不和，在欧洲、亚洲、非洲、拉丁美洲人民的眼中削弱美国，从而为战争的真正发生做好准备。让美国更容易受到其他民族的强烈指责和不信任。

2017年3月30日，参议院情报委员会就俄罗斯干预2016年大选听取了多位俄罗斯"积极措施"专家的证词。其中一位证人是联邦调查局前特工克林特·瓦茨，他是美国外交政策研究所国家安全项目的高级研究员。瓦茨描述了"积极措施"计划的适用范围：

> 虽然俄罗斯希望提升西方候选人对其世界观和外交政策目标的好感，但赢得一次大选并不是他们的最终目标。俄罗斯的积极措施希望通过追求五个相辅相成的目标来推翻民主国家：
> 1. 削弱公民对民主治国的信心。
> 2. 煽动或激化分裂的政治分歧。
> 3. 侵蚀公民与当选官员及其机构之间的信任。
> 4. 在外国民众中普及俄罗斯的政策议程。
> 5. 模糊事实和虚构之间的界限，从而让民众对信息源产生普遍的不信任或不确定。

从这些目标出发，克里姆林宫可以彻底摧毁民主国家，取得两个重大突破：

1.欧盟解体。
2.北约解体。

这个计划的野心是令人窒息的：北约解体，"俄罗斯帝国"回到冷战状态，被类似苏联的盟友和替代国安全包围。

俄罗斯的高层战略是削弱美国和北约的实力，让美国在盟友眼中变得糟糕，并在美国内部制造不同意见和对权威的不信任。一种方式是传播阴谋论。如果你能让更多的人相信"9·11"事件是一场内幕交易，或者桑迪·胡克枪击案是一个骗局，或者"化学凝结尾"是真实存在的，那么对政府极度不信任的人数就会增加。阴谋论的盛行也使得美国在盟友眼中越来越不可信，削弱了美国在世界舞台上的地位。

你可能会认为，这种说法本身就是一个牵强附会的阴谋论。俄罗斯试图通过在西方推广"化学凝结尾"阴谋论来瓦解北约，这听起来确实相当荒谬。但是让我们着眼于证据。俄罗斯宣传机构"今日俄罗斯"新闻网（RT）发表了多篇文章，并就"9·11"真相运动和其他阴谋论进行了多次采访，为理查德·盖奇和杰西·温图拉等阴谋论者提供了广泛的渠道：

2010年3月10日，"今日俄罗斯"新闻网："美国人继续为'9·11'真相运动而战。"

理查德·盖奇是"AE911真相"网站的创始人，该组织由一千一百多名专业人士组成。他们表示，导致世贸中心三栋建筑倒塌的不是飞机。

"这些建筑是被炸药炸毁的。一千多名建筑师和工程师要求国会考虑我们掌握的证据，发出新的传票进行调查。"

2010年3月10日，杰西·温图拉在"今日俄罗斯"新闻网上表示："对一些人来说，对'9·11'事件的调查还没有结束。我在海军水下爆破队工作了四年，在那里，我们接受了爆破训练。我的同事与著名物理学家史蒂文·琼斯进行了长谈，琼斯说，没有爆破装置的'由重力驱动的坍塌'违背了物理定律。"

"今日俄罗斯"经常采访戈登·达夫，把他称为军事专家，达夫一直支持桑迪·胡克校园枪击案是"假旗事件"的说法。"今日俄罗斯"的意见专栏有关于"化学凝结尾"的文章，甚至有一篇来自"地平说"阴谋论者的文章。对于一个伪主流新闻媒体（"今日俄罗斯"声称在美国每周有800万观众）来说，谎言无处不在。

在我写《阴谋简史》的时候，俄罗斯对2016年总统大选的影响程度仍然存在相当大的争议。情报部门和大多数国会议员似乎毫不怀疑俄罗斯的干预行动，但在行政部门的支持下，社交媒体否认俄罗斯的干预行动，称有关俄罗斯介入大选的说法"毫无根据""已经被揭穿了"。如果真的有一支俄罗斯"巨魔军团"在这个话题上主导着舆论，那么出现这样的否认是意料中的事。

不管目前的细节如何，毫无疑问，俄罗斯的确推行过广泛的宣传和颠覆计划，将来也会继续推行。虽然我们可能认为这主要是俄罗斯特有的现象，但它将成为任何国家（无论大小）网络武器库的一部分（如果还没有付诸实践的话）。我们有望在巴基斯坦、朝鲜以及其他国家看到这一点。我们也应该期待美国会做出同样的回应。鉴于社交媒体目前在人们获取信息和形成观点方面的突出作用，外国颠覆活动的很大一部分，即他们的"积极措施"，将不可避免地指向脸书和推特。我们知道有像詹娜·艾布拉姆斯这样的"巨魔"，但我们将会看到越来越多的东西。虚假信息的未来走向，以及阴谋论的传播方向是人工智能和机器人。

制造虚假阴谋论的机器人

这里所说的机器人指的是一种互联网机器人，不是挥舞着金属手臂和发出"哔哔哔"的声音的物理机器人，而是某种只存在于云中的东西，就在电脑的某个地方。这是一个人工智能程序，被设计用来做一些简单的事情，一个人就能在网上操作。最初，它做的都是很普通的任务，比如给网页做索引、响应简单的客服查询或交易股票。

机器人还可以被编程来执行简单的重复性任务——这些任务对人类来说太无聊或者太耗时。这些任务中有许多已经接近或超越了合法性的边界。机器人可以通过在在线投票中多次投票来填充在线投票箱。机器人可以被编程反复"观看"某段 YouTube 视频来提高浏览量，或者下载一款 iPhone 游戏来提升排名。二十多年来，这类机器人的使用情况已经被普遍记录在案，与之斗争的是一场正在进行的军备竞赛。

越来越多的机器人被编程用于在社交媒体上发布信息。2014年，一份请愿书出现在白宫网站上，呼吁将阿拉斯加归还给俄罗斯。这起初看起来像是一个笑话，但俄罗斯的机器人似乎不仅在为这份请愿书投票，而且还在社交媒体上发布链接，鼓动其他人投票。类似地，2016年大选之夜，在唐纳德·特朗普即将成为美国总统的消息变得明朗之后，"加州脱美"这个话题开始流行起来。其中一些推文是加州人在表达他们对投票结果的不满，但大部分"加州脱美"推文经追踪怀疑与俄罗斯互联网研究机构"巨魔"和机器人网络有关联。

虽然单一的操作（比如@Jenn_Abrams）可以非常有效地推广消息，但是有组织地构建这样一个账号需要很长时间。使用机器人军队可以人为地让故事看起来像是"病毒式传播"，从而更快地完成任务。在2016年总统大选之前，脸书上的数千个机器人账号被用来以这种方式详细报道。据估计，目前可能已有1.26亿美国人在脸书上看到过俄罗斯"巨魔"上传的内容，这些内容经推特转发和机器人军队分享后被夸大了。

今天的哑巴机器人大军办事成效卓著，但是它们很快就会面临被下一波浪潮——拥有大量人工智能的机器人——淘汰的命运。

人工智能

泽伊内普·图菲克希在关于社交媒体算法的反乌托邦未来的TED演讲中说：

> 我们不再编程了。我们正在发展我们还没有真正了解的人工智能。

在我学习游戏编程的时候（三十年前），所有内容都是关于算法的。算法是一系列逻辑步骤、决策和循环，由计算机程序产生你在屏幕上看到的结果。当你为游戏中的某个角色编写一个行为时，整个行为都被封装在代码中。你可以为特定的行为创建一个算法。作为一个程序员，你理解这个算法，你也理解结果。这主要是由于计算机速度和内存的限制。

随着这些年来机器变得越来越强大，我们转向了不同的方法。人工智能开始越来越少地受到硬编码算法的驱动，而更多地受到数据的驱动。你可以编写一个更通用的算法来定义一系列行为，然后将各种数字（数据）应用到这些行为上。最终，连数据的生成都实现了自动化。游戏设计师会"展示"人工智能如何以某种方式行动，并找出最符合这种行为的数据。人工智能可以观察人类玩家并进行模仿。它也可以通过和自己玩游戏来提高技能。

现在，在一款游戏发布后，控制人工智能的数据可以继续调整，修改自己（通过游戏开发者的中央服务器），做玩家最喜欢做的事情。人工智能逐渐发展成为一款更好、更容易上瘾的游戏，玩家将继续为其付费。

在脸书、推特和YouTube等社交媒体平台上，数据驱动的算法决定下一步显示什么（幕后代码决定下一步将"自动播放"的内容）。这些算法最终都是为了赚钱而设计的。他们首先让你留在网站上，向你展示算法认为像你这样的人会看的内容（根据你所属的群体、接触互联网的历史和上网记录等）。其次，他们的设计目的是让你买东西，通过向你展示算法确定会让你花钱的东西来做到这一点。

没有人真正了解这些算法是如何工作的。当然，他们或多或少理解代码。即使是代码也经常是由多人编写的，有时甚至是数百人。谷歌雇用了2.5万名开发人员，他们每天对代码进行4.5万次重大修改。程序员不再经常从头开始编写完整的代码——他们有时编写纯算法，但现在编程的大部分工作要么是处理大型程序的一小部分，要么是将其他人编写的现有代码库黏合在一起。

这些新兴算法的真正奥秘来自数据。脸书和YouTube在决定下一步向你展示什么内容时所做的决定不仅仅是基于你的浏览历史、你的信用评级、你的位置和你的年龄（如果他们有，他们会使用所有这些数据）。现在的决策基于大数据，即所有用户的汇总数据。

驱动算法的数据现在不仅仅是几个数字，它是由数百万个数字组成的巨大表格，行和列的数量都达到成千上万。构成较大数据集的这些表中的任何一个，在技术上都被定义为"矩阵"，这一点挺讽刺的。矩阵是由计算机不断翻查每个人以及他们所做的一切的大数据记录来创建和完善的。没有人能读懂这些矩阵，即使有计算机帮忙，它们也太大太复杂，无法完全理解。但是计算机可以使用它们，应用适当的矩阵向我们展示适当的视频，最终引导我们适当购买。我们不是生活在矩阵中，但仍然有一个矩阵控制着我们。

这和阴谋论的兔子洞有什么关系？有很大关系。这些算法正迅速成为通向兔子洞的主要路径。在很大程度上，这种情况已经发生了，还会变得更糟。图菲克希描述了当她尝试在YouTube上观看不同类型的视频时发生的事情。她先是观看了唐纳德·特朗普集会的视频。

我想写一些关于唐纳德·特朗普的集会的文章，所以我在YouTube上观看了几次视频。YouTube开始向我推荐并自动播放白人至上主义者的视频，极端主义的程度越来越深。如果我看了一段视频，YouTube就会向我推荐更极端的视频。

如果你观看了希拉里·克林顿或伯尼·桑德斯的内容，YouTube会推荐并自动播放左翼的阴谋视频。此后推荐的视频，阴谋色彩会越来越明显。

走下坡路，进入兔子洞。数据驱动的算法已经发展到了这样的程度，即认识到让人们观看更多视频的办法是引导他们走下坡路，沿着阻力最小的路径下滑。在没有人为干预的情况下，这个算法已经发展到了完美的程度，可以逐步提高阴谋视频的强度，这样你就不会关掉视频，而是选择继续观看。视频变得更加扣人心弦，因为该算法发现（没有任何人类的意义，但发现了），它越能引导人们深入兔子洞，就能获得越多的收入。

　　我们已经看到了阴谋论者多么喜欢看阴谋论的视频，这是现在进入兔子洞的主要途径。他们会看很长的视频，而且会看很多遍。他们寻找类似的视频。他们越相信自己的观点是正确的，就越喜欢看那些反映、强化和证实这种观点的视频。这是一个最好的正反馈回路。

　　社交媒体巨头们无意中开发了算法，开发了一种矩阵，这种矩阵经过了精心调整，可以把人们困在这个循环中，把他们吸进兔子洞，然后让他们一直待在那里。即使你的朋友从来没有接触过阴谋论，他也可能因为一些性格因素而相信某些视频内容，这些因素是算法可以抓住的。就算他只是个普通人，YouTube的盲算法也能发现他，找出他的弱点，为他调整一个矩阵，然后开始戏弄他。这种循环不断重复，随着某个体系和更大体系的参与，强度会不断升级。

　　在越来越多的情况下，我们甚至无法观察到这种行为。这个算法针对的是一个人——也许是你的朋友，也许是你。结果是为那个人量身定制的，只有那个人能看到人工智能在它私下策划的兔子洞的入口处撒下的面包屑。

智能聊天机器人

更阴险的操纵正在以聊天机器人和假人的形式实施。聊天机器人，顾名思义，就是一种用来和人聊天的机器人。聊天机器人已经存在了几十年。最初关注的焦点是理论层面，试图让这些机器人的声音听起来像人类。后来，它们被用于客户支持和电话营销等领域，在这些领域，不再是一个疲惫的人在呼叫中心编写脚本，而是一个用处更小（但廉价且不知疲倦）的机器人编写脚本。这种机器人越来越多地使用脸书信使平台。2017年，超过10万个脸书信使机器人被创建，是前一年总数的四倍。

下一个不可避免的阶段是假扮角色的聊天机器人，通过建立社交媒体账户，与人在线聊天，目的是以某种方式操纵他们。这种类型的操纵已经存在，人类（"巨魔"）创建内容，然后使用机器人来完成大量的重复分享和点赞。一旦整个过程自动化，它将允许数量级更大且更有效的操作。

聊天机器人会越来越像真人。它们不仅可以通过短信和帖子聊天，还可以进行语音聊天。在大约十年内，用虚拟角色进行视频聊天是完全可能的。机器人甚至可以通过合成图像、创建虚拟角色的3D模型，并将自己插入现有的照片和视频中，来"拍摄"照片和视频。最终它们会合成整个虚拟世界。

想象一下接下来会发生什么：一个有魅力、有说服力的"人"会在互联网上和你交朋友，赢得你的信任，然后开始为了邪恶的目的而摆布你的信仰。这就好比你头脑中的亚历克斯·琼斯或戴恩·威灵顿跳出来直接和你面对面地谈论"9·11"或"化学凝结尾"。它甚至可能会假装是亚历克斯·琼斯、奈尔·德葛拉司·泰森或者耶稣，不管它的算法如何，都可能对你有用。不仅仅是你一个人，数以百万计的其他人将同时成为从不睡觉的假人的目标，它们每秒钟都在试着研究如何让它们的目标人物更接近自己想要他们成为的人。

在某种程度上，这是会发生的。但这不会是一场自动机器人的灾难。机器人之所以能够工作，是因为它们能够在推特和脸书等主要社交媒体平台上开设账户。防止人工智能占领国家灵魂的最简单的方法是将社交媒体账户限制在真实的人手中。已经有人在推动这样的事情了，例如，商人及潜在的总统候选人马克·库班（通过他的认证账户）发推文说：

> @推特是时候确认每个账户背后的真实姓名和真实身份了，@脸书也应该对此更加严格。我不在乎用户名是什么，但是每个账户背后都需要有一个人。

这种做法存在一些问题，尤其是在一些高压政府的国家。在这些国家，网络匿名可能事关生死。身份盗用的情况也会增多，因为机器人会试图伪装自己的身份，成为"真实"的人。最终，无论如何，社交媒体公司将不得不拒绝机器人大军免费且未经验证的账户。希望历史只会将21世纪20年代初看作真实的人和虚拟的人之间短暂的混乱时期。最终，这种分离将被强制执行，这是必然的。

反对错误信息的斗争

在即将到来的对抗由人工智能驱动的错误信息和阴谋论的斗争中，我们还需要什么武器？这种趋势似乎是不可阻挡的，随着错误信息的增多，媒体和技术领域更严重的数据开始得到关注。

2016年，脸书首席执行官马克·扎克伯格嘲笑那些在脸书上发布虚假新闻的网络"巨魔"会对总统大选产生任何影响的想法，称其为"疯狂"：

> 就我个人而言，我认为脸书上的虚假新闻（内容非常少）以任何方式影响大选的想法都是非常疯狂的。选民根据自己的生活经历做出决定……断言某人投票的唯一原因是他们看到了一些虚假新闻，这是一种极度缺乏同情心的说法。

2017年，在对俄罗斯推广虚假新闻事件进行内部调查后，他又收回了这一说法。

> 称其"疯狂"是我欠考虑，我很后悔。这是一个非常重要的问题，不容忽视。

脸书早就意识到了人工智能、垃圾邮件、机器人和虚假内容聚合器带来的问题——与其说是对西方社会的生存威胁，不如说是对他们本已摇摇欲坠的收入流的更世俗的威胁。脸书的收入来自广告。机器人在两个方面造成了问题。首先，机器人不是人，它们不花钱。所以，如果机器人在脸书上，它会忽略广告，但仍然要花脸书的钱。如果脸书上很大一部分（比如10%）的流量实际上是人工智能机器人，那么这对脸书来说是一笔巨大的开支，每年的服务器成本可能超过一亿美元。

其次，人们不喜欢机器人。人们不希望计算机的传输通道被垃圾邮件堵塞，所以，如果脸书变成了一个充斥着机器人垃圾的沼泽，那么人们就不太可能把它作为一个信息源，在那里花的时间也就会减少。对于受教育程度较高、拥有较多净资产的用户来说尤其如此，他们更希望成为目标受众。对于脸书来说，要保持合理的高质量受众，并因此保持可行的收入流，他们需要让该受众的新闻提要上显示的信息保持合理的质量和水平。

随着俄罗斯在脸书上的参与度于2017年逐渐被挖掘，出现了一项新的当务之急——政府对社交媒体对外宣传进行监管的真正可能性。脸书知道这是有可能的，但不知道会采取什么形式。尽可能地把自己的地盘收拾干净对他们最为有利。据《纽约时报》报道，在这方面存在内部分歧：

> 脸书的一个核心矛盾是法律和政策团队与安全团队之间的矛盾。安全团队通常要求更多地披露国家是如何滥用网站的信息的，但法律和政策团队会优先考虑商业需求。

脸书是一家由人组成的公司，这些人认识到，如果继续滑向充斥着错误信息、虚假新闻和宣传的兔子洞，就可能对社会造成危害。这不是他们想要的世界。虽然他们的行为肯定有获利的动机，但其中也有一部分动机是希望这个世界为了子孙后代而变得更加美好。

（我知道，对于顽固的阴谋论者来说，这一段听起来很疯狂，他们认为脸书是光明会的新世界秩序的延伸。我希望，如果他们看到这一段，至少能从兔子洞里爬出来。如果有人随意翻阅了这一页，然后嘲笑我，我也能接受。）

脸书做了什么呢？ 2017年初，他们与一些外部机构签约，对脸书上发布的文章进行事实核查，并标记虚假新闻。这些机构包括Snopes、

FactCheck、PolitiFact、ABC新闻和美联社。这些机构的工作人员可以访问一个仪表盘，上面显示着脸书上的热门话题。他们可以点击一个表示有争议（或没有争议）的方框，并提供一个链接，指向他们自己的网站，那里有揭穿谎言或解释性的文章。

这里的问题是规模问题。虽然有这么一个出色的事实核查团队原则上听起来不错，但脸书上共享的链接有数百万个。脸书只有某些人可以查看这些链接。所以，只有最流行的链接才会被核查。当核查开始时，这个链接已经被成千上万的人看到了。如果这是一个突发事件，可能需要几天的时间进行核查，才能在该事件旁边贴上"有争议"的标签。

这个过程需要简化，人工智能需要在这个周期的早些时候被用于识别热门的虚假新闻（包括阴谋论）。这是当前许多研究的主题。

脸书选择让外部机构进行事实核查，以避免被指责存在偏见。各个领域的人都不相信脸书。保守派认为脸书存在自由主义偏见，自由派和自由主义者认为脸书在为企业暗中监视他们，阴谋论者则认为这是在他们被赶进联邦应急管理局的营地之前确定并追踪他们的阴谋的一部分。脸书监管自己的内容不会有什么好结果——尤其对于阴谋论者来说，他们的特质就是要分享大量的错误信息，而这些信息会被脸书标记出来。

脸书试图借用中立的第三方力量。对于某些观众来说，这从一开始就是注定的。事实核查程序，如Snopes、FactCheck和Politi-Fact，已经被认为是可疑的。遗憾的是，脸书与Snopes的合作将会是一个可笑的概念，因为有人认为这两个组织已经作为光明会的工具被"揭穿"了。

对于更多的人来说，脸书的第一次尝试虽然笨拙，但值得称道。他们采取的一个很好的步骤是要求他们征用的所有事实核查组织要么是有中立报道历史的主要新闻媒体（ABC新闻和美联社），要么是国际事实核查网站（IFCN）的认证成员。

IFCN由著名的波因特学院运营，该学院还拥有佛罗里达州的圣彼得堡时报公司。波因特学院于2015年9月成立了IFCN，以推广事实核查方面的最佳做法。被波因特学院认证意味着一个组织已经通过了严格的审核，并符合一个严格的检查表，确保它是无党派、公平、透明、公开和诚实的。这在IFCN守则中得到了体现：

1. 无党派和公平；

2. 透明的信息源；

3. 资金和组织的透明度；

4. 透明度的方法；

5. 公开、诚实地更正。

很遗憾，脸书很快发现这比他们最初想象的要复杂。2017年12月，经过内部实验，他们发现，将新闻标记为"有争议"的，可能会比之前分享的次数更多，部分原因是一种适得其反的效果。现在，用户不再被警告Snopes和PolitiFact认为该新闻"有争议"，而是被告知还有"其他报道"。这种方法避免了逆火效应，使用户更有可能看到"其他报道"，允许脸书链接到更为细致的分析。这些分析不仅"揭穿"了这个说法，而且更准确地概述了可能非常复杂和不确定的情况或话题。毫无疑问，他们的方法将继续快速发展。

另一家对过滤虚假新闻感兴趣的大公司是谷歌。谷歌的主要收入来源是基于搜索结果的广告。谷歌有很强的营利动机，想要确保搜索结果尽可能地达到高质量。谷歌正在采取初步措施，通过一个允许发布者将文章标记为反驳的系统，实现自动事实检查。然后，谷歌使用一种自动算法，试图将高质量的反驳与声明相匹配。对这个系统的初步评估表明，它是随机的，这可能导致它被认为是有偏见的。

微软的必应搜索引擎虽然比谷歌小，但仍然占据着相当大的市场份额。微软表示，他们拥有33%的美国搜索市场份额（包括使用必应的雅虎），以及9%的全球市场份额。2015年，微软研究员戴娜·博伊德创立了数据与社会研究所，一定程度上是为了帮助解决数据自动化和人工智能发展带来的问题。到目前为止，主要是研究方案。

一个类似的组织是信任项目，最初由慈善家克雷格·纽马克资助。纽马克因"克雷格网站"而闻名，这是一个互联网销售平台，有自己的机器人问题。"信任项目"正在开发一系列"信任指标"，以允许谷歌和其他公司对信息质量进行排名。这些指标包括作者的专业知识、引文和参考文献、报告方法以及输出机构的反馈和更正政策。

这些举措基本上是实验性的，我们还不知道解决这个问题的最佳方式是什么。令人振奋的是，各种各样的大型组织对待这个问题似乎都非常认真，并投入了大量的资源来处理这个问题。

小公司也纷纷加入这场战斗，他们认识到，在这场战斗中帮助这些巨头是有利可图的。重点是利用人工智能来识别与标记虚假新闻和错误信息。其中一家公司是AdVerif.ai，它正在开发一种被称为"FakeRank"的软件，可以自动检测信任项目所做的事情——对某个渠道或某个事件的可信度进行量化和衡量。

另一家公司是MachineBox。这是一家人工智能技术开发公司，训练自然语言处理模块识别虚假新闻，成功率达到95%。其联合创始人亚伦·埃德尔通过半人工的方式开发了这个系统。他先是整理了一组真实新闻和虚假新闻，然后让人工智能试着进行分辨。虽然对单个人来说很耗时，但这种方法显示出了巨大潜力，应该能很好地扩展到支持人工智能的机器人。

2018年3月，YouTube的首席执行官苏珊·沃西基宣布，公司将尝试将所谓的"信息线索"的内容自动添加到流行的阴谋论视频中。这些内容是维基百科上直接相关文章的弹出式摘录。虽然这不太可能对那些认为维基百科是阴谋组成部分的人产生立竿见影的效果，但它会让人们直接接触到他们原本不会自己去寻找的信息。它至少应该能防止人们由于缺乏其他信息而掉进兔子洞。它甚至可以帮助人们摆脱困境——他们的视角会随着了解的加深而得到提升，即使他们最初拒绝"官方"报道。

充满希望的未来

在写本书时，也就是2018年，在这个充斥着虚假信息的世界，有许多事情是令人气馁的。情况在好转之前可能会变得更加糟糕。但我对信息领域，特别是社交媒体领域的主要参与者做出的努力感到欢欣鼓舞，他们正在努力逆潮流而动。

我还希望，大规模地打击更普遍的虚假信息，将会对打击我们在本书中讨论过的更极端类型的阴谋论有附带的好处。

所有的虚假信息都是一种阴谋论，因为虚假信息总是暗示着你被骗了，而且通常是被那些对你有某种权力的人骗了，有时是政客，有时是公司，有时是他们所谓的宠物科学家，但总会有一个所谓的阴谋。

想想过去几年甚嚣尘上的政治上的虚假信息吧。有人认为，掩盖奥巴马的出生地、希拉里·克林顿的健康状况、与比萨店有关的恋童癖集团、克林顿夫妇暗杀了多少人、俄罗斯人与大选的牵扯多深，这些都是阴谋。这些阴谋论的性质取决于你对它们的看法，不管怎样，一方或另一方都会涉及虚假阴谋论。也有一些阴谋是真实存在的。

反对错误信息的斗争，从根本上说是反对虚假阴谋论传播的斗争。为了防止更无聊的错误信息和虚假信息的传播，需要做出大规模的努力，最终也将减缓虚假阴谋论的传播，如"化学凝结尾"阴谋论或"9·11"控制爆破拆除阴谋论。推动更好的政治事实核查，将直接或间接地减少伪科学、医疗骗局和阴谋论。

自动化和人工智能将是关键所在。现在，揭穿虚假阴谋论可能是一项非常耗费体力的重复性工作。我们可以通过创建容易被搜索引擎发现的可访问的揭穿信息来最大化我们的努力，但是，如果人们不去搜索这些揭穿信息，他们就不会看到。当人们在公共论坛上发布有用的信息时，我们需要工具和自动化系统，使揭穿术和事实核查即时可用。

还有许多工作要做。我们仍然处在反对武器化虚假信息的战争中。人工智能在这场战争中扮演的未来角色充满了不确定性和希望，我们需要非常仔细地观察这一点。

* 结语

我希望人们能从本书中得到很多信息，第一个或许也是最重要的一个信息是逃离兔子洞。我们看到了几个人的故事，他们曾经深信这个世界是由一个邪恶的阴谋集团所统治的；他们认为世贸中心大楼是被我们自己的政府埋下的炸药炸毁的；他们中有些人认为当权者从飞机上向我们喷洒毒药；一些人认为桑迪·胡克小学的学生谋杀案是伪造的；甚至有人认为"地球是平的"。

他们都逃出了兔子洞，没有人再相信这些事了。他们中有些人在兔子洞里待了几个星期、几个月、几年，甚至几十年。所以，如果你有一个朋友，你认为他迷失在了阴谋论的兔子洞里，那就鼓起勇气去帮助他吧。这些人都有以为他们迷路了的朋友。他们的一些朋友放弃了他们，还有一些没有放弃。他们中有许多人得到了朋友的帮助。

虽然我只讲述了少数几个人的故事，但每年都有成千上万的人逃离兔子洞。美国人口按年龄分布得相当均匀，但调查始终显示，像"化学凝结尾"这样较为极端的阴谋论，其年轻的信徒要远远多于年长的信徒。随着年龄的增长，许多人通过积累真实的知识和生活经验，自然而然地选择了逃离。许多人如果得到了帮助就可以更快地逃离，而有些人可能无法自行逃离。

大多数人都能逃脱阴谋论思维的兔子洞，因为大多数被困在那里的人都是像你我这样的普通人。一般来说，他们并不比一般人疯狂多少。人们被卷入阴谋论并不是因为他们有精神疾病或缺陷，他们会被卷入其中，是因为他们在生活中的某个时刻观看了一些引起他们共鸣的视频。他们待在兔子洞里，是因为他们无法接触到其他信息源。他们缺乏对相关事实、相关背景的了解，他们对问题缺少视角和其他的思考方式。这些都是你能带给他们的资源。

要将这些信息传达给你的朋友，最有效的方式是诚实和尊重。嘲笑和严厉的批评是行不通的，因为当人们觉得受到威胁时，他们会反击。即使你觉得他们的立场很可笑，也要在尊重他们的前提下表达自己的不同意见，这种做法比嘲笑的效果要好得多。

理解是很重要的。最有影响力的揭穿者是那些曾经掉进兔子洞的人。你的朋友可能一开始会拒绝你的任何批评，直到他们意识到你对他们的立场表现出了真正的理解。如果你曾经去过他们的兔子洞，你对他们的帮助就有了有利的开端。如果没有，那么你对他们的阴谋论了解得越多，效果就越好。

他们在哪里划定分界线也很重要——有利于你了解他们，也是你集中精力揭穿虚假阴谋论的工具。分界线位置的微小变化会导致视角的深刻改变，并开始向正确的方向缓慢移动。如果你能让他们知道，他们的信息来源在这条分界线的另一边，那就更是如此了。

帮助朋友摆脱阴谋论的旋涡并不容易，而且需要时间。不管你表现得多么有礼貌，你都是在质疑他们身份的一些基本方面。他们会反击，还可能会攻击你。

但是，你为他们做的是一件非常有价值的事情。把他们的思想从阴谋论的负担中解放出来，让他们更真实地看待和参与这个世界。不要放弃。本书里的故事证明，人们确实在别人的帮助下走出了兔子洞。保持有效的对话，向他们提供有用的信息，给他们时间，你也可以帮助你的朋友逃离兔子洞。

沟通是关键。阴谋论的世界有它自己的语言。你和别人讨论某个话题时，很容易使用你自己已经使用多年的术语，但是其他人可能从来没有听说过。十多年来，我一直在揭穿虚假阴谋论，所以我积累了很多相关的术语。阴谋论者也用非常独特的方式使用一些词，这使得沟通变得困难。你不需要记住这些术语，只要略作浏览就能大致了解，如果需要的话，再回头参考。

"9·11"阴谋论——各种组织、团体、文学作品、视频和个人认为，"9·11"事件的官方报道是在掩盖证据，而真相被隐瞒了。他们通常认为，世贸中心大楼是被控制爆破拆除的。

奥巴马出生地质疑者——这些人认为巴拉克·奥巴马出生在肯尼亚，他伪造了出生证明，因此没有资格当选总统。这是一个入门级的阴谋论，从唐纳德·特朗普到亚历克斯·琼斯都在宣扬。有时被用作贬义词，表示某人喜欢那种阴谋论。

7号楼（或称WTC7）——这是世贸中心建筑群的一栋47层建筑，因北塔倒塌而严重受损并起火，燃烧了几个小时后倒塌。当时它并没有得到太多的报道，因为它没有那么引人注目，也没有人因此丧生。"9·11"真相寻求者认为，提高人们对7号楼的认识，是说服人们相信

"9·11"事件中世贸中心大楼被炸药控制爆破的关键。

化学凝结尾——飞机秘密喷洒某种可能有毒的物质的阴谋论。这个阴谋论通常将正常的凝结尾误认为是某种形式的故意喷洒。一般认为，这是一种改变气候的秘密尝试，但也有其他几种变体，有些相当奇特。

阴谋论者——相信阴谋论的人，或者宣扬阴谋论的人。

阴谋论光谱——阴谋论的范围，基于其极端或不可信的程度。在阴谋论的一边，可能会有一些简单的阴谋论，比如"李·哈维·奥斯瓦尔德曾帮助刺杀肯尼迪"；在另一边，可能会有"肯尼迪是被外星人暗杀的，因为他打算揭穿化学凝结尾阴谋论"。

阴谋论——对涉及秘密阴谋的事件的另一种解释，通常涉及政府高层或神秘力量。通常被认为带有贬义，有时被认为是中情局发明的一个短语，但事实并非如此。

凝结尾——飞机飞过后形成的一种呈直线的云，有两种类型：废气凝结尾和气动力凝结尾。前者是发动机排出的湿热气体与冷空气混合，形成冷凝云。后者是风力的减弱引发云层的形成。从远处看，这两种类型的凝结尾很相似。两者都被误认为是"化学凝结尾"。

危机演员——通常指在地震或恐怖袭击等危机的真实演练中扮演受害者（有时是罪犯）的真实演员。阴谋论者声称，波士顿马拉松爆炸案等事件的真正受害者实际上是危机演员。他们甚至暗示那些因爆炸而失去双腿的人其实戴着假腿，然后在"烟幕弹"爆炸时将假腿取下来，再涂抹上鲜血。

控制爆破拆除——用炸药或液压装置摧毁建筑物。"9·11"阴谋论者在声称世贸中心大楼是被炸药炸毁的时候使用了这个术语。

揭穿者——调查可疑言论的人，如果这些言论包含虚假或错误的信息，他们就会做出解释。

虚假信息——故意传播的虚假的信息，阴谋论者通常用其来描述与他们的理论相冲突的证据。许多阴谋论者认为Metabunk.org和Snopes网站是虚假信息集中地，大多数正规的新闻媒体也是如此。

假旗事件——一种隐蔽的行动，旨在给人一种"这是别人干的"的印象，其目的要么是促使第三方采取行动，要么是为采取行动提供借口。例如，"9·11"阴谋论者认为，"9·11"袭击可能是假旗事件，旨在为"反恐战争"提供借口。

地平说——"地球是平的"阴谋论。由于这是一个极端的边缘阴谋论，它也被用来嘲笑其他似乎过于极端的阴谋论。然而，确实有人相信地球是平的。

地球工程——蓄意改变地球气候的项目，通常是为了抵消全球变暖。随着二氧化碳排放和土地使用的变化，人类已经在不经意间改变了地球的气候。有人建议，如果我们无法停止排放二氧化碳，那么我们可以通过有意识地改变气候来抵消。一种建议是通过向平流层喷射微粒屏障来模拟火山喷发。这方面的研究非常有限。化学凝结尾阴谋论者声称，地球工程已经秘密进行了几十年。他们经常将"地球工程"这个术语作为"化学凝结尾"的同义词。

莫吉隆斯症——一个非正式的名字，用于描述一种通常自我诊断的非官方疾病，其特征是瘙痒、皮肤上的开放性溃疡，以及皮肤上或皮肤里出现纤维和溃疡。每个病例之间有很大差异，医生普遍认为，人们把衣服上的毛发纤维误认为是某种病原体。莫吉隆斯症群体的一部分人认为这与政府的某种行动有关，可能与"化学凝结尾"有关。

新珍珠港事件——一个理论化的事件，其规模堪比导致美国卷入"二战"的珍珠港袭击事件。阴谋论者认为，"9·11"恐怖袭击是策划此类事件的结果。也是一个热门的"9·11"阴谋论视频的标题。

NIST报告——关于"9·11"世贸中心大楼倒塌原因的各种技术报告，包括7号楼。该报告非常全面，长达数千页。但是，绝大多数"9·11"阴谋论者甚至从未读过这些报告的摘要，就认为它们是虚假信息。

兔子洞——一个深入阴谋论世界的隐喻。通常，如果人们开始变成阴谋论者，那么他们"醒来"时会觉得某种阴谋正在进行。他们不断地调查和发现，在兔子洞里越走越远，最终陷入困境。来自《爱丽丝漫游奇境记》（爱丽丝在探索了一个兔子洞后发现了一个奇异的新世界），并因《黑客帝国》而广为流传。见"红色药丸"。

红色药丸——服用红色药丸意味着有意面对阴谋论者已经意识到的"新现实"。它象征着精神的"觉醒和解放"。这个术语来源于《黑客帝国》，在影片中，莫菲斯的智者形象给尼奥提供了两种选择：一种是蓝色药丸，可以让他回到先前的健忘状态；另一种是红色药丸，可以让他清醒过来，并"让他知道兔子洞有多深"。阴谋论者经常把他们的个人觉醒描述为服用了红色药丸。有时，当阴谋论者试图改变他人的观点时，这个术语会被用作动词，例如，I'm going to red pill Joey and wake him up（我要给乔伊吃红色药丸，然后叫醒他）。

桑迪·胡克骗局——该阴谋论认为整个桑迪·胡克大屠杀是一场骗局，没有人死亡，悲伤的父母都是危机演员。另一种说法是，大屠杀是雇佣军干的，而亚当·兰萨是个替罪羊。

怀疑论者——这是科学怀疑论者的简写，他们喜欢把自己的观点建立在科学证据的基础上，因此对没有科学依据的说法持怀疑态度。

跟群羊——贬义词，指那些不质疑自己的生活方式、容易受人摆布的群众，就像绵羊一样。阴谋论者认为，任何不深入调查就不相信他们的理论的人都是"跟群羊"。如果你已经调查过了，那么你可能会被贴上"雇佣骗子"的标签。

雇佣骗子——收钱推广某种主张的人。在阴谋论文化中，对阴谋论的主张提供解释的人通常会被贴上"雇佣骗子"的标签。我（米克·韦斯特）过去曾多次被贴上这个标签，尽管我做的事情一分钱都没赚到。给某人贴上"雇佣骗子"的标签是一种减少讨论的常用策略。

小爆竹——通常指一种用作烟火的小型烟火装置，或者在电影中模拟子弹冲击。小爆竹是指突然从倒塌的建筑物中喷射出的物质，"9·11"阴谋论者声称这是一种控制爆破拆除。怀疑论者指出，这些喷射发生在没有炸药的爆破拆除中。

锡箔帽——一种用来保护佩戴者的大脑免受射入的无线电波干扰的帽子。被广泛用作嘲弄阴谋论者的贬义词。

真相寻求者——通常指那些信奉"9·11"阴谋论的人（"9·11"真相寻求者）。有时泛指阴谋论者。该词常与其他阴谋论结合使用，如"桑迪·胡克真相寻求者"。还有其他类似的术语，如"出生地质疑者"、"地平说信奉者"和"化学凝结尾信奉者"。

开始了解真相——在盲目乐观的生活后，意识到世界的真实本质。对于阴谋论者来说，这意味着开始相信一种或多种解释世界如何运转的阴谋论。见"红色药丸"。

人工影响天气——通常指局部人工降雨，是将碘化银喷洒到现有的雨云中，使其在相对较小的区域降雨的做法。化学凝结尾阴谋论者经常将它与地球工程（即全球气候变化）混为一谈。也有阴谋论认为，可能会有一些更大规模的秘密天气变化，比如操纵飓风或急流。

WTC1、WTC2、WTC7——"9·11"事件前的世贸中心（WTC）是由七座编号建筑组成的综合体，最引人注目的是双子塔，通常缩写为WTC1（北塔）和WTC2（南塔）。WTC7是7号楼。